興亡の世界史

スキタイと匈奴 遊牧の文明

林　俊雄

講談社学術文庫

目次

スキタイと匈奴　遊牧の文明

N
0
1000km
イェニセイ川
オビ川
ロシア
イルティシュ川
アンガラ川
レナ川
●トムスク
バイカル湖
アムール川
アバカン●
●ミヌシンスク
●ウラン=ウデ
●クズル
トゥバ
大興安嶺山脈
ハンガイ山脈
●ウランバートル
アルタイ山脈
モンゴル
イリ川
チュー川
●アルマトゥ
ウルムチ
●トゥルファン
●ハミ
陰山山脈
フフホト●
●北京
クルグズ
天山山脈
タリム川
新疆ウイグル自治区
タジキスタン
祁連山脈
漢
黄河
インダス川
アルティン山脈
中華人民共和国
●西安
崑崙山脈
長江
600
400
200
AD
BC
200
400
600
匈奴
スキタイ
ローマ帝国
突厥
ペルシア帝国
アッシリア
後漢
新
前漢
秦
日本
古墳
弥生
縄文

世界史上最初に登場した遊牧国家

東はモンゴル高原から西は東欧のカルパティア山脈まで、ユーラシア大陸を疾駆した騎馬遊牧民スキタイと匈奴は、古代ペルシア帝国や漢など、隣接する定住農耕社会にとって常に最大の脅威だった。

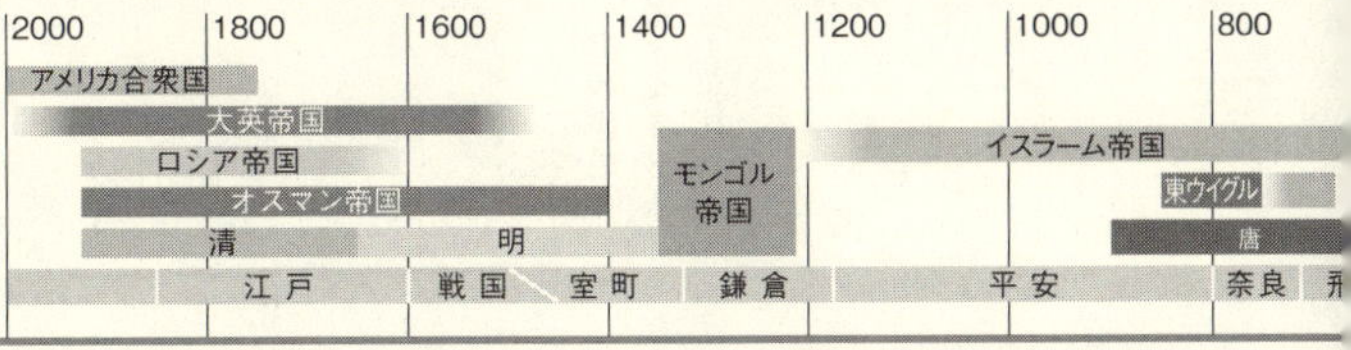

地図・図版作成
ジェイ・マップ
さくら工芸社

興亡の世界史

スキタイと匈奴　遊牧の文明

はじめに

騎馬遊牧民とは何か？

騎馬遊牧民という言葉を分解すると、騎馬＋遊牧＋民となる。民が人間集団であることは説明するまでもないが、残りの二つについては初めにいささか解説しておきたい。

遊牧とは牧畜の一種で、定期的に牧地を替えながら移動する形態を指す。牧畜は農耕と並んで、食糧と衣料を獲得するための代表的な生産手段である。それに移動という要素が加わると、住環境と生活様式が大きく影響を受け、住居（テントの生地）さえも牧畜生産によって得ることになる。英語では遊牧民をパストラル＝ノマド（pastoral nomads）あるいはノマドといい、遊牧をノマディック＝パストラリズムとか、単にノマディズムという。

騎馬とは馬の背に乗ることであり、騎乗ともいう。騎の右側の奇は、「かぎ形に曲がる」、すなわち両足を曲げ、跨《また》がって乗ることを意味する。従って、横座りは本来の意味での騎乗とはいえない。英語ではホースバック＝ライディング（馬の背に乗る）といい、騎馬遊牧民はマウンテッド＝ノマド（馬に跨って乗る遊牧民）とかノマディック＝ホースメンなどという。

狩りの途中で休憩する遊牧民　モンゴルの西北、テス川近辺。著者撮影

現在、騎馬遊牧民の分布はモンゴル高原からアルタイ、天山山脈、カラコルム・ヒンドゥークシュ両山脈周辺に限られるが、かつては広く東はモンゴル高原から西はハンガリーのドナウ平原まで、東西八〇〇〇キロメートルにわたるユーラシアの乾燥地帯に分布していた。しかし、世界中の遊牧民がみな馬に乗るわけではない。アフリカの遊牧民は馬を乗用とせず、北極圏近くやシベリアの一部には馬の代わりにトナカイを使う遊牧民もいる。

遊牧民が馬に乗ると、どういうことになるのか。くわしくは第一章以下にゆずることにして、その結果だけを見ると、彼らはしばしばユーラシアの中央部に広大な領域を持つ国家を作り、隣接する東アジアや西アジア、さらにはヨーロッパにまで影響を及ぼした。本巻でも前半は西アジア・地中海方面との交流をテーマの一つとし、後半は東アジア、特に中国との攻防にも焦点をあてている。

本シリーズ「興亡の世界史」全21巻では、本巻に加えて、『シルクロードと唐帝国』『モンゴル帝国と長いその後』と三つの巻が騎馬遊牧民に割り当てられている。あまたある「世界史もの」の中で、このように騎馬遊牧民が優遇された例はかつてない。従来の歴史学では、騎馬遊牧民に関する叙述は、その重要性にもかかわらず、多くはなかったのである。以前、私は「ウイグルの対唐政策」という論文を書いたことがある。すると、ある友人から「今まで『唐の対外政策』というような論文は見たことがあるが、中華王朝を他国からの視点で見るような、おこがましい（とまで彼は言わなかったが）論文題目は初めて見た」という感想をもらった。私自身は何の気負いもなく題名をつけたのであるが、学界の常識では不遜な態度と見られかねなかったのである。

しかし近年、本シリーズの杉山正明編集委員らの旺盛な執筆活動により、騎馬遊牧民が世界史上に果たした役割を再評価する気運が高まってきた。そのような傾向は、日本だけでなく欧米の学界にも徐々に広がりつつある。遊牧国家の王権や中国王朝との関わりをテーマとした著作やシンポジウムが、多くなっているのである。

「騎馬民族」という用語

ところで、騎馬遊牧民に似た用語に、騎馬民族というのがある。これについても一言述べておこう。これは、江上波夫が戦後まもなく提唱した学説とともに広く知られるようになった言葉である。江上は騎馬遊牧民に代表されるような複合的な国家を形成するものを騎馬民族と呼び、世界の主要民族を騎馬民族的なものとそうでないものとに分け、定住農耕地帯での国家形成は少数の騎馬民族が支配者として侵入することによって始まると説いた。その例として日本の古墳時代の大和政権成立をとりあげ、それは大陸から東北アジア系の騎馬軍団が征服者として渡来して打ち立てられたとする説を提唱した。天皇家が日本土着ではなく大陸出身であるとするこの騎馬民族説は、とくに一般の歴史愛好家からは広く支持を集めたが、歴史学・考古学の専門家からはおおむね拒否・無視され、考古学者の小林行雄や佐原真らによる批判が相次いだ。

この学説が、天皇家に対する言及をはばかる戦前の呪縛を解いたことと、日本古代史を大陸との交流の中でとらえようとしたことは評価すべきであろう。また、この説の日本に関する部分の当否は私には判断しかねるが、ユーラシア大陸では比較的少数の武装集団が他地域に侵入して征服者となる例は、いくらでも挙げることができる。ただしそのような集団を「騎馬民族」と称することには抵抗を覚える。

民族という用語は、歴史学で国家や政治権力と結びつけて使われる場合には、近代における政治的に独立した国民国家やそこから独立をはかろうとする集団に対する呼称として用いられる。そして現代の政治的指導者が、国民的まとまりがあたかも古代から連続して存在したかのように説明するとき、民族という言葉がしばしば使われる。時代性を超越する人類学では、民族はエトノスと言い換えられて無色透明な用語として使われることもあるが、時代性を無視することのできない歴史学では、近代的においのしみついた民族という概念を、古代や中世の国家、とくにユーラシア草原地帯の騎馬遊牧民が作った国家に適用することは、どうしても躊躇せざるをえない。

いささか話がかた苦しくなったが、以上のような理由から、本巻では騎馬遊牧民という用語で通してゆきたい。

スキタイと匈奴を取り上げる理由

本巻で取り上げるスキタイと匈奴《きょうど》について簡単に解説を加えておく。スキタイは、名前の知られている騎馬遊牧民としては最も古い存在の一つで、前八〜前七世紀に歴史の舞台に登場する。現れた場所はカフカスと黒海北方の草原地帯、そして西アジアであるが、彼らの文化ときわめてよく似た文化が中央アジア北部からモンゴル・中国北部にまで分布しているので、そのような東方の文化に対しても「スキタイ系」の名を冠することが多い。カフカス・黒海北方のスキタイを「狭義のスキタイ」、モンゴル・中国北部までも含めたスキタイを「広義のスキタイ」と呼ぶこともある。

騎馬遊牧民というと、野蛮と破壊の権化、文明とはおよそ縁のない存在と思われるかもしれない。しかしそれは、文字記録を残した定住農耕社会の側からの一方的な決めつけにすぎない。たとえば、スキタイ系文化に特有の動物文様で装飾された工芸品は、ロシアのエルミタージュ美術館の特別室に展示されるほどに美術品として評価されている。またエルミタージュだけでなく、草原地帯各地の美術館・博物館に収蔵されている騎馬遊牧民関係の出土品の展覧会は、世界各国を回って好評を博している。

彼らの美術工芸品には、独自の要素のほかに、西アジアやギリシア、中国など、古代の先進文明地帯の美術様式も混入している。そして彼らは西方から取り入れたモチーフを東方に、またその反対に東方から西方にも伝播《でんぱ》させた。創造者としてだけでなく、伝達者としての役割を果たしたことも無視できない。

匈奴の名が史上にはっきりと現れるのは、前三世紀のことである。匈奴は漢にとって、ほとんど唯一にして最大の「敵国」であった（『史記』匈奴列伝中の表記）。「敵国」とは、「敵対する国」という意味ではない。「匹敵する国」、すなわち「対等の国」という意味である。人口・経済力の点では比較にならないほど劣勢なはずの匈奴が、なぜ漢に対等と認めさせるほどの存在となったのか。

北方の匈奴と南方の漢に代表される対立の図式はその後も長く続き、ついにはモンゴル帝国が中国全土、さらにはユーラシア大陸の大部分を制圧するまでにいたる。その意味で、匈奴はモンゴル帝国の原型ということができる。匈奴の強さの要因を明らかにすることは、その後の東アジア、それよりも広くユーラシア大陸の歴史を理解する上できわめて重要なのである。

ヘロドトスと司馬遷

しかしスキタイや匈奴は文字を持たず、自らの歴史を記録することはなかった（騎馬遊牧民が文字を使って自分たちのことを語るようになるのは、紀元後六世紀以後のことである）。しかし幸いにも彼らの暮らしぶりや習俗は、東西の「歴史の父」と称される当代きっての名文家によって、くわしく書き留められることになった。ヘロドトスと司馬遷《しばせん》である。

ヘロドトスの生地はギリシア本土ではなく、エーゲ海を挟んで対岸のカリア地方のハリカルナッソス（今日のトルコ西南部、ボドルム）であった。生年は前四八〇年代の中頃、没年は前四二〇年代の中頃と考えられている。彼が生きていた前五世紀中頃の西アジア・地中海世界では、やや衰えたりとはいえ、アカイメネス朝ペルシア帝国が唯一の超大国として他を圧倒していた。

ギリシアの最大の敵でもあるペルシア帝国の歴史を調べるべく、彼は帝国の領域であった各地を旅行した。エジプトでの見聞に基づいて、「エジプトは（ナイル）河の賜物である」（『歴史』巻二、5）という名句を吐いている（ただしこの名句は、ヘロドトスより二世代ほど前の歴史家、ヘカタイオスが使用していたとする説もある）。そして帝国の絶頂期を現出したダレイオス一世（在位前五二二～前四八六年）の治績を調べてゆくうちに、そのダレイオスをもってしても征服することのできなかった部族集団があることに彼は気がついた。彼の関心は、その部族集団、スキタイへと移ってゆく。彼はスキタイの住む黒海北岸へと旅を続け、現地で取材をして回った。その成果が、『歴史（ヒストリエー）』の中に盛り込まれているのである。

一方、司馬遷も生没年がはっきりしない。生年は前一四五年説と前一三五年説があり、没年も前九三年説とか前八七年頃とする説などがある。ヘロドトスに劣らず、司馬遷も長距離旅行を行っている。その旅行の目的についてはいくつかの説があるが、若い頃の旅行は資料収集か儀礼の学習が目的であり、仕官したあとは使者としてあるいは武帝の巡行の随員としての旅行であった。旅行先は南方（今日の四川《しせん》、雲南《うんなん》、湖南《こなん》省）と東方（浙江《せっこう》、山東《さんとう》省）が多く、北方は長城のすぐ近くまで行ったが、長城を越えて匈奴領内にまで入ることはなかった。しかし彼は宮廷に保管された史料を自由に利用できる立場にあり、また匈奴に使節として赴いた人や張騫《ちょうけん》のように匈奴領内で長く暮らした人から情報を得ることもできたであろう。

匈奴は漢にとって大きな存在であるばかりでなく、司馬遷個人にも生涯癒えぬ傷を負わせる原因を作ることになった。匈奴に捕虜となった李陵《りりょう》を弁護したために武帝の怒りを買い、男性の機能を失わせる宮刑という刑罰に処されてしまったからである（李陵については第七章でくわしく触れる）。

「歴史の父」が見た騎馬遊牧民

ヘロドトスと司馬遷に共通する特徴は、自分たちの住んでいる定住農耕地帯の観念にとらわれずに、草原地帯では騎馬遊牧民的な生き方・風俗習慣が適しているということを理解していたことにある。偏見を持たずに、自分たちとは違う価値観が存在することを認めていたのである。そのためヘロドトスは、「蛮族びいき」などという中傷を受けることにもなった。しかし客観的な見方をすることができ、また人間に対する深い洞察力をもって、なおかつ稀代のストーリーテラーでもあったこの二人は、歴史家としての最高の資質を兼ね備えていたということができる。その著作が東西の史書の最高峰に位置づけられ、今なお読み継がれているゆえんである。
興味深いことに、両者の語るスキタイと匈奴の風俗習慣は驚くほどよく似ている。それを比較してみよう。

ヘロドトス『歴史』巻四
「町も城壁も築いておらず」
「その一人残らずが家を運んでは移動してゆく」
「騎馬の弓使いで」
「種も蒔かねば耕す術も知らない」
「生活は……家畜に頼り」
「ペルシア王が……向ってきた場合には……逃れつつ……撤収し、ペルシア王が退けば追跡して攻める」（松平千秋訳、岩波文庫）

司馬遷『史記』巻一一〇、匈奴列伝
「城郭や定住地……はない」
「水と草を求めて移動し」
「壮年になると力強く弓を引いて、みな甲冑《かっちゅう》をつけて騎兵となる」
「耕田の作業はない」
「牧畜の便にしたがって転移する」
「有利と見れば進み、不利と見れば退き、遁走を恥としない」（筆者訳）

以上の共通点を整理すると、次のようになろう。
①農耕を行わない純粋の遊牧民である。
②家畜とともに移動し、定住する町や集落を持たない。

③弓矢に特に優れ、男子は全員が騎馬戦士である。
④その戦術は機動性に富み、かつ現実的であって、不利なときにはあっさり退却する。
これらの共通する特徴は、いずれも定住農耕地帯の文化・社会・道徳の基準とはまったく正反対であった。

その中でもとくに「城郭」を持たないことは、定住社会の住民にとっては、考えられないことであった。

城というと、日本人はすぐに弘前《ひろさき》城とか姫路城のような天守閣を持つ「おしろ」をイメージしてしまうが、漢語の城は本来「城壁」を意味する。万里の長城を思い起こしてほしい。あれは、「長い城壁」なのである。一方、郭とは柵や壁で囲われた土地をさす。したがって、城郭とは、城壁で囲われたところという意味になる。なぜ城壁で囲うかといえば、それは都市を外敵の襲撃から守るためにほかならない。富の集積地でもある都市は、略奪の対象になりやすかったからである。

漢語だけではなく、ドイツ語のブルグ、英語のバラ、フランス語のブール、スラヴ諸語のグラードは、いずれも城壁で囲まれた都市を意味する。さらに西アジアでもインドでも、都市とは城壁で囲まれた場所であった。その点で日本は例外であった。平城京や平安京は中国の洛陽《らくよう》や長安を模したと言われているが、完全に模倣したわけではなかった。古代日本の都城は、厚い城壁で囲まれていなかったのである。なぜ日本の都城は城壁で囲まれていなかったのかという問題は日本史の研究者にお任せするが、大陸では城壁で囲まれた都市がないということは、信じがたいことであった。

とにかく、スキタイと匈奴がこれほどに似ているのは、偶然ではない。ユーラシアの草原地帯の自然環境が、彼ら騎馬遊牧民が誕生するのに適しており、また隣接地域をも含めて、彼らが登場し、活躍するのにふさわしい歴史的条件が整ってきていたからである。次の第一章では、自然的、技術的、歴史的条件がどのように整っていったのかを見てゆこう。

第一章　騎馬遊牧民の誕生

モンゴルで古墳を発掘する

モンゴル高原の一角で

二〇〇五年夏、我々はモンゴル高原の一角で、遺跡の発掘調査に明け暮れていた。時には新鮮な羊肉を味わい、時には馬乳酒やウォッカをモンゴルの考古学者らとあおりつつ、空気のおいしい快適な環境の中で（風がないと蚊がうるさいが）、発掘は順調に進められていた。

我々のプロジェクトの名称は、「騎馬遊牧民社会における権力の発生」という。中央ユーラシア草原地帯の主要な住民である騎馬遊牧民の社会で、いつごろ、どこで、どのようにして権力が発生したのか、言い換えると、強大な軍事力となる騎馬戦士集団を統合するリーダー＝王は、いつ、どこで誕生したのか、という問題を明らかにすることが、調査の最終的な目標であった。調査は一九九九年に着手され、三年間の中断を経て二〇〇三年から再開されていた。

遺跡は赤い花崗岩《かこうがん》からなる小高い山オラーン＝オーシグ（意味は「赤い肺臓」、標高一七二八メートル）の東南の裾に広がる草原上にあり、十数基の積石塚《つみいしづか》と鹿石《しかいし》群からなっている。同じような遺跡群が、この山の周り（北側にはない）に全部で一〇群確認できた（標高一三一二～一三二〇メートルに分布）。我々は、発掘の対象とした遺跡群をIとし、そこから時計回りにXまで番号をつけた。

オラーン＝オーシグI遺跡の発掘風景　小型の12号ヘレクスル（積石塚）の調査。2005年。著者撮影

　積石塚は円形あるいは方形の石列で囲まれており、円形で囲まれたものを円形ヘレクスル、方形で囲まれたものを方形ヘレクスルと呼ぶこともある。同じような遺跡はモンゴル高原から北方のブリャーチヤ、トゥバ、アルタイ、さらに西方の天山山中にも分布している。モンゴル人はこの種の遺跡を一般に「ヒルギスフール（キルギス＝クルグズ人の墓）」と呼ぶが、一九世紀にそれを聞いたロシア人研究者が「ヘレクスル」と表記して以来、考古学上ではその名称で呼ばれている。ヘレクスルは方形の石囲いが一辺二〇〇メートル、中央の積石塚の高さが五メートルに達する大きなものから、石囲いの一辺あるいは直径が一〇メートル前後の小さいものまである。石囲いの外側には、とくに東を中心に二重、三重から、それこそ十重《とえ》二十重《はたえ》に、小さな石堆（直径二～五メートル）がめぐらされている。

　鹿石とは、ほぼ全面に鹿の図像が浅く彫り込まれている石柱のことである。その分布地域はヘレクスルの

オラーン＝オーシグⅠ遺跡4号鹿石の左側面　鹿の姿は様式化され、鼻面は細長く、枝角はたなびくように表されている。下部には帯や短剣、ナイフも彫り込まれている（タイプ①、34頁参照）。著者撮影

それとほぼ重なり、しばしばヘレクスルに伴う。我々が調査対象に選んだオラーン＝オーシグⅠ遺跡では、大小のヘレクスルが斜面にそってほぼ南北に並んでいるが、鹿石はその列と重なるようにあるいは少し離れてやはり南北方向に列をなしている（東側の列は三本、西側の列は一一本。西側は元は一二本あったが、そのうちの一本は断片が地元のムルン博物館に保管されている）。

ヘレクスルと鹿石とはどのような関係にあるのか（それともないのか）、それらは何のために立てられ、造られたのか、その年代はいつごろか、というような基本的な問題に対して、実はまだ明確な解答は用意されていない。そもそもヘレクスルが墓なのかどうか（あるいは祭祀《さいし》遺跡か）もはっきりしていない。発掘例がきわめて少なく、また出土品がほとんどないからである。

我々の最終目標とヘレクスルの発掘との関係について、一言述べておこう。ある地域で初めて王権が成立したことを示す指標としてしばしば使われるものに、巨大な建造物がある。それは集団的な労働力を必要とすることから、その労働力を管理する権力の存在が想定されるからである。また、どこからでも目立つモニュメンタル（記念碑的）な建造物は、初めて生まれた王権を広く知らしめるためには有効な手段であった。とくに王その人と直接結びつく王の墓は、その大きさが王の偉大さを示す装置としての機能を果たした。さらに古墳はしばしばグループを構成するが、その中での墳丘・墓室の大小や多様性、副葬品の貧富の差は、社会内部の序列あるいは年代的な変化を示すものとして、王以下の階層や王権の継続期間の研究に貢献するところが大きい。

しかし、ある程度の期間が経過すると巨大な王墓を造る時代は終わり、王墓の墳丘は小型化するかあるいは地表に単に象徴的な建造物を残すだけとなる。その理由としては、王権が一般に知れわたってもはやあえて莫大な労力を費やしてその存在を誇示する必要がなくなったからとか、盗掘をおそれて地表に標識を作らないようにしたから、あるいは新たに受け入れた宗教による規制があったからということも考えられるであろう。

このような現象は、世界各地に見ることができる。日本では弥生時代の後期に墳丘墓が現れ、古墳時代に入ると一挙に大山《だいせん》古墳（通称「仁徳天皇陵」）のような巨大古墳が登場するが、やがて薄葬令なども出て急速に小型化する。これは国家形成期に古墳が造られた例と見ることができよう。朝鮮半島でもやはり国家形成が明瞭となる三国時代とそれに続く統一新《し》

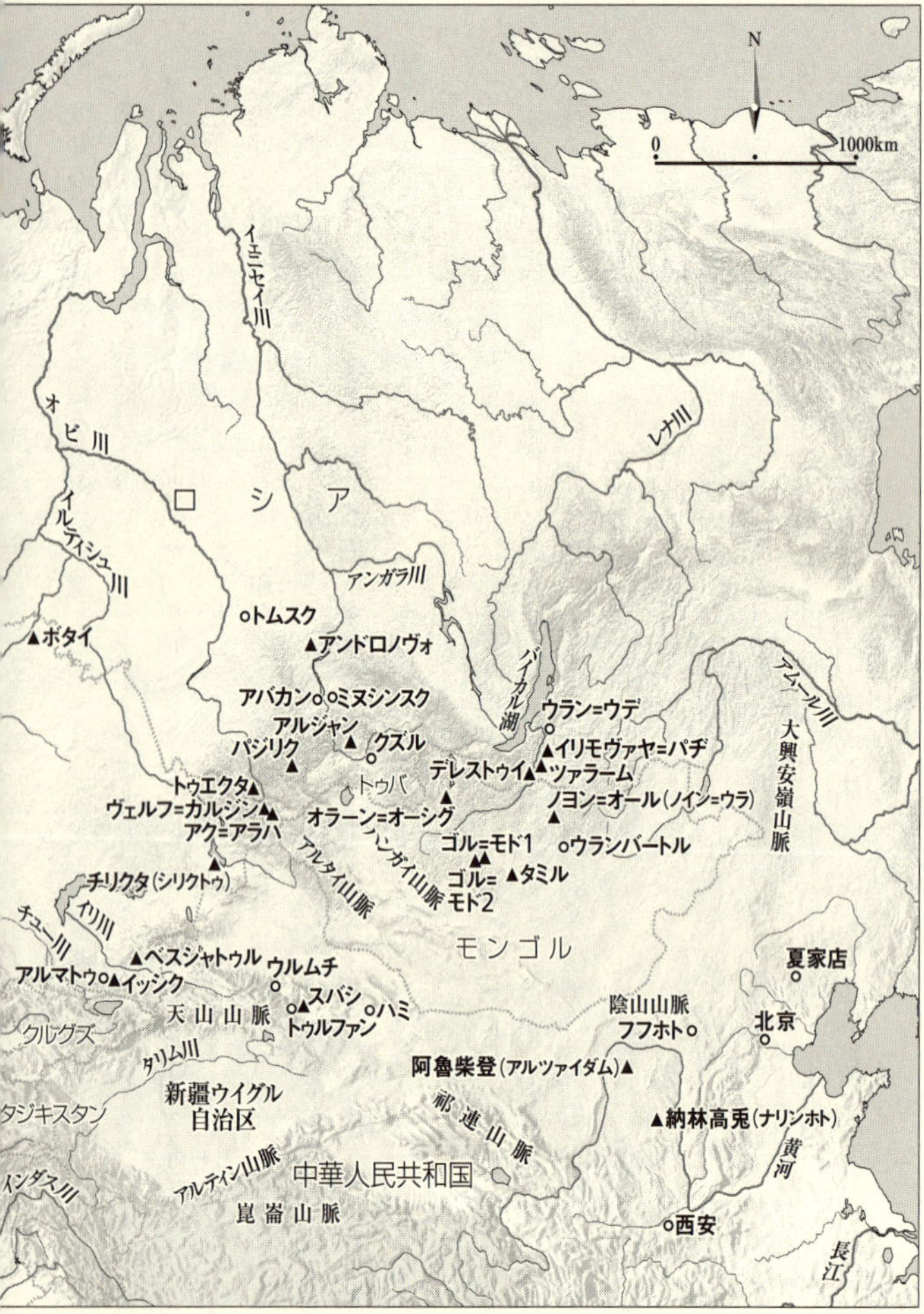
N
0
1000km
イェニセイ川
オビ川
レナ川
ロシア
イルティシュ川
アンガラ川
○トムスク
▲ボタイ
▲アンドロノヴォ
バイカル湖
アムール川
アバカン○
○ミヌシンスク
ウラン=ウデ
アルジャン
▲クズル
パジリク
▲イリモヴァヤ=パチ
大興安嶺山脈
トゥバ
デレストゥイ▲
▲ツァラーム
トゥエクタ▲
ヴェルフ=カルジン▲▲
ノヨン=オール(ノイン=ウラ)
オラーン=オーシグ
アク=アラハ
ハンガイ山脈
ゴル=モド1
○ウランバートル
アルタイ山脈
ゴル=モド2
▲タミル
チリクタ(シリクトゥ)
イリ川
チュー川
モンゴル
▲ベスシャトゥル
ウルムチ
夏家店
アルマトゥ○▲イッシク
○▲スバシ
○ハミ
天山山脈
トゥルファン
陰山山脈
フフホト○
北京
クルグズ
タリム川
阿魯柴登(アルツァイダム)▲
新疆ウイグル自治区
祁連山脈
タジキスタン
▲納林高兎(ナリンホト)
黄河
アルティン山脈
中華人民共和国
インダス川
崑崙山脈
○西安
長江

中央ユーラシア遺跡分布図

オラーン＝オーシグＩ遺跡１号ヘレクスル　方形の一辺は25〜30mで中型のもの。積石塚の南側半分の石を除去した状況。2003年。凧写真。調査団撮影

羅《ぎ》の時代に大型古墳が造営される。

エジプトのピラミッドは、古代エジプト三〇〇〇年の間、ずっと造られ続けたわけではない。巨大ピラミッドは古王国の初期に集中し、その後小型化して、中王国の途中からは造られなくなる。ツタンカーメン（新王国時代）の墓はピラミッドの下にあったのではない。「王家の谷」と呼ばれる谷間の奥にひっそりと何の標識もなく地下に造られていたので、盗掘をまぬかれたのである。

もちろん例外もある。中国では、殷《いん》・周《しゅう》時代の王墓に墳丘がなく、ようやく戦国時代になって出現すると、秦《しん》の始皇帝陵で絶頂を極める。しかしその後の王朝も（例外はあるが）連綿と大きな帝王陵を造り続けた。

現代でも巨大な墳墓を造る権力者がいる。トルコでは、建国の父ケマル＝アタ＝テュルクの死後、彼を祭る巨大な霊廟が、首都アンカラの中心にある小高い丘の上に築かれた。北朝鮮は、伝説上の英雄「檀君《タングン》」の骨がピョンヤンの近くで発見されたとして、その場所に巨大

な塚を築き上げた。これらは国家統合のシンボル的存在として造られたのであろう。
現代の例はともかく、王権が初めて誕生したところには、一般的に大きな王墓が造られるのである。

ヘレクスルと鹿石の関係

我々は、ヘレクスルこそが草原における権力の発生を示す指標ではないかと考えて、発掘調査を始めた。ただし大きいヘレクスルは発掘が大変なので（調査期間も、作業員の数も、大型機械も、そして費用も）、中型の一号ヘレクスルと小型の一二号ヘレクスルを選んだ。初年度の後しばらく中断したが、二〇〇三年から調査を再開し、二〇〇五年まで、計四次にわたる調査を遂行した。その成果を簡単にまとめてみよう。

一号ヘレクスルは中心にある積石塚の直径が一二〜一三メートル、高さが約一・五メートルで、その周囲を一辺二五〜三〇メートルの方形石囲いがめぐっている。積石塚から東方に石の堆積が弧状に張り出し、それが石囲いを少し壊しているように見える。石囲いの

4号鹿石周辺のストーンサークルの馬骨出土状況　東向きの頭骨と平行に頸椎が置かれている。著者撮影

四隅には円形の石堆が設けられている。また石囲いの外側には、その東半分を取り囲むように石堆が二一基配置されている。石囲いに近い石堆の方が外側の石堆よりも大きい。

注目すべきは、二一基の石堆すべてで、馬の頭骨と頸椎《けいつい》が発見されたことである。頭骨は地面をやや掘りくぼめてその中にすべて鼻面を東に向け、第一と第二頸椎の間で頭と首を切断して、南側に頸椎が並べられていた。蹄《ひづめ》と尾椎骨が残っている場合には、蹄の先も東を向いていた。石堆そのものがすべて東半分に集中していること、そして馬の鼻面が東を向いていることは、東を重視する考えの現れだろう。『史記』によれば、匈奴《きょうど》の単于《ぜんう》（王の称号）は毎朝、日が昇る方向を拝んだという。また突厥《とっくつ》（とっけつとも読む）の埋葬遺跡では東側に石人を立てた。東方重視はいつの時代にも見られるので、時代決定の参考にはならない。

しかしこの状況は、重大な意味を持つことになった。鹿石周辺には小さなストーンサークルがたくさんあるが、そこからも必ず、地面をやや掘りくぼめて、馬の頭骨と頸椎を切断して平行に、蹄とともに東に向けて並べた状況が確認されたのである。これほどに一致しているということは、ヘレクスルの周りの石堆に馬の頭骨を埋納した人と、鹿石の周りのストーンサークルに馬の頭骨を埋納した人は同じ文化に属するということを意味する。さらに言えば、ヘレクスルを造った人たちと鹿石を立てた人たちは同じ集団に属するということになる。

ただしヘレクスルと周りの石堆とが同じ年代であるかどうかを疑う声もある。毎年一基ずつ石堆を造っていったのではないかとか、ずっと後になってからも崇拝の対象として造ることも考えられるというわけである。たしかに今でもオボー（モンゴル人が峠や泉のほとりなどに小石を積み上げて信仰の対象にしているケルン状の石塚、第六章で再説）の上に馬の頭蓋骨を載せることがあり、後世の人が馬の頭骨を供える可能性も考えられないではない。

しかしこの考えは、二つの理由から否定されると思う。一号ヘレクスルのすぐ南にある四号方形ヘレクスルの周りには、西側を除いて多数の石堆があるが、その石堆群の中に三基の円形小ヘレクスルが割り込んでいる。これらの三基は明らかに、いくつかの石堆を壊して（おそらくその石を利用して）造られている。方形と円形でどれくらいの年代差があるのか今のところ判断材料がないが、円形もやはり東側に石堆を持つことを考慮すると同じ文化に属し、何百年もの差があるとは思えない。したがって、周りの石堆はヘレクスル造営直後に、比較的短期間のうちに造られたと考えるべきであろう。これが第一の理由である。もう一つの理由は「ヘレクスルは墓なのか」の項の最後で説明しよう。

鹿石の年代からヘレクスルの年代を割り出す

ヘレクスルの発掘例が少ないことは先ほど述べた。発掘例が少なくても、それらから重要な遺物がまとまって発見されるようなことがあればまだ救いもあるのだが、そのような幸運な例は今のところない。ほとんどまったく何も遺物が出てこないのである。そのため、年代を決める手段がきわめて乏しい。一方、鹿石はある程度年代を決める手がかりがある。そこで鹿石との対比から、ヘレクスルの年代も割り出すことが可能となったのである。そこで鹿石について簡単に説明しておこう。

一般に鹿石は、三つのタイプに分類されている。
①細長く伸びた鼻面、角と首が大きく表現された鹿が、隙間なくほぼ全面的に彫り込まれたタイプ。左右側面の上部に円と首飾り、下部に帯、短剣とナイフ、斧、弓矢など、背面に五角形の楯が表現されている。正面上部には二～三本斜線が刻まれ、まれに人面が表現さ

人面のある鹿石（タイプ①）側面上部の円は、大きな耳輪であることがわかる。オラーン＝オーシグⅠ遺跡の14号。背後に見える山がオラーン＝オーシグ。著者撮影

三本斜線のある鹿石（タイプ①）側面の上部に円、首飾りの下に鹿、下部に帯が見られる。正面上部の三本斜線は顔面を象徴的に表現したものと考えられる。モンゴル西北部、ヒャダギーン＝エフ所在。著者撮影

動物表現のない鹿石（タイプ③）モンゴル西部、オブス県の円形ヘレクスルの上に立つ。著者撮影

れている。断面が長方形あるいは正方形に近い角柱がほとんどである。高さが四メートル近いものなど、大きいものが多い。モンゴル中部と西部を中心に、北のブリャーチヤ、トゥバと、西方の中国領アルタイに分布する。

②上部に二〜三本斜線、円、首飾りがある点は①と同じであるが、より写実的な鹿や馬、猪などが、足を真っ直ぐ伸ばした姿勢で表現され、図像のない空白部分が多いタイプ。体を丸めた虎か豹《ひょう》のような猛獣が刻まれていることもある。角柱が多いが、①ほど大きくはない。足を真っ直ぐ伸ばした写実的な動物像は、初期スキタイ時代（前八〜前六世紀中ごろ）の特徴。モンゴル西部、トゥバ、ロシア領と中国領のアルタイに分布する。

③二〜三本斜線と円、首飾り、弓矢、帯だけが刻まれ、動物表現がまったくないタイプ。東

スキタイ文化の歴史を語る鹿石
浅く彫り込まれた爪先立った鹿の表現は、前8〜前6世紀の初期スキタイ美術の特徴を示す（タイプ②）。鹿石はしばしばヘレクスル（積石塚）に伴い、人間を表している。モンゴル中西部、ドゥルブルジン＝アム遺跡。　著者撮影

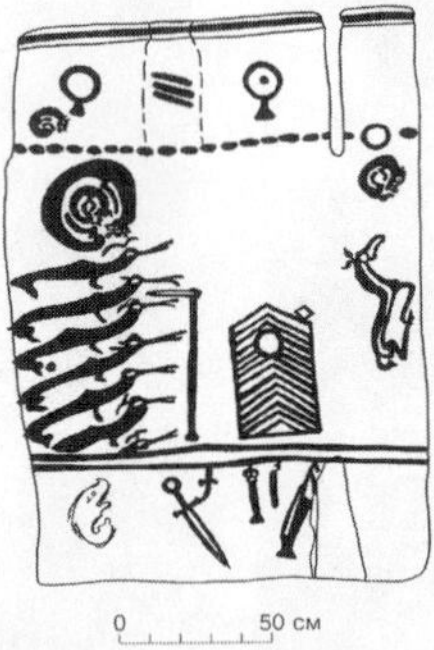

ロシア、トゥバ、コシュ＝ペイ出土の鹿石（４面の展開図）　本文中の鹿石のタイプ①に特徴的な鼻面が長く肩甲骨が隆起した鹿の図像と、タイプ②に特徴的な体を丸めた動物像とが混在している。楯が左側面にみられるのはめずらしい。*Arkheologicheskie vesti* 5,1998より

はモンゴルからトゥバ、アルタイ、天山北方からウラル、黒海北岸まで、きわめて広範囲に分布する。円柱あるいは丸石状のものが多く、一般に①②よりも小さいが、ウラル以西では大きいものがある。

②のタイプには鹿の表現が比較的少なく、③にはまったくないが、それ以外の斜線と円などの要素が共通するため、これらも鹿石と呼ばれている。上記の特徴からわかるように、鹿石は人間、それも武具を装備したものは戦士を表しているとみなすことができるが、それがどのような人物であるのかについては判断が難しい。

　墓に単独で立っているならば、その墓に埋葬された人物を表したものと考えることができる。しかしヘレクスルが墓かどうか確定しておらず（後述する）、仮に墓であるとしても、単独ではなく複数、それも一〇体以上立っていることもあり、埋葬された人とみなすことはできない。

　そうすると、鹿石は墓の主人公の従者たちなのか、一体だけが墓の主で他は従者なのか、それともただの人ではなく神なのか。今のところ決め手はない。

それでは鹿石の年代に話を移そう。この問題についてもさまざまな議論がある。前記の③が最も古く、それから②、①と変化したとする説、逆に①から③へと変化したとする説、①②③ともすべて同時期に併存したとする説がある。最初の説はいまや信奉者は少なく、二番目と三番目が拮抗しているという状況である。二番目の説は、①にカラスク型式の短剣（柄と刃の間に小さなつばが突出しているのが特徴）が見られることを重視して、①はカラスク文化の時代（前一三世紀あるいは前一二～前八世紀）に属し、②を前八～前七世紀中ごろ、③を前七～前六世紀とする。三番目の説は、①と②の要素が一つの鹿石に混在している例（図参照）があることを重視し、全体を前九～前五世紀とする。

私自身は、全体の枠組みは三番目の説が妥当であろうが、その中でもやはり①が最も古く、②と③はやや新しいのではないかと考えている。もし私の考えが正しいとすれば、①の鹿石が伴うヘレクスルは前九～前七世紀ころ、②と③が伴うヘレクスルは前八～前五世紀ころということになる。とすれば、我々が調査している遺跡のヘレクスルの年代は、前九～前七世紀ころと考えられる。

ヘレクスルは墓なのか

次に、ヘレクスルは墓なのかどうかという問題を検討してみよう。動物表現のない③の鹿石は、円形ヘレクスルの低い積石塚の上に立っているが、中央の積石塚から円形石囲いに向かって何本も石列が伸びている。これを上空から見れば、積石塚を車軸としてそこからリム

（輪縁）に向かってスポーク（輻《や》）が放射状に伸びる車輪のように見えることだろう。

ロシア領のトゥバにあるこのような車輪形ヘレクスルを発掘したロシアの考古学者A・グラーチは、埋葬された人骨が出土しなかったことから、この遺跡を墓ではなく太陽崇拝の祭祀場と考えた。古代には、太陽の運行と（実際には地球が回っているのだが）車輪の回転とが同一視され、車輪はしばしば太陽の象徴とみなされていたからである。

本当にヘレクスルは墓ではないのか。我々の調査した一号ヘレクスルにはスポークはないが、それ以外の構造は同じである。一九九九年には積石塚本体には手をつけず、外側を中心に調査した。二〇〇三年には積石塚の南側半分の石を除去したところ（三〇頁参照）、中心部に大きな石が組んであるように見えて、それが石槨《せっかく》（方形の石組みの空間）であるとすればその中に遺骸が横たわっているのではないかという期待が生まれた。

二〇〇四年、北側の石もはずし、ついに中央に石槨が現れた。地表に四枚の大きな板石を並べて長方形の空間が作られている。一四一×七二センチと狭いが、足を曲げたいわゆる屈葬であれば大人の遺体でも入れられる。我々は期待に胸をときめかせながら蓋石をはずし、中の土を少しずつ掘っていったが、何も出てこない。それでもあきらめきれずに、すべての石をはずした後、その下に軟らかい土層がみとめられたので掘り下げたところ、ぽっかりと空間が開き、なんと、新しいふかふかの草、靴の紐、軍手が出てきたではないか。そこはタルバガンというプレーリードッグのような小動物の巣だったのである。

共同調査者のモンゴル人考古学者D・エルデネバートル氏によれば、タルバガンは、鷲や鷹の攻撃から身を守り冬でも積石が断熱材として役割を果たしてくれるヘレクスルの下をしばしばねぐらとし、また人間の骨をかじってしまうので、ヘレクスルの下から人骨や副葬品を発見するのはきわめて難しいという。埋葬施設らしき石槨が発見されても、人骨が出てこなくては墓と言うことはできない。

二〇〇五年、我々は再度挑戦した。もう少し小さい一二号円形ヘレクスル（石囲いの直径約一六メートル）を発掘したのである。上層の石を取り除くと、中心部に細長い石を放射状に花びらのように配した状況が確認された。さらに周りの石をはずしてゆくと、中心部はぽっかりと開いて、小さい人骨が散乱していることがわかった。内部の空間は一一〇×六〇センチと小さいが、子供なら入れられる。モンゴルの人類学者の鑑定によれば、五〜六歳の子供の骨であるという。これでようやく、ヘレクスルは埋葬遺跡であることが確認できたのである。

ところでこの一二号には石堆が一基もない。少し前に、石堆はヘレクスルよりずっと後になっても造られる可能性があるとする説を紹介した。しかし、もし後世の人がヘレクスルをオボーのように崇拝の対象として馬の頭骨を埋納したとするなら、このヘレクスルにも石堆があってよさそうなものである。それがないということは、このヘレクスルの被葬者が子供であることを知っていて、葬儀の参会者が造らなかったということを示しているのではないであろうか。

モンゴル中西部、ジャルガラントの大型ヘレクスル　中央の積石塚は高さ5m。石堆は1367基もあり、最低でも同数の馬が屠られたことになる。著者撮影

大型ヘレクスルの持つ意味

先に述べたように、一号ヘレクスルを取り囲む二一基の石堆すべてから、馬の頭骨と頸椎（場合によっては蹄と尾も）が出土した。ヘレクスルが埋葬遺跡であると認定されれば、馬骨の意味もおのずとわかってくる。それは、ヘレクスルに埋葬された人物に捧げられた犠牲であろう。

その状況を再現してみよう。被葬者の親類縁者かあるいは従属関係にある配下の者たちが、近くのオラーン＝オーシグ山から岩石をかち割って運び下ろし、まず石槨と積石塚・石囲いを造る。それから二一頭の馬を屠《ほふ》り（参会者の主だった者が二一人あるいは二一家族だったのか）、その頭・首と蹄・尾椎骨を東向きに置き、その上を石で覆った。頭だけでなく蹄と尾も入れたのは、首尾を整えることによって一頭分まるごと捧げたのと同じ意味を持たせたかったからであろう。

胴体の部分は、もちろん参会者が食べてしまったのであろう。首に関しても、頸椎の列が真っ直ぐで、すべての頸椎が馬の下顎骨《かがくこつ》と同じレベル（土層中の高さ）に発見されることを考慮すると、肉の部分を取り除いてから頸椎を並べた、すなわち食べられていたと考えられ

る。残された歯から判断すると、馬は子馬が多いようであるが、子馬でも肉の量はほかの家畜よりも多い。二一頭の馬を同時に食べたとしたら、いったい何人ぐらいの人が葬儀に参列したのだろうか。少なくとも二〇〇～三〇〇人の胃袋は十分に満たせたのではないだろうか。

数百人程度の参列者ではあまり大規模な葬儀とは思われないかもしれないが、人口稀薄な草原地帯では相当な人数である（ちなみにモンゴル国は面積が日本の四倍以上の一五六万平方キロメートルありながら、人口は一九八九年に二〇四万人、二〇一五年でも三〇六万人にすぎない）。ましてや今から三〇〇〇年ほど前のことである。このヘレクスルに埋葬された人物は、それなりの有力者ではないかと思われる。

一号ヘレクスルのすぐ南には、石囲いの中の面積が六倍以上の四号ヘレクスルがある。石囲い外側の石堆は、後世の遺構によってかなり壊されているが、おそらく一〇〇基以上はあったろう。ということは一〇〇頭以上の馬が屠られたことになる。しかしこの程度で驚いてはいけない。私が知っている最大の方形ヘレクスルは、石囲いの一辺が二〇〇メートル以上、中心の積石塚の高さが五メートル、石囲い外側の石堆が一七〇〇基以上もある。

モンゴル中西部のジャルガラントにあるこの遺跡では、二〇〇三年からアメリカピッツバーグ大学の調査団が測量調査を行っている。我々の調査団の共同調査者であるエルデネバートル氏は、このピッツバーグ大学調査団にも参加しているので、その調査の概要を同氏からきくことができた。それによれば、試みに周囲の石堆を数基発掘したところ、いずれからも馬の頭骨と頸椎が東を向いて出土したという。我々が調査しているヘレクスルと同じ状況だ。ということは、一七〇〇基以上の石堆すべてに馬の頭骨と頸椎が埋められているのだろう。

このヘレクスルでは、石堆のさらに外側にストーンサークルが一〇〇〇基以上めぐっている。もしそこにも馬骨が埋められているとしたら、屠られた馬の頭数は二〇〇〇を下らないだろう。もしそれだけの頭数の馬の肉を葬儀で食べたとしたら、参列者は万の単位をもって数えなければならない。この数は親類縁者の域をはるかに超えている。

岩石を適当な大きさに割って山から運び出し、大型積石塚を造営させることができる人物、一〇〇〇～二〇〇〇頭の馬を所持するかあるいは供出させることのできる人物、それは相当な権力者と言わざるをえない。このことは、前九世紀ころ、モンゴルの草原に騎馬遊牧民の大きな権力が生まれたことを意味するものであろう。

オラーン＝オーシグ山を取り巻くI～Xの遺跡群には、どれも大型（一基だけ）から中型、小型まで、さまざまな規模のヘレクスルがそろっている。規模の大小は、そこに葬られた人物の地位、身分の差異を示すものであろう。とすれば、その社会には階層化が進行していたと考えられる。大勢の人員を動員できる権力者と、その下に続く有力者層、そして一般民衆（遊牧民）という構図ができあがっていたのだろう。そしてその権力を支えるものは、騎馬軍団の軍事力だったのではないだろうか。

動物の家畜化

牧畜の起源

遊牧民からなる騎馬軍団の成立を前九世紀ころと見る考えは、しかし従来は必ずしも有力ではなかった。もっと早く、前四〇〇〇～前三〇〇〇年ころに、遊牧民騎馬軍団の活動は始まっていたとする説も、一定の支持を得ていたからである。この説は、馬の家畜化の目的と年代に関する問題、そして印欧語族《いんおうご》（インド＝ヨーロッパ語族）の起源と拡散に関する問題、この二つと密接に結びついている。そこで馬を含めた動物の家畜化の歴史を概観し、その流れの中に騎馬遊牧民の登場を位置づけてみよう。

人類は、牧畜という生産技術を開発する前に、狩猟と採集という食料獲得手段を持っていた。狩猟の中から牧畜が発生したのであろうという推定に対してはあまり異論もないが、それがどのようにして始まったのかという問題に関しては、さまざまな議論がある。かつて今西錦司は戦前の内モンゴルでの調査経験に基づいて、移動する羊やヤギの群れを追っていた人間が徐々にその距離を狭めて動物との親和性を増し、その過程を経て群れを直接的な管理下に置くようになったとする説を提唱した。家畜主導・人間追随型とでも言うべき牧畜の発生である。この説に従えば、移動する動物の群れを追っていくのであるから、人間も移動する。すなわち、遊牧こそが牧畜の最も古い形態ということになる。

家畜化というと、人間が能動的に家畜を支配下に置いたというイメージを描きたくなるが、発想の転換とも言うべきこの説は、文化人類学者や動物学者の一部から熱烈な支持を受けた。しかし、二〇世紀の後半から活発になった西アジアでの考古学調査の成果から判断する限り、最初に動物を家畜化したのは集落に住む定住民であり、すでにムギの栽培を始めていた可能性もあることがわかってきた。これに従えば、最初の牧畜は遊牧ではなく、定住的であったことになる。

旧石器時代の最終末、前一万二〇〇〇年ころ（ここで採用する年代は、放射性炭素年代測定法によって得られた年代を種々の条件により補正したもので、補正すると概して年代は古くなる）、いわゆる肥沃な三日月地帯の地中海に近い地域、今日のレバノン、イスラエル、パレスティナでは定住的集落が営まれ、人々は野生ムギの採集や、集団による追い込み猟を行うようになっていた。肥沃な三日月地帯は野生のムギ、ヤギ、羊がともにあり、また雨水だけが頼りの天水農耕がかろうじて可能な地域でもあった。そして前九五〇〇年ころ、集落は大型化し、コムギ・オオムギの栽培が始まる。新石器時代の始まりであるが、まだ土器はない。

やがて一部の集落はますます大型化、固定化の傾向を強め、農耕の役割が増加し、人口の集中が見られるようになる。前七六〇〇年ころ、やはり肥沃な三日月地帯とその周辺でヤギと羊の家畜化が始まった。ヤギや羊を群れごと捕獲して集落の中に設けた囲いに収容し、一度に全部は殺さずに一部は生かしておくようになったのである。その囲いの中で子供が生ま

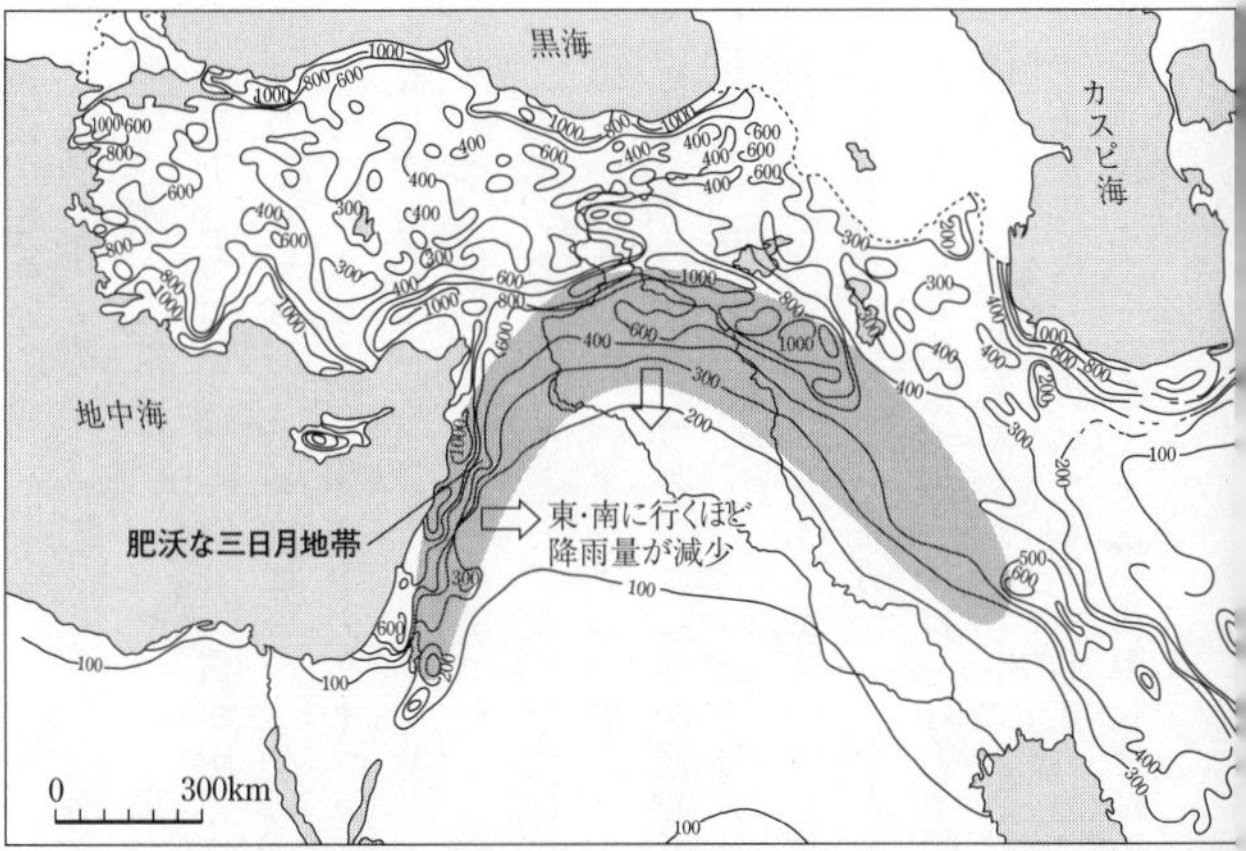

西アジアの降雨量と肥沃な三日月地帯　藤井純夫『ムギとヒツジの考古学』(2001年) をもとに作成

れれば、その子供はもはや野生ではなく、「家畜」に近い。囲いの中で世代交代が起これば、完全な家畜の誕生である。農耕が行われていれば、穂だけ刈り取られた後に残った茎が家畜の餌にもなる。つまり、大型定住集落と農耕の確立が、家畜化の前提であったというのが、現在最も有力な考え方である（藤井純夫『ムギとヒツジの考古学』同成社、二〇〇一年）。

それにやや遅れて前七〇〇〇年ころには、肥沃な三日月地帯の西北部で牛と豚の家畜化も進行していたらしい。ただし豚は犬と同様に人間の集落に自ら近寄ってくる性向があるので、世界各地で独自に家畜化した可能性が高い。

家畜の役割

家畜化された動物は、どのような役割を担っていたのか、ここでまとめてみよう。

前項で述べたように、羊・ヤギは、まず何よりも食肉を確保するために家畜化された。羊肉は最近こそ日本でもかなり人気が出てきたが、それでも一般家庭で日常的に食べるほどには普及していない。ヤギ肉にいたっては、沖縄以外ではまずレストランのメニューに載っていない。しかし中国北部や中央ユーラシア、西アジア、地中海地域では、羊は最もポピュラーな食肉である。

羊肉は、レア(生焼け)やまったくの生肉でも食べられる。レアならばビタミン類が壊れないので、ヘルシーである。また羊肉は、つぶしたてが一番おいしい。電気冷蔵庫が普及していなかったころ、西アジアの田舎をグループで旅行していて街道沿いの食堂に入ると、裏庭に連れて行かれる。そこには羊が何頭もいて、どれにするかとたずねられる。あれがいいと言うと、小一時間もして羊の茹《ゆ》で肉が現れる。モンゴルで最高の料理は、羊あるいはヤギの蒸し焼き肉である。つぶしたての肉を適当な大きさに切って、焼け石とともに大きなアルミの缶(あるいは屠畜《とちく》したばかりのヤギの皮)に入れる。小一時間もすると、味が封じ込められた蒸し焼き肉と濃厚な肉汁を味わうことができる。

屠畜すれば、もちろん毛皮も手に入る。毛皮は防寒着として役に立つ。しかし羊は殺さなくとも羊毛だけを刈って利用することもできる。紡いで毛糸にし、それを織れば布を作ることができる。羊毛のまま水を利用して固め、フェルト(不織布)を作ることもできる。また

	毛	皮	肉	乳	牽引	騎乗
羊・ヤギ	○	○	○	○		
牛		△	○	○	○	
馬	△	△	○(△)	○(△)	○	○

家畜の利用法　△は重要度のやや低いものを示す

一頭ごとの乳量は少ないが、羊とヤギは数十頭まとめて搾乳すればかなりの乳量を得ることができ、加工してチーズやバターなど、さまざまな乳製品を作り出すことができる。

ただし食肉以外の利用法がいつごろから始まったのかについては、議論が分かれる。家畜化した直後から始まったとする説もあるが、ある程度遅れて、一〇〇〇～二〇〇〇年遅れて始まったとする説の方が有力のようだ。フェルトは防水性と保温性に優れており、テントの生地に適している。また乳製品は保存のきく食料として、移動を常とする人々、遊牧民にとっては重要である。フェルトのテントや乳製品の開発は、必ずしも遊牧に不可欠の条件ではないが、遊牧を促進する要因にはなったであろう。

牛も肉と乳の供給源として重要であり、また皮も利用できるが、そのほかに牛は力が強いという特徴を持つ。それを活かして、犂《すき》や車の牽引《けんいん》に利用される（漢字では犂にも牽にも牛という字が含まれている）。馬も肉と乳（馬乳酒ができる）の利用が可能であるが、馬への思い入れから現代では馬肉を食することをタブー視する社会もある。また馬乳は夏を中心とした数ヵ月に限られる。尾とたてがみの毛は紐や弦楽器の弓に利用されるが、それほど重要ではない。馬の皮は太鼓とベルトに使われるが、その程度である。また牛と同様に牽引もできるが、何と言っても最大の特徴は騎乗ができるという点にある。以上の利用法を表にまとめてみる。

騎乗は簡便で速い運輸・交通手段をもたらしたが、その機動性を最大限に発揮できたのは、軍事・戦闘の分野であった。目標に向かって殺到するかと思えば、機を見て一斉に引き上げるという、電撃作戦が可能となったのである。次に、馬の家畜化はいつごろ、どこで起こったのかという問題を検討してみよう。

デレイフカ遺跡の衝撃

前記のように羊・ヤギと牛の家畜化に関する問題はある程度明らかになってきたが、馬の家畜化に関しては、残念ながらまだ五里霧中と言わざるを得ない。その混沌とした状況を作り出した大きな原因は、一つの大胆な仮説だった。一九八〇年代後半から九〇年代にかけて、馬の家畜化の年代をそれまでより古く前四〇〇〇年かそれより少し前とする説が一世を風靡《ふうび》した。しかもそれは、馬を食用としてだけでなく、騎乗用としても使っていたという衝撃的な説だったのである。

今日のウクライナ、ドニプロ（ドニェプル）川の中下流西岸に、デレイフカという遺跡がある。大部分は集落址で、墓地が付属している。考古学上の時代区分では、青銅器時代よりも前の銅石器時代に属し、年代は前四〇〇〇年かそれよりも数百年は古いという。

三〇〇〇平方メートルほどの遺跡のうち二〇〇〇平方メートル以上が発掘され、動物の骨が多数発見された。集落址の部分で発見された骨で最も多いのは馬で、全体の五二パーセントを占めていた。単に馬の骨がたくさん出たというだけでは家畜化の証拠にならないが、同時に出土した鹿の角が注目された。前一〇〇〇年より後になると、馬の頰の両側で銜《はみ》を留めて同時に手綱にもつなぐ銜留め具（日本の馬具用語では鏡板《かがみいた》）として、孔が二つないし三つ貫通した角製品が使われるようになる（八七頁参照）。それに似ているので、年代はずっと古いが、これも銜留め具ではないかと考えられたのである。

さらに注目すべき発見が、集落址東部の住居のない区域でなされた。ごみを入れたと思われる小さな穴と炉址のすぐ近くに、牡馬の頭骨（頭蓋骨と上下顎骨）と二頭の犬の骨、数個の石からなる石列が発見され、小さな穴の中からは猪をかたどった土製品と銜留め具に似た角製品が出土したのである。発掘を指導したウクライナの考古学者D・テレーギンは、これらすべてが一連の祭祀に関連するものであり、その中心をなすのは牡馬の頭骨の埋納であると考えた。そして有孔角製品を銜留め具とみなし、この馬は集落の族長が騎乗していたものであり、騎乗と馬の頭骨の儀礼はここから印欧語族の間に広まっていったと結論づけた。これとほぼ同じ仮説はすでに一九七〇年代にロシアの考古学者E・クジミナによって唱えられていたが、その具体的な証拠が出てきたというわけである。

この説を補強したのがアメリカの人類学者D・アンソニーである。彼は埋納された馬の頭骨の歯を調べ、下の第二前臼歯が四ミリほど斜めに磨耗していることを発見した。馬は門歯と第二前臼歯（馬は普通第一前臼歯が生えない）との間に大きな隙間があり、そこに銜を装着するため、手前側、すなわち第二前臼歯の前側が磨り減ることになる。アンソニーは古代や現代のさまざまな馬歯の資料を調べて、銜をつけていれば平均して三～四ミリ磨耗することを確認した。そこで、銜そのものは出土していないが、この馬は銜を使って騎乗されていたと判断したのである。

この説を利用する研究者も現れた。リトアニアに生まれ、アメリカで活躍したヨーロッパ先史考古学の大物、M・ギンブタス女史である。ギンブタスは印欧語族の騎馬戦士集団が草原からヨーロッパに波状的に侵入し、その族長たちが築いたのが南ロシアや東欧に残るクルガン（古墳）であるという説を以前から唱えていた。その侵入した時期を、一九五〇年代には「前二千年紀（前二〇〇〇～前一〇〇一年）」としていたが、一九六〇年代前半には「前二四〇〇～前二二〇〇年」とし、デレイフカの報告を受けるや一挙に「前四〇〇〇年かそれより少し前」へとさかのぼらせたのである。

デレイフカの年代と馬の家畜化に対する疑問

もちろん、反論も多く出された。まず銜の使用に疑問が提示された。前四〇〇〇年ころにはまだ青銅は発明されておらず、銅製品がようやく出現するかどうかというところである。アンソニーは銜として銅製品か縄を使った可能性を考えたが、当初は銅製の銜の可能性が高いと判断した。これに対しては、そんなに古い銅製の銜があるはずがないと、東欧の先史考古学の専門家らから猛反発を受けた。そこでアンソニーは、縄や皮、骨などの有機質の銜を装着しても磨耗痕ができることを証明するために、実際にそのような銜をつけて馬を乗り回す実験を行い、やはり磨耗痕ができることが確かめられたと発表した。

一方、デレイフカの馬が本当に家畜化されていたのかという問題についても、当初から疑問が提示されていた。馬の年齢は、歯冠の磨り減り具合から推定することができる。デレイフカから出土した馬の歯を調査したM・レヴァインによると、五歳以上、八歳未満で死亡した馬が五〇・一パーセントを占め、三歳以下や八歳以上はきわめて少ない。また牡と牝の比率は九対一と、圧倒的に牡が多い。これは何を意味するのであろうか。

もし馬が食肉用に飼育されていたならば、屠畜するのに適した年齢は二〜三歳である。このくらいの年齢で馬体は十分に大きくなっており、それを過ぎると肉質が硬化してくるからである。一方、馬が役畜として、すなわち荷物の運搬、車の牽引、騎乗に使われているならば、五〜八歳で死なせることはありえない。馬はそのころが最も体力がある年齢だからである。役畜ならば、一五〜一六歳ころまで使われるであろう。

そこでレヴァインは、次のように考えた。野生の状態では、普通一頭の牡馬がハーレムを作って数十頭の群れを支配する。その一頭の馬は、力の強い五〜八歳の牡馬である。もし敵が現れたならばこのリーダーは他の馬を逃がしてやり、自分は果敢に立ち向かってゆく。したがって狩人たちが馬の群れを狙った場合、この牡馬は最も危険な立場にあり、死ぬ確率も高いということになる。このような推論からレヴァインは、デレイフカの馬は野生馬であると結論づけた。

同じ遺跡の馬の骨と歯の分析からまったく相反する二つの結論が出るという事態を前にして、どのように折り合いをつければよいのか。私も当時（一九九〇年代初め）大いに困り、デレイフカの馬の多くは野生馬だが、ごく一部の馬は騎乗されていた可能性があるという折衷的な判断でお茶を濁すしかなかった。

論争の行方

多作家のアンソニーはあちこちで論文を書きまくり、また欧米人好みの印欧語族原郷問題（欧米ではこの問題は日本の邪馬台国論争以上に活発な論議を呼んでいる）にも首を突っ込んで、一躍売れっ子となった。次にアンソニーが注目したのが、カザフスタン北部のボタイ遺跡である。それは銅石器時代の集落址で、一九七〇年代から八〇年代にかけての一五シーズンにわたる調査で三〇万点（一〇万トン）にのぼる骨の資料が出土し、そのうち九九・九パーセントが馬の骨であった。補正された年代は、前三五〇〇～前三〇〇〇年とされている。

ボタイでもデレイフカと同様に、馬の頭骨の埋納遺構が発見された。ある住居址の床下に、一八個もの馬の頭骨が置かれていたため、この住居は何らかの祭祀を行った建物と考えられた。そしてアンソニーが調査することのできた第二前臼歯一九点のうち、五点に三～六ミリの磨耗痕がみとめられたという。またボタイからも孔が一つか二つあいた細長い骨製品が出土しており、発掘者はこれを銜留め具と判断している。

一方、レヴァインもまたボタイに注目し、一九九二年に調査された住居址とその周辺で得られた資料から、まったく別の結論に達することになった。それによると、四万点の骨や歯と五〇〇〇点の人工遺物が発見され、やはり骨や歯の九九パーセント以上は馬のものであった。住居址の床面より上のさまざまなレベルで骨が集中して発見されることから、住居が放棄された後のくぼみが骨の捨て場となったのであろうとレヴァインは解釈している。

彼女はまた五二六点の歯から死亡年齢や性別を推定し、デレイフカと比較している。それによると、デレイフカでは前記のように五〜八歳に集中し、平均年齢は七・七歳であったが、ボタイでは三歳以下が多く、平均年齢も六・五歳と低い。また性別はデレイフカでは牡と牝の比率が九対一であったが、ボタイでは一対一である。

この対比から、彼女は次のような結論に達した。デレイフカは集落としては規模が小さく、同時に存在したのは数家族に過ぎず、狩りの方法も待ち伏せか追跡であったために、立ち向かってきた群れのリーダーである牡馬が獲物となった。また出土した骨も馬はせいぜい五〇パーセントを少し超える程度であった。それに対してボタイは集落の規模が大きく、大勢による共同作業で狩り立てか囲い込みによって一度に大量に捕獲することができたというわけである。さらにデレイフカの年代についても、黒海北岸の他の文化との比較から前三七〇〇〜前三一五〇年とし、ボタイとほぼ重なるとも付け加えている。

前四〇〇〇～前三〇〇〇年に馬の騎乗はなかった

デレイフカ集落址の年代については、テレーギン自身も一九九五年にカザフスタンで開かれた国際会議で、五〇〇～一〇〇〇年下げることに同意したが、問題の埋納された馬の年代にはもっと劇的な変化が待っていた。この馬の頭骨と歯をあらためてキーイフとオックスフォードの研究所で放射性炭素による年代測定を行ったところ、何と頭骨は前七九〇～前五二〇年、歯は前四一〇～前二〇〇年と出てしまったのである。そこでアンソニーも、この馬に関しては後世のスキタイ時代の埋納と訂正せざるを得なくなってしまった。

実は同じようなことは、日本でも起こっている。かつては縄文時代に日本列島には馬が生息していたと考えられていた。ところがよく調べてみると、出土した遺跡はたしかに縄文時代に属するが、馬の骨はずっと後になってからたまたまそこに置かれたに過ぎないということがわかってきた。いまや縄文時代に馬がいたと信じる研究者はほとんどいない。

このような逆境にもめげず、アンソニーはウラル山脈の東西にはまだほかにも銅石器時代の馬の家畜化、騎乗を示す証拠があるとがんばっている。ただし銜を伴う騎乗は、以前はウラルの西側の方が早いと主張していたが、デレイフカが否定されてからは、ボタイのあるウラル東側の方が早かったとし、その年代を前三五〇〇～前三〇〇〇年と訂正した。しかし最近はどうもアンソニー側の旗色が悪いようだ。

「銜留め具」と称する骨角製品にしても、ボタイの骨製品は馬の革帯を通すには孔が小さすぎ、また孔が一つしかない製品では、銜留め具としての役割を果たすことができない。

遊牧の発生と発達

遊牧はいつ、どのように発生したか

西アジアにおける最初の牧畜が定住的であったことはすでに述べたが、それでは遊牧はいつごろどのようにして発生したのだろうか。この問題に関しては資料が少なく、まだ十分に解明されたとは言いがたいが、藤井純夫が提唱する仮説を紹介しておこう。

肥沃な三日月地帯の西側で南よりの内陸草原地帯では、前七〇〇〇～前六五〇〇年に羊が主要な家畜となりつつあったが、それはまだ純粋な遊牧民ではなく、採集狩猟民が補足的に家畜を飼っているという程度であった。それにやや遅れて、閉鎖型の囲いが開放的な囲いに変わってゆくが、このことは囲いが逃走防止ではなく、冬季や夜間の保護の段階に移行したことを示している。つまり集落外へ日帰りで放牧に出かけるようになったのであろう。

それからしばらくすると、実際の居住を伴わない「擬集落」が現れるが、これは日帰り放牧から発展した遊動的な放牧のキャンプと考えられる。乳の加工利用は遊牧民にとってきわめて重要であるが、この時期にそれが始まっていたかどうかは、議論が分かれるところである。さらに前五五〇〇年ころから始まった気候の温暖化がとくにこの地域では草原の乾燥化という現象を引き起こし、農耕を捨てて遊牧を選ぶ道を開いたという考え方もある。

自然環境だけでなく、人間社会の方でも遊牧を促す素地が整いつつあった。家畜化が完成

し、群れとして統御する再生産体制が整ってしまえば、集落に留まる必要はなかった（もともと彼らは移動する狩猟採集民だった）。一部の集落が都市に発展すると、その周辺ではムギの栽培が拡大し、羊は外に押し出されることになった。肥沃な三日月地帯から外れた乾燥地はそれまで無人の荒野であったが、そこに遊牧民が進出することによって、西アジア各地を結ぶ交易ルートも選択肢が増えることになった。しかしこの段階の遊牧民はまだテントは持たず、キャンプ周辺で調達できる建築材料で簡易的な住居を作っていたと思われる。

ユーラシア草原地帯の遊牧化は遅れる

草原地帯の西部、黒海北岸からカスピ海北岸にかけての地域には、前六千年紀（前六〇〇〇〜前五〇〇〇一年）に農耕牧畜が伝わっていたらしい。バルカン方面から伝わったとする説が有力であるが、中央アジア南部からという説もある。デレイフカやボタイが属する前四千年紀〜前三千年紀には、定住集落を中心に、農耕と牧畜の複合経済が営まれていたが、狩猟も重要な位置を占めていた。しかし、草原地帯の遊牧化はかなり遅れたらしい。集落が都市に発展することがなく、羊が外に押し出されることもなかったため、遊牧に出る必要がなかったのである。

草原地帯の遊牧化を促した要因は、気候の乾燥化と、車と騎馬の導入であった。前三五〇〇年ころ、おそらくメソポタミアで、車が発明されたらしい（車の起源に関しては、コロ説、ソリ説、その折衷説など、いろいろある）。車輪は円盤状で重く、牛ならば牽けるが、仮にこのころ馬が家畜化されていたとしても、馬が牽くのには適していない車両であった。車は二〇〇~三〇〇年のうちに、ヨーロッパと草原地帯西部に広まったらしい。

車が普及すると、移動・運搬が容易になり、遊牧化を促す一つの要因にはなったであろう。ただし現在でもモンゴル北部の遊牧民は、ヤクの体の両側に棒を斜めに着け、その上に荷物を積んでヤクにずるずる引っ張らせる運搬法を用いている。この方法ならば、車は要らない。

円盤状車輪を持つ二輪車　トルコ東北部で最近まで使われていた。車体は上から見るとA字形を呈しており、最も古い形式を残している。1977年11月。著者撮影

前三千年紀の中ごろから気候は徐々に乾燥化し、黒海北岸では広葉樹林が消滅して草原が広がり、カザフスタンでは半砂漠と草原が形成された。その結果、草原地帯は農耕よりも牧畜に適した風土になったが、地域によって差があった。ウクライナのヤームナヤ（土坑墓）文化（前三〇〇〇~前二二〇〇年）では農牧複合経済が続き、土塁や溝などの防御施設を持つ定住集落が出現する。ヤームナヤとはロシア語で「穴の」を意味し、単純な四角い穴への埋葬であることから名づけられた。このころまでには、肉用に馬を飼うことが始まっていたと思われる。

それにやや遅れて、ウラルより東側にも農耕牧畜文化が広まり始めた。それはアファナシエヴォ文化の名で知られ、ヤームナヤ文化の影響を受けて発生したらしい。ヤームナヤ文化の後期とそれにやや重なるカタコンブナヤ（地下横穴墓）文化（前二六〇〇～前二〇〇〇／前一九〇〇年）の墓には、円盤状の車輪を入れる葬法が見られる。

カタコンブナヤ文化の影響のもとに、前二〇〇〇年を少し過ぎたころヴォルガ川下流域にはまた別の葬法で特徴づけられる文化が現れた。それがスルブナヤ（木槨墓）文化で、ウラルから西方に広まった。一方かなり類似した文化がウラルから東方の南シベリアや中央アジアに広まった。これはアンドロノヴォ文化と呼ばれる（アンドロノヴォは南シベリアの遺跡名）。この文化と初期スルブナヤ文化との間には関係があったことが窺《うかが》われるが、くわしいことはまだわからない。この両文化の時代には銅よりもかたい青銅製品が作られるようになった。

同じころ、草原地帯の東端にあたる中国北部にも、アンドロノヴォ文化とよく似た文化が現れた。それは夏家店《かかてん》下層文化と呼ばれ（内モンゴル東部の遺跡名にちなむ）、おそらくアンドロノヴォ文化の影響のもとに成立したと思われるが、反対する説もある。

ギンブタスはヤームナヤ文化からスルブナヤ・アンドロノヴォ文化を残した人々を遊牧民と考えているが、最近の調査による限り、定住の方が主流であった。しかし狩猟・漁労もそれなりの意義を失っていなかった。また、農耕には不向きな草原に、羊の群れを連れて数日間放牧に出かける程度の半遊牧も行われていたようだ。そして、草原地帯東部でアンドロノヴォ文化に続いて登場するのが、三六頁で触れたカラスク文化ということになる。

馬車が先か、騎馬が先か

どちらかというと、馬車よりも騎馬の方が早かったようだ。前三千年紀末から前二千年紀初めにかけて、メソポタミアを中心とした地域で、馬に乗った人物を表現した押型と粘土板がいくつか発見されている。尾が根元から太くふさふさしているので、ロバではなく馬であることは明らかである。

騎乗者は後ろの方、馬の尻の上に跨《またが》っている。馬の背には脊椎が出っ張っており、裸馬の背に直接跨ると股間を痛める。それに対し尻の上は平らなので、そのような心配は要らない。イギリスの個人蔵、メソポタミア出土の粘土板では馬に幅広の腹帯を着け、それに左手をかけている。そのためもあって、後方に座らざるを得ないのだろう。またこのころすでに家畜化されていたロバは、背中が馬ほど丈夫でないので、乗る場合は尻の上に跨る。それを模倣した「ロバ式騎乗」とみなす考えもある。いずれにしてもこわごわと乗っているようで、危なくなればすぐに後方に飛び降りようと考えているのかもしれない。左手には手綱も持っている

メソポタミア出土の粘土板の描き起こし図　前2000〜前1750年。*Early Riders* R.Drews. Routledge, 2004より

が、この粘土板では手綱の先は馬の鼻輪につながっている。従って、この段階では口にくわえさせる銜はまだ出現しておらず、牛と同じように鼻輪で制御したのであろう。

大英博物館蔵の粘土板では、騎乗者は右手に棒を持っている。棒は牛やロバなど、荷物運搬用の駄獣に使うものである。イギリスの考古学者R・ドルーズは、このような騎乗を、一部の冒険好きの若者によるスポーツ的騎乗と呼び、広く普及することはなかったと考えている。

騎乗をマスターすることは難しく、また乗り心地も快適とは言えなかったためか、それに代わるように前二千年紀初め、馬でも軽快に牽くことのできるスポーク付き車輪の二輪車が登場する。

スポークがいつ、どこで発明されたのかということも、大きな問題である。アンソニーらは、ウラルからカザフスタンにかけての草原で、前二〇〇〇〜前一七〇〇年ころスポーク付き車輪が発明され、二輪戦車に乗った印欧語族の軍団が南方を脅かしたと考えている。また言語学者の中には、印欧語の車両関係の用語の中でスポークだけが共通の語源を持たないので、印欧語族の祖先の間で車両が生まれてからスポークが発明されるまでの間に、印欧語族の拡散が始まったと考える人もいる。

しかしウラルとカザフスタンの墓で発見される二輪車は軌間が一・一〜一・三メートルと狭く、せいぜい一人しか乗れないので（戦車の場合は御者と戦闘員の二人乗り）、死者を来世に送るための車と解釈する方が妥当であろう。ドルーズは、どちらとも決めかねて、「戦車はどこで発明されたにしても急速に広まり、一五〇年のうちに多くの言語集団で、数千マイル離れたところで使われるようになった」と書かざるをえなかった。

ただし、馬を御する上で重要な銜と銜留め具は、草原地帯で発明された可能性がある。西アジアでは馬にも当初鼻綱を着けていたのに対し、同じころ南ロシアや中央アジアでは骨製円盤型銜留め具が実用化されていたからである。同じタイプの銜留め具は草原から東ヨーロッパ、さらにミュケナイ文明のギリシアに伝わったらしい。

本格的な騎馬遊牧民の誕生

銜は発明されたが、それですぐに草原で騎乗が始まったとする証拠はない。むしろ西アジアや地中海世界の方が、銜を使った騎乗が早く認められる。エジプトでは第一八王朝の終わりころ（前一四世紀後半）に、銜に着けた手綱を持つ騎乗者の浮彫りがある。ただし裸馬で、「ロバ式騎乗」ではあるが。エーゲ海方面でも前一三～前一二世紀の三点の壺に騎乗の図が描かれている。しかしまだそれほど多いわけではない。

前一〇世紀に入ると、状況は一変する。西アジアや地中海世界では、騎馬を表現した土偶、浮彫り、絵画などの資料が急増するのである。

草原ではやや遅れて前九～前八世紀になると、騎馬関係の証拠が突如増え始める。スキタイ系文化の始まりである。その中でも特に早いのは、モンゴルの北西に位置するトゥバの地域である。くわしくは次章に譲るが、その始まりについては、気候変動と結びつける仮説がある。トゥバとそのすぐ北に接するミヌシンスク盆地の南部にはアンドロノヴォ文化の遺跡がきわめて少なく、トゥバではカラスク文化の遺跡も少ない。ところが前九世紀の中ごろに、草原地帯の西部よりも早く、スキタイ系の文化が登場する。

前九世紀中ごろは、世界的な気候変動の時期にあたる。古気候学上の用語ではサブボレアル期（乾燥期）からサブアトランティック期（湿潤期）への移行期に相当する。ミヌシンスク盆地南部とトゥバの湖で行われたボーリング調査によると、このころからカヤツリグサ科やイネ科の植物が増え始め、半砂漠だったところが草原に変わり始める。その草原が牧畜民をひきつけたのではないだろうか、というわけである。

もちろん、気候変動だけですべてを説明しきることはできない。この時期にはすでに西アジアは鉄器時代に突入していたが、草原地帯にはまだ鉄器は浸透していない。しかし青銅器の生産はかなり高度に発達しており、すぐれた武器や馬具の生産が可能となっていた。西周時代の中国との交流も始まっていたかもしれない。このようなさまざまな条件が重なり合って、軍事的に強大な力を持つ騎馬遊牧民が登場したのではないだろうか。

本章の冒頭で紹介した大型ヘレクスルも、まさにこの時期の騎馬遊牧民の高揚を象徴する造営物とみなすことができよう。

第二章　スキタイの起源

ヘロドトスの語る起源説話

第一の説

スキタイの起源については、文献史料、考古学資料に基づいてさまざまな説が提唱されている。まずはヘロドトスの語るところを聞いてみよう。

ヘロドトスは、『歴史』の巻四の5〜12節で、スキタイの起源に関する三つの説を紹介している（以下の『歴史』からの要約には、松平千秋訳の岩波文庫版を基本としつつ、何種かの英訳や露訳を参照した）。第一の説は、スキタイ自身が語り伝えているものであるという。ギリシアの最高神ゼウスと黒海に注ぐボリュステネス川（今日のウクライナを流れるドニプロ川）の娘との間に、タルギタオスという男が無人であった地に生まれた。この男には上から順番にリポクサイス、アルポクサイス、コラクサイスの三子が生まれた（三子の母親については言及がない）。

この三人が支配していた時代に、天から黄金の器物——犂《すき》とくびき（犂や車を牽《ひ》かせるために馬や牛の首につける道具）、戦斧と盃——が落ちてきた。長兄と次兄がそれを取ろうとすると黄金が燃え出し、近づくことができなかったが、末弟がそばへ行くと火は消えたので、末弟はそれを我が家へもって帰った。そこで二人の兄は末弟に王権を譲ることに同意した。長兄からはアウカタイ、次兄からはカティアロイとトラスピエスと呼ばれる氏族が発し、末弟からはパララタイと呼ばれる王族が発した。彼ら全体は、王の名にちなんでスコロトイという（スコロトイという名の王がいたのか）、ギリシア人は彼らをスキタイと呼んだ。

このような末子相続は、ユーラシアの騎馬遊牧民にときおり見られる相続法である。年代は一〇〇〇年ほど下るが、モンゴル高原・アルタイに起こった突厥《とっくつ》の起源については、一〇番目の末子が兄たちより能力を示して指導者に選ばれる説話がある。実例としては、チンギス＝カン死後の相続が有名である。彼の四人の嫡男のうち、末子のトルイがその軍隊の大部分を相続したのである。

さて、この第一の説に登場する四つの氏族の名称については、さまざまな議論がある。氏族ではなく、より大きな部族の名前だとか、社会階層の名称だとする説もある。またヘロドトスは別の箇所でスキタイを、「農耕スキタイ」、「農民スキタイ」、「遊牧スキタイ」、「王族スキタイ」の四種に区分しているが、まさにそれに該当すると考える説もある。スキタイは遊牧民のはずではなかったのか、農耕・農民スキタイとはいったい何なのかという問題については、後で述べることにして、先へ進もう。

第二の説

一方、黒海地方在住のギリシア人は、やや異なる説を伝えている。ギリシア神話で最大の英雄ヘラクレスは、わが子を殺した罪を償うべく一二の苦行を成し遂げる。そのうちの一つに、ゲリュオネウスという三頭三身の怪物が所有する多数の牛を連れ帰るというものがあった。ヘラクレスは怪物を倒し、牛を追って帰る途中、その後スキタイが住むことになる無人の地を通りかかった。そのとき季節は冬で酷寒に見舞われ、ライオンの皮を引っ被って眠ってしまった(彼はかつて退治したライオンの皮を常に携行していた)。するとその間、車のくびきからはずされて草を食んでいた馬が神隠しにあったように姿を消してしまった。目を覚ましたヘラクレスは馬を探し回った末に、ヒュライアという地(ボリュステネス川の東に広がる森林地帯)にやってきた。ヘラクレスはその地の洞窟の中に、上半身が乙女で下半身が蛇というエキドナ(ギリシア神話に登場する蛇女)に出会った。すると蛇女が言うには、馬は自分のもとにあるが、自分と交わってくれない限り返さないというので、ヘラクレスは蛇女と関係を持った。ところが蛇女はヘラクレスとの同棲をなるべく長くしようとして馬を返すのを遅らせ、一方ヘラクレスは馬を連れて立ち去りたかった。

ようやく蛇女は馬を返すと、次のように言った。「私はここに迷い込んだこれらの馬をそなたのために保管していましたが、その報酬はそなたからもらいました。三人の息子を身ごもったからです。この子らが成人した暁にはどうしたらよろしいのか、おっしゃってください。この地に住まわせるのか――どうせこの国は私ひとりが治めているのですから――、そ

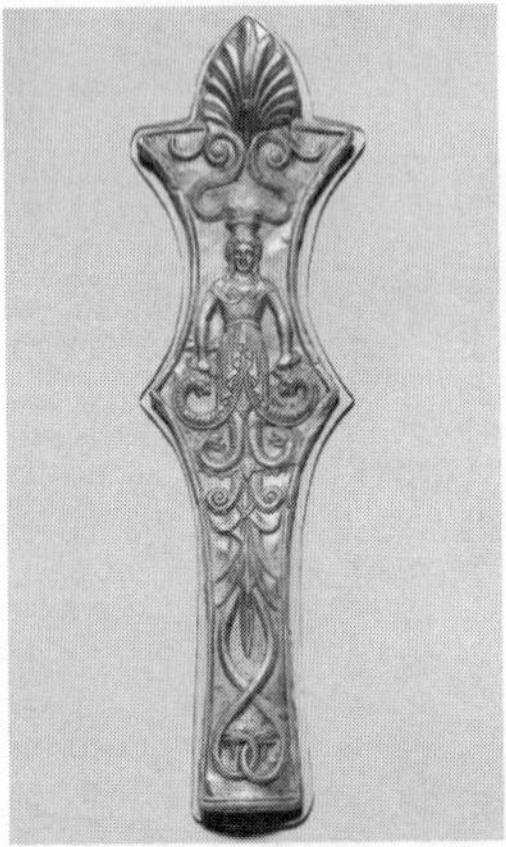

金製馬面装飾に表現されたエキドナ　下半身が蛇のようになった女神。黒海北岸、大ツィンバルカ古墳出土。前4世紀。高さ41.4cm。エルミタージュ美術館蔵

れともそなたのもとに送りましようか」

ヘラクレスはこう答えた。

「子供らが成人したならば、次のようにすれば間違いなかろう。子供らのうち、今そなたが見ているように、この弓（に弦）をこのように張り（弓を引き絞るとする解釈もある）、このように帯を締める者がいたら、その子をこの国に住まわせよ。私が命じることを仕損じたものは、この国から追放してしまえ」。ヘラクレスはそれまで弓を二張り携えていたが、そのうちの一つを張り（あるいは引き絞り）、帯の使い方を示すと、弓と、結び目の端に金の盃のついた帯とを与えて立ち去った。蛇女は、自分が生んだ子供たちが成人すると、長子にアガテュルソス、次子にゲロノス、末子にスキュテスという名をつけ、ヘラクレスの命令のとおりにした。長子と次子は課題を果たすことができず、国を去り、末子はすべてを成し遂げて国に留まった。スキタイの代々の王はこのスキュテスの子孫であり、またこの盃にちなんで今もなお帯に盃をつけているという。

不自然さの目立つ第二説

神話伝説にはもともと不自然、超自然的な面があるのは当然だが、それにしても第二説は不自然さが目立つ。ヘラクレスは普通全裸でライオンの皮を肩にかけて、あるいは頭から被った姿で表現される。この第二説でも、寒くなるとライオンの皮を引っ被って眠ってしまった。そのヘラクレスが帯を締めていたというのである。全裸で帯を締めているとしたら、相当に珍妙な格好であろう。またもしスキタイ風にズボンをはいていたとしたら、帯を与えてしまってはズボンがずり落ちてしまうだろう。

それに対して、弓は二張り携えていたとわざわざことわっているから、一張り与えても問題はないであろうが、ただしヘラクレスの武器といえばまず棍棒《こんぼう》が通り相場であり、弓というのはめずらしい。もっともギリシア神話では彼が功業を果たすべく旅立つ際に神々から剣・弓矢・鎧《よろい》・長衣も授けられたことになってはいるものの、それらを身に着けたヘラクレス像は一般的とは言えない。

また、弓に弦を張る（あるいは弓を引き絞る）にはある程度膂力《りょりょく》や技術を必要とするだろうが（ただしスキタイの弓は、和弓のように大きくはなく、張りもきつくない）、帯を締めることがどうして課題になるのであろうか。振袖姿の女性が締める日本の帯ならいざ知らず、スキタイの帯は単純である（可動式の針がつくバックルの出現はもう少し時代が下る）。

それから蛇女がどうして三人の息子をみごもったことがわかるのかも不思議であるが、それはともかく、この三人の息子は明らかに同時に生まれた三つ子である。三つ子でも生まれた順番に長兄・次兄・末子の区別をつけることはできるであろう。しかし神話上の末子相続

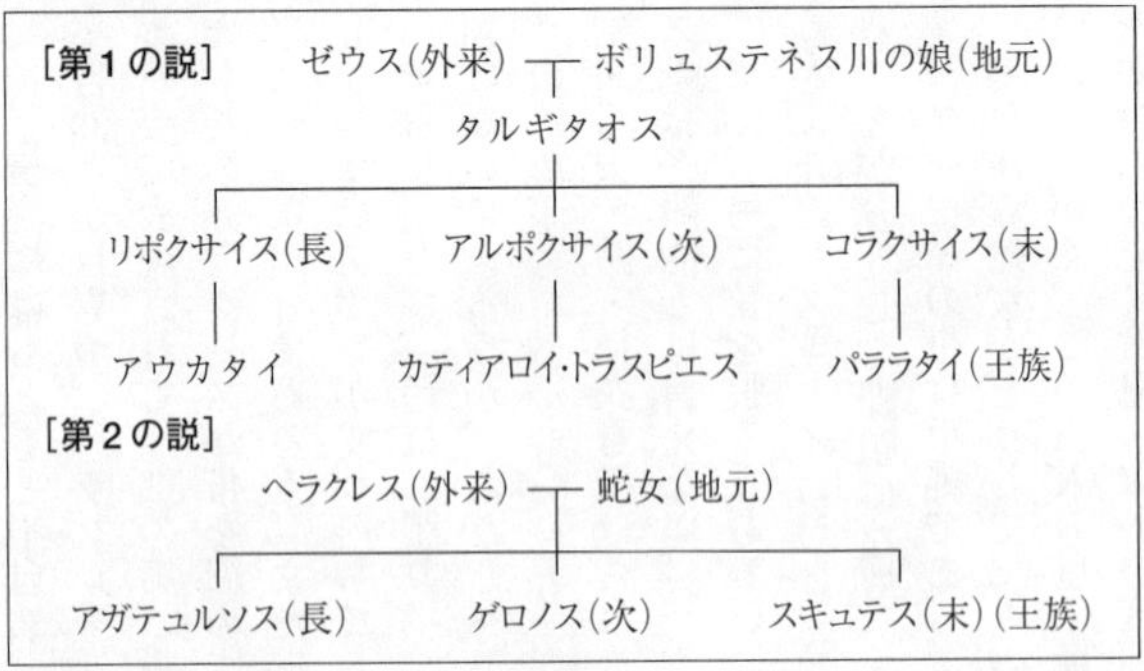

ヘロドトスの語るスキタイの起源説話

は、年下で体力も弱いはずの末子が意外にも兄たちを押しのけて相続するという末子の特殊な能力の高さを示すことに意味がある。しかし三つ子ではその意外性は失われ、末子相続という言葉を使うことさえ気が引けるほどである。

第一と第二の説の比較

神話伝説の矛盾をいくらあげつらってみたところで所詮はのれんに腕押し、あまり生産的とも思われないので、この神話から何か意義のあることが引き出せないか、考えてみよう。まず二つの説を系図風にまとめてみる。

両説を比較してみると、その構造がよく似ていることがわかる。父親は外来の神であり、母親は地元出身である。またギリシア神話ではヘラクレスの父はゼウスであるので、その点を考慮すると、両説はさらに近づく。そして三人の男子が生まれるが、長兄と次兄は資格試験に失敗し、末子だけが合格して王位に即く。

第１機能	宗教	主権者・神官	盃
第２機能	軍事	支配者・戦士	戦斧
第３機能	生産	庶民・農耕民	犂・くびき

第１神話に出てくる器物の機能分類（デュメジル説）

ただし、前記のように三つ子（第二説）では、末子相続といってもいささか迫力に欠けるが。

また第一の説では天から黄金の器物（犂とくびき、戦斧と盃）が下され、第二の説ではヘラクレスから弓と帯、金盃が与えられて、それぞれ試験の課題の役割を果たしている。ただし金盃は共通しているが、そのほかは異なっている。この点をどう解釈すべきだろうか。

比較神話学による第一神話の解釈

この神話には多くの研究者が注目しているが、その中でも代表的なのが、フランスのG・デュメジル、日本の吉田敦彦と、ロシアのD・ラエフスキーである。デュメジルと吉田は、第一説の天から落ちてきた器物を三つの機能に分類し、それが広く印欧語族の神話、さらには日本神話にまで共通することを明らかにしようとした。その機能分類をまとめて表にしてみよう。

すなわち盃は大事な儀式で使われる聖器であるからその儀式を執り行う王＝神官を、戦斧は王のすぐ下で軍事を担う戦士＝貴族階層を、そしてくびきにつけられた犂は食糧生産を担う一般庶民階層の農耕民を、それぞれ象徴している（くびきを、戦車を牽く馬のくびきとみなして、くびきは戦車に乗る戦士の象徴、戦斧は騎馬戦士の象徴とする説もある）。そしてこの三つの機能は、印欧語族（スキタイはイラン語派、すなわち印欧語族に属する）のピラミッド型社会構造、ひいては彼らの三分割世界観・宇宙観（天上・地上・地下）をも表しているとするのである。

しかし私はこの第一説をスキタイ固有の神話とみなすことにはいささか躊躇せざるをえない。というのは、本来スキタイは純粋の遊牧民であり、男子は全員が騎馬戦士で、その中に農民などはいなかったはずだからである。だがヘロドトスはスキタイを西から「農耕スキタイ」、「農民スキタイ」、「遊牧スキタイ」、「王族スキタイ」の四種に区分している。「王族（バシレイオス）」と「遊牧（ノマデス）」はともかく、はたして「農耕スキタイ（スキタイ＝アロテレス）」とか「農民スキタイ（スキタイ＝ゲオルゴイ）」（いずれも松平訳）などというものが、本当にスキタイなのだろうか。

「農耕スキタイ」と「農民スキタイ」

農耕スキタイについてヘロドトスは、「彼らが穀物を栽培するのは、自分たちの食用のためではなく、他に売却するのが目的なのである」と説明しているが、後者の農業形態については何も語っていない。両者の居住地はドニプロ川中下流域の主として西側であったと考えられているが、まさしくその地域ではスキタイと同時代の農具、炭化穀物、集落址などが多数発見されており、農耕が盛んであったことが窺《うかが》い知れる。それらを残したのが「農耕・農民スキタイ」であることは十分考えられる。

まず、「農耕スキタイ」と「農民スキタイ」とはどう違うのかという問題がある。ある研究者は、穀物を栽培しても自分たちの食用にはしない「農耕スキタイ」は遊牧の片手間に農耕を行っている半農半牧民であって、「農民スキタイ」はもう完全に農耕民化してしまったスキタイと考えた。一方、別の研究者は、「アロテレス」が牛に牽かせる犂を意味することに着目し、「農耕スキタイ」はすでに犂を使うのに対し、「農民スキタイ」はまだ原始的な鋤《すき》を使っていると解釈した。また両者は同じとする研究者もいる。いずれにしても、もともと遊牧民だったスキタイが定住農耕民化したとする説である。

これに対し、スキタイは遊牧民だけであって、「農耕・農民スキタイ」はスキタイに支配されている定住農耕民と考える研究者もいる。その場合、「農耕・農民スキタイ」はスラヴ人の祖先とみなす研究者が多いが、そのほかにトラキア人（本拠はバルカン半島）とか、キンメリア人（後述）の末裔《まつえい》とする見方もある。

オセット（スキタイあるいはサルマタイの末裔かとも言われているカフカス山中の民族）系ロシア人の言語学者V・アバエフは、中央アジアのスキタイ系サカ人の中に霊草ハウマを栽培するハウマ＝ヴァルガーという部族がいたことから類推して、「ゲオルゴイ」を「ガウ＝ヴァルガー」、すなわち「ガウ（古代イラン語で牛を意味する）を飼う人」のなまった形と解釈した。この場合、ゲオルゴイは農耕民ではなく、牧畜民となる。

いずれの説も決め手を欠くが、それは、あまりにも資料が少ないからである。『歴史』の中に「農耕・農民スキタイ」は合わせても五回ほどしか現れず、しかも彼らに関する説明はほとんどないに等しい。一方、頭に「農耕」とか「農民」という修飾語のつかないただのスキタイは、『歴史』の中にそれこそ数え切れないほど登場する。そしてそのようなただのスキタイは、常に遊牧民なのである。とすれば、スキタイはやはり遊牧民とみなすべきであろう。

黒海北岸は、スキタイが現れるよりはるか以前、新石器時代から農耕文化が栄えていた。「農耕・農民スキタイ」は、そのように黒海北岸に以前からいた農耕民で、新来のスキタイに支配されることになった人々ではないであろうか。とすれば、第一説の神話は、スキタイが黒海北岸を領有するようになってからその領有を正当化するために作り上げたものではないであろうか。父親が外来神で母親が地元の神というのも、その見方を支持していると思われる。

第二説の神話の解釈

一方、第二説に出てくる器物には(帯とそれにつけられた金盃そして弓)、農耕民的色彩は見られない。帯を使わないギリシア人の服装とは異なり、短い上衣とズボンという乗馬に適したいでたちのスキタイにとって、帯は必要不可欠の衣装用具であった。帯留め金具にはさまざまな意匠が施され、彼らのファッションの文字通り要《かなめ》をなしていた。また遊牧民は移動を常とするため、刀剣、弓矢、砥石《といし》、鞭《むち》など、日常的に使うものを帯から吊るしていた。

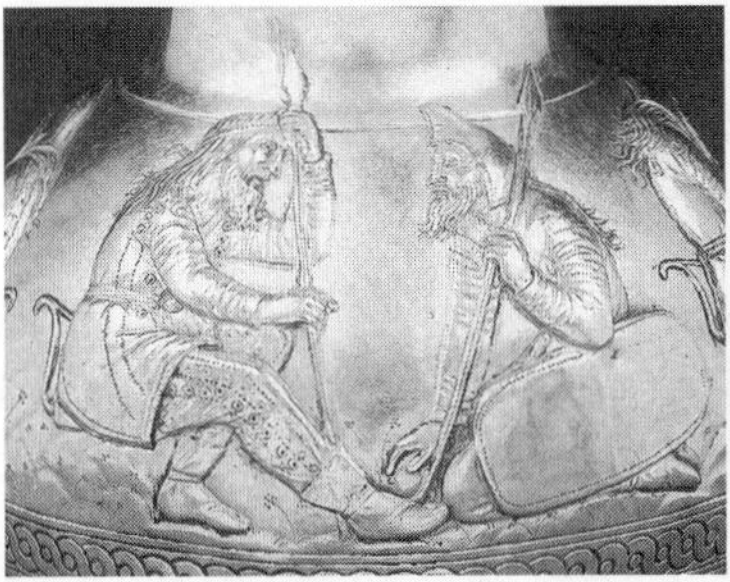

クル＝オバ古墳出土のエレクトラム製の壺　右は弓に弦を張ろうとする男、左はヘラクレスの前にひざまずいて王権を授けられる末子が表されている。前4世紀。高さ13cm。エルミタージュ美術館蔵

盃を帯に吊ることも、その一環であろう。

第一説では、武器として戦斧が登場した。たしかに戦斧もスキタイの武器一式の中にあることはあるが、順位でいえばせいぜい三番目であろう。筆頭は弓矢か剣だろう。「はじめに」で触れたように、スキタイはまず「騎馬の弓使い」として知られていた。またヘロドトスは、スキタイが神の象徴とみなした短剣に犠牲を捧げていたことを記している（巻四、62）。この点でも、弓が登場する第二説の方がよりスキタイ的と言うことができよう。

この第二説を神話学的に解釈したのがラエフスキーである。彼によれば、クリミア半島のクル＝オバ古墳から出土したエレクトラム（銀の混入した金）の壺には、ヘラクレスが課した試練に挑む息子たちが表現されているという。兄弟が弓に弦を張ろうとして、一人は弦がはねて口に当たり、もう一人は左足に当たって負傷したが、末子は成功して石に腰掛けた父（ヘラクレス）の前にひざまずいて王権を授

けられようとしている、というのである。しかし、神話では課題試験の場にヘラクレスはいないはずである。また若者にしてはあごひげが長すぎる。ドイツのスキタイ考古学者R・ロッレのように、これを戦闘の前と後と解釈する方が自然なように思われる。

南ロシアのチャスティエで出土した鍍金された銀壺では、ひげを生やした男が生やしていない若者に弓を手渡そうとしている。こちらの方がクル＝オバの壺よりも神話に適合している度合いが大きいような気もするが、この壺のほかの場面は神話に適合していない（二人のひげを生やした男が会話をしている）。ただしヘロドトスの伝えている話が正確かどうかは保証の限りではないので、壺に表現されたような説話であったのかもしれない。

さて、第一と第二の説を整理してみると、次のようになろう。両説は男の外来神と女の地元神の交わりに起源するという点で似ているが、第二の説の方がスキタイ的な要素が多いので、こちらの方が本来のスキタイの神話に近かったのではないだろうか。そして黒海北岸の定住農耕民を支配するようになってから神話に改変が加えられ、もっぱらスキタイの間で第一の説が唱えられるようになったのではないかとも考えられる。しかしいずれにしても想像の域を出ず、確証は得られない。

より現実的な第三の説

ヘロドトスが太鼓判を押す説

ヘロドトスは、このほかにもう一つの説を紹介している。それによれば、スキタイははじめアジアの遊牧民であったが、マッサゲタイ人に攻め悩まされた結果、アラクセス川を渡ってキンメリア地方に移り、そこにいたキンメリオイ（キンメリア人）を追い払ってかわりに住みついたという。この説はギリシア人もバルバロイ（非ギリシア人）も一致して伝えている説であり、ヘロドトス自身もこの説が最も信頼できるという。

スキタイが住みついたキンメリア地方とは、カフカス（コーカサス）北方から黒海北岸にかけての草原地帯であることに間違いはない。しかし彼らが渡ったアラクセス川は現在のどの川にあたるのか、またマッサゲタイがどこにいたのかについては、さまざまな説がある。実は現在でも同名のアラクスという川がカフカス地方の南部にある。トルコ東北部に源を発し、イランとアルメニア、アゼルバイジャンとの国境を流れ、この地方では最大の川である。しかしこのアラクス川とみなす説は支持者が少ない。ドン川とみなす説もあるが、これも支持者は少ない。

比較的有力なのはヴォルガ川と見る説で、それに次いで有力なのは中央アジアの大河シル＝ダリヤ（川）あるいはアム＝ダリヤ、ウズボイ説である。ウズボイとは、古代にアム＝ダリヤの下流部がアラル海に注がずに西流してカスピ海に流れ込んでいた当時の川床のことである（ただしこれを否定する説もある）。

北カフカス・黒海北岸に東方から移動してきたならば、そのときに渡るのはヴォルガ川でよさそうなものだが、中央アジアの川の名前が出てくるのにはそれなりの理由がある。それは、マッサゲタイの住地がウズボイかアム＝ダリヤ、シル＝ダリヤの下流域と考えられているからである。スキタイはそのマッサゲタイに攻められて移動したのであるから、彼らが渡った川も中央アジアに求めるべきだというわけである。

残念ながら確定的な説は存在しない。それどころか、『歴史』の中に何回か登場する「アラクセス川」は、そのたびごとに違う川なのではないかという説すら存在する。そこでアラクセスを特定の川にあてはめる作業はあきらめて、要点だけを拾い集めてみよう。そうすると第三の説は、とにかくスキタイは別の騎馬遊牧民に攻められ、かなり東の方から移動して北カフカス・黒海北岸の草原に現れたということになろう。

この説には、第一や第二の説のような神話伝説的な要素はない。ヘロドトスが最も信頼できるというのも、むべなるかなという気がする。実はその後のユーラシア草原地帯の歴史を通観すると、この説はごく自然に受け入れられるのである。

民族移動の波の方向

ユーラシア大陸中央部を中心として民族移動・侵入の波をながめてみると、波の方向に特徴的傾向が見られることに気がつく。南北方向では北から南へ向かう波、東西方向では東から西へ向かう波、この二つの波が圧倒的に多いのである。北から南への波は、草原あるいは森林地帯から遊牧民、狩猟民、半農半牧民が都市文明を持つ定住農耕地帯へ侵入することによって起こる。

一方、東西間の移動はもっぱら遊牧民同士の衝突を引き起こし、主として草原地帯で行われる。スキタイに続いてはサルマタイが東方から現れ、スキタイを滅ぼした。紀元後四世紀にはフン族がやはり東方から現れ、サルマタイの後裔にあたるとも言われるアランを服従させた。それに続いて六〜七世紀にはアヴァルが中央アジア北部から草原地帯を西進してヨーロッパに現れた。

六世紀中頃にアルタイ・モンゴル高原に勃興した突厥《とっくつ》は、アヴァルを追うように一気にアラル海・カスピ海北岸にまで勢力を広げた。さらにブルガル、ハザル、マジャール、ペチェネグ、ポロヴェツ（またはコマン、キプチャク）など、主としてテュルク（トルコ）系（マジャールはウラル系）諸族が次から次へと東方から現れた。そして一三世紀には真打ちともいうべきモンゴルが登場し、西アジア・東ヨーロッパまでを席巻した。その後もティムールが西方遠征を行い、セルジューク＝トルコ、オスマン＝トルコがアナトリアからバルカンまでを支配下においた。

このような東から西への波には、遊牧民集団が別の集団を追い出す場合と、別の集団を呑み込んでしまう場合とがある。ヘロドトスの第三説、すなわちマッサゲタイがスキタイを追い出し、スキタイがキンメリオイを追い出したというのは前者の例で、玉突き式移動とでも呼んだらいいだろう。

これに対し、フン族の移動は経路上の諸族（最初はアラン、次に東ゴート、西ゴートの一部）を次々に併呑して勢力の拡大をもたらした。このような場合、A地からB地へそっくり移動してしまうというよりも、本隊はA地に留まって遠征隊がどんどん支配領域を広げてゆくことが多い（モンゴル帝国が好例）。いずれにしても、他部族を追い出すのではなく包含してゆくので、これは雪だるま式拡大とでも呼んでおこうか。

ついでながら、一言付け足すと、以上のような民族移動の波の方向は古来ほとんど例外がなかったが、近代になって逆の方向が見られるようになった。南から北へと移動を始めたのは、中国の漢人である。清朝末期から大々的に始まったこの移民の結果、東北地区（旧満洲）はほぼ完全に漢化し、内モンゴルでも漢人が圧倒的多数を占めるようになった。一方、西から東へ拡大したのはロシア人である、一六世紀末から始まったロシアの東方進出の結果、シベリアではロシア人入植者が多数派となり、中央アジア北部でもロシアの影響力が強まった。このように、現在の中央ユーラシアの状況を決定したのは、唯一にして最後の例外的民族移動の波だったのである。

土着説と外来説の闘い

神々や怪物の登場する荒唐無稽な第一・第二説と比べて、第三の説はその後の歴史を見てもありそうな話であるから、この外来説が有力になってよさそうなものだが、一九八〇年代まではそうではなかった。黒海北岸に青銅器時代以来住みついていた人々が文化的に発展を遂げてそのままスキタイになったとする土着説の方が、特に旧ソ連では有力だったのである。

黒海北岸だけでなく、中央アジア北部から南シベリアのスキタイ系文化も含めて、スキタイの活動地域のほとんどはソ連の領域に入っていたため、そこにある遺跡を発掘することができるのは、ソ連の考古学者だけだった。当然のことながら、彼らの発言権は強かった。

ソ連は社会主義国であったから、どのような地域・社会の歴史も唯物史観によって説明された。それによれば、どのような社会も、一般的法則に従って歴史的に発展してゆくが、それはあくまでもその社会内部での生産力の発展に伴うものであって、外部からの影響はあまり考慮されない。この理論にのっとって、スキタイもそれ以前の青銅器時代の社会の中から生まれたと説明され、考古学資料もそれに合うように利用された。

ところが社会主義体制の下でも、社会内部の発展だけではスキタイの出現は説明できないと考える考古学者もいた。ウクライナのA・テレノシュキンである。彼は一九六七年にモスクワで開かれた「第二回スキタイ学会議」の席上で、スキタイ外来説を発表した。黒海北岸ではスキタイ文化とそれ以前の文化との間に、とりわけ武器と馬具の分野で大きな断絶があって、青銅器時代の文化から継続的に発展したとは考えられず、スキタイは東方の内陸アジア北部の草原から移動してきたのではないかという説である。

この説は、江上波夫の「騎馬民族説」と似たところがある。江上は、古墳時代の前期と後期との間に、とりわけ鉄製の武器と馬具の出現という点で大きな断絶があることを認め、これは継続的な発展ではなく、異民族の侵入によってのみ説明ができると考えた。この説は日本ではほとんどの考古学者から拒絶をもって迎えられたが、旧ソ連でも事情は同じであった。とくに、東方の草原にスキタイの最も早い時期の遺跡があるのかと反論を受けると、具体的に答えられないという弱点があった。

ところが一九七〇年代前半になって、まさにテレノシュキンが待ち望む遺跡が発見されたのである。それは南シベリアのトゥバ共和国にあるアルジャン古墳（一号墳）である。この古墳の発見によって、少数派だった外来説にも光があてられるようになり、現在ではソ連が解体したこともあって、ロシアでも外来説が多数派となりつつある。二〇〇五年八月にロシアで刊行されたV・グリャエフの『スキタイ』という本でも、アルジャン古墳が大きくものをいって、内陸アジア説が有力となったと記されている。それでは、そのアルジャン古墳をくわしく紹介しよう。

「聖泉」古墳

シベリアの真ん中をほぼ南から北へ流れる大河イェニセイ、その源流域にトゥバという国がある。トゥバは海から最も遠く離れた内陸部にあり、首都のクズルには「アジアの中心」という碑が建っているほどである。その言語はテュルク（トルコ）語に属するが、文化的にはモンゴルに近く、宗教もチベット仏教（いわゆるラマ教）である。一〇〇年ほど前までは清《しん》帝国に属していたが、一九一一年に辛亥《しんがい》革命が起こって清が滅亡すると、ロシアがこの地に触手を伸ばし、ロシア革命後はソ連の勢力圏に組み込まれた。一九二一年からしばらくは名目上独立国であったが、一九四四年に完全にソ連に併合された。ソ連が崩壊してからは、

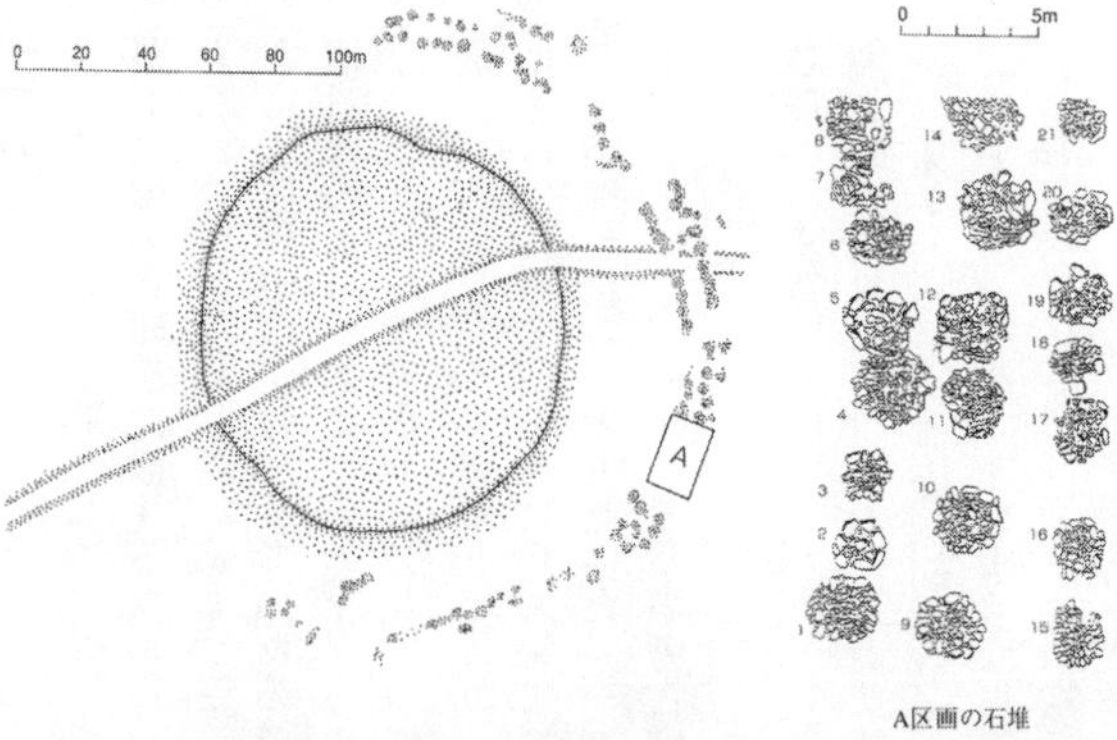

アルジャン古墳平面図　道路が古墳を貫通している。積石塚の東側は、円形の小石堆が二重、三重に取り巻いている。『古代王権の誕生Ⅲ』(2003年) 角川書店より

ロシア連邦を構成する一共和国となっている。のどを震わせて低音と高音を同時に出す不思議な歌唱法「ホーミー（ホーメイ）」も、モンゴルよりはこのトゥバの方が元祖なのではないかとも言われている。

クズルから北西へ一〇〇キロほどの草原に、アルジャンという小さな村がある。アルジャンとは、モンゴル語のアラシャンがなまった言葉で、「鉱泉」、「霊水」を意味する。集落のはずれにある積石塚の中央が盗掘によって大きくへこみ、そこから泉が湧き出していた。その水は甘く、薬効があるとされて、昔から「聖水」と言われてきた。「聖泉」の上にはテント形の掘っ立て小屋のようなものが設けられて、「聖泉」を保護していた。そのまわりにラマ僧やシャマンたちが集まって祭典をとり行い、モンゴル風の「ナーダム」（競馬など）も行

われていた。

ところがソビエト時代になって、ここにソフホーズ（国営農場）の集落が設営されると、道路や家屋・倉庫を建設するために石材が必要となり、手近なところでこの積石塚からどんどん石が抜かれていった。あまつさえ、そのど真ん中を道が貫通してしまった。堂々と大っぴらに、遺跡破壊が行われていたのである。

積石塚のあちこちで、石の下から大量のカラマツの丸太が顔をのぞかせ始めていた。丸太には、最近ブルドーザーによってつけられた傷のほかに、墓泥棒がつけた斧の跡や焼け焦げも認められた。泉から湧き出る水が丸太に染み込み、腐りにくくなっていたが、露出して風雨にさらされると、一気に朽ち果ててしまうかもしれない。こと、ここに至って、ついに発掘調査が行われることとなった。一九七一年のことである。発掘の責任者は、ロシアのM・グリャズノフと、地元トゥバの考古学者M・マンナイオールであった。

草原の「王墓」

調査時点では古墳はかなり崩れて直径が一二〇メートルになっていたが、造営当初は直径一一〇メートルで、側面は切り立っていたと思われる。古墳は盛り土がない純粋の積石塚で、扁平なホットケーキのような形をしていたらしい。積石の下にあった丸太は井桁に組まれて、中心から放射状にたくさんの仕切りを形成していた。中央の大きな木槨《もっかく》墓室＝外槨（八×八メートル）の中には、さらに小さな木槨＝内槨（四×四メートル）があり、その中

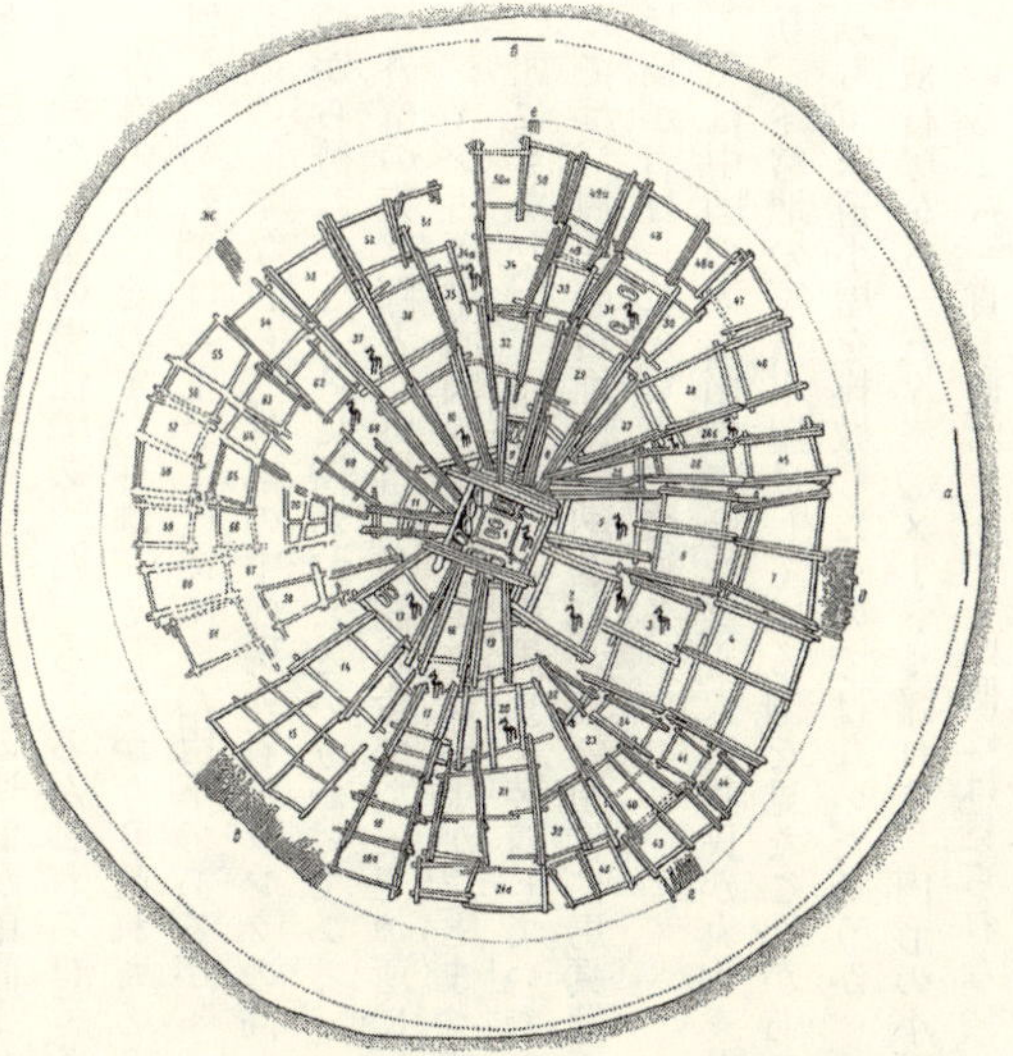

アルジャン古墳平面図　積石塚の下は丸太が井桁に組まれ、たくさんの墓室を形成していた。馬の遺骸がまとまって発見された場所には馬のマークが記されている。*Eurasia Antiqua* 9, 2003より

に二つの木棺があった。木棺は丸太をくりぬいて作られていた。

その二つの木棺に入れられていた人骨は、老年の男性と成年の女性と鑑定された。「王」と「王妃」ではないかと考えられている。「」つきなのは、王と呼ぶ以上は王国の存在を前提としなければならないが、はたして国家と呼べるようなものが存在したかどうか判断しにくいためである。

内槨と外槨に挟まれた空間には、くりぬき木棺とさらに小さな木槨が置かれ、全部で八体の遺骸が発見された。さ

らに外槨の外側にも、すぐ近いところ、少し離れたところ、かなり離れて外周に近いところと、三ヵ所で木棺が発見され、七体の遺骸が確認された。これら一五体の遺骸は、一例を除いてみな老年の男性であった。もちろんこれらは殉死者であろう。

外槨の中、そのすぐ外側、そしてかなり離れたところと、その位置に違いがあることに着目し、殉死者は「王」に仕えていた臣下であるが、そのランクに差があったと考える研究者もいる。すなわち、外槨の中の殉死者はランクの高かった近臣で、ランクが低くなるほど中心から離れたところに置かれたというわけである。

外槨の東壁際と、外槨の外側の全部で一三ヵ所に、馬の遺骸がまとまって発見された。アルジャン古墳平面図の馬のマークは、馬がまとまって発見された場所を示す。その数は一六〇頭にもなり、すべて銜《はみ》などの馬具を装着していた。第一章で紹介したモンゴルのヘレクスルでは、周囲の石堆に埋納された馬の頭骨に馬具は着けられていなかったが、アルジャンでは銜が着けられていたのである。

私は中国の天山山中でモンゴル人遊牧民が丸太を井桁に組み上げていくつかの仕切りを作り、冬営地の家畜小屋にしている例を見たことがある。アルジャン古墳のたくさんの丸太組みも、家畜小屋を模倣したものではないだろうか。

積石塚から一五〜三〇メートル離れて、円形の小石堆が二重、三重に積石塚を、取り巻いている（八一頁参照）。ただし西側には見られない。その一部にA発掘区を設定して調査したところ、その中に二一基の石堆が確認された。そのうち二基では羊とヤギ（肩と腿の骨）、ほかの二基では牛（距骨《きよこつ》と肩の骨）、残りの一七基では数頭分の馬の骨（頭と脚の骨のみ）が発見された。

これらの家畜は葬儀のさいに犠牲に供され、そのあと参会者にその肉が振る舞われたのであろう。A発掘区だけで数頭分の馬の骨が出土したことから判断すると、石堆全体では約三〇〇頭の馬が殺され、それだけの肉を一度に消費したとすれば、参会者の数は一万人を下らないであろうとグリャズノフらは推定している。ただし毎年石堆が少しずつ増やされていった可能性もないことはない。

積石塚のまわりに、西側を除いて二重、三重に小石堆がめぐっていて、その中に馬の頭と脚の骨が入れられているという状況は、モンゴルのヘレクスルとよく似ている（ただしモンゴルでは脚ではなく蹄《ひづめ》だが）。また墓室が石槨《せつかく》か木槨かという違いはあるが、どちらも地表に直接組み立て、その上を石で覆ったという点では同じである。しかし積石の下に馬具を着けた馬を伴葬する例はモンゴルでは今のところ発見されていない。この違いは地域差なのか、それとも年代に差があるのか、現状では判断できない。

アルジャン古墳の出土品

アルジャン古墳は、かなり早い時期に盗掘の憂き目に遭い、金銀製品はまったく発見されなかったが、青銅製品はかなり多種多様なものが残されていた。骨董趣味が一般化する近代以前、盗掘はもっぱら貴金属を対象に行われ、盗掘者はそれらを溶かして地金として売りさばいていたからである。ともかく青銅製品が残されていたことは、重大な意味を持つことになった。

出土した青銅製品は、用途で分類すると、馬具、武器、装飾品となる。

馬具には、銜と銜留め具がある。銜はすべて二枝式で、中央の環で連結し、両端は楕円形あるいは半円形の環になり、それに小さい環が付属していることもある。環が半円形のものは馬の鐙《あぶみ》に似ているので、鐙形と呼ばれることもある（ただしこの時代にはまだ鐙はない）。また棒の部分にねじれや小突起列が見られることもある。銜留め具は少し曲がった棒状で、同じ向きで三つの孔が開いている。孔の部分がやや太くなり、上端の孔の上は丸い小さな笠のようになっているのが特徴である。

武器としては、鏃《やじり》、短剣、戦斧が出土している。鏃は袋穂式（中空）の両翼鏃《りょうよくぞく》が多く、刺さってから抜けにくいように逆向きのとげがついているものがあることが注目される。短剣はつばが細く、柄頭に猪の装飾がついているものがある。

装飾品の中で特筆すべきは、体を丸めた豹《ひょう》をかたどった飾板である。グリャズノフは、馬とともに出土した状況から、馬の胸繫《むながい》につける装飾と考えている。用途不明の竿頭飾《かんとうしょく》には、野生ヤギがつけられている。これらの装飾品は、いわゆるスキタイ動物文様の中でも最も古いタイプに属する。

さて、問題となったのは、これらの青銅製品のうち、馬具と武器の多くが、黒海北岸・北カフカスにスキタイが出現する直前の時代（先スキタイ時代）の青銅製品ときわめて似てい

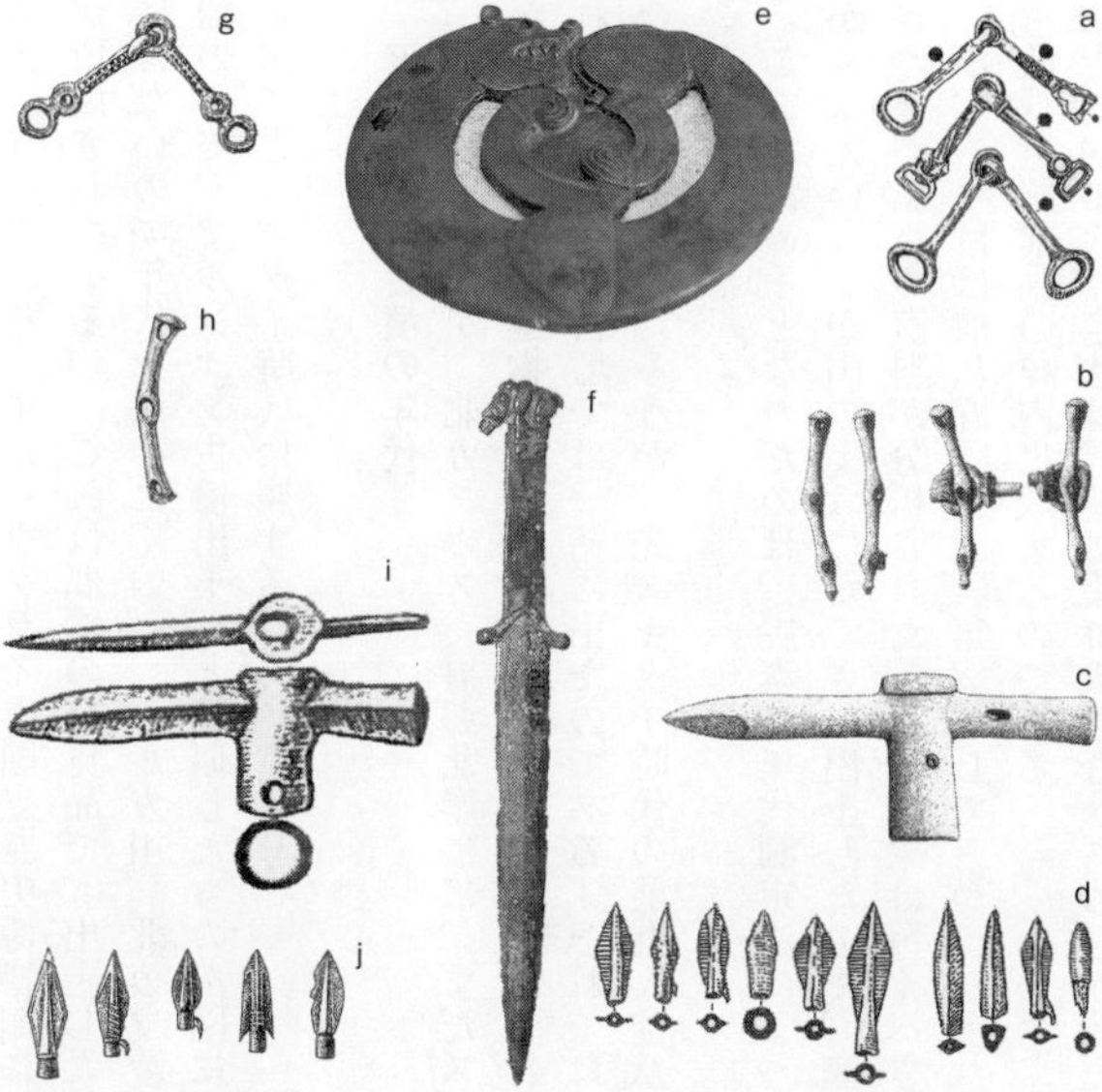

a~f アルジャン古墳出土品　a—銜　b—銜留め具　c—戦斧　d—鏃　*Stepnaya polosa Aziatskoj chasti SSSR v skifo-sarmatskoe vremya.* "Nauka": Moskva, 1992; M.P. Grjaznov, *Der Grosskurgan von Aržan in Tuva, Südsibirien.* C.H.Beck: München, 1984より　e—体を丸めた豹をかたどった飾板　25×23㎝　f—柄頭に猪像がついた短剣　長33㎝　クズル国立博物館蔵
g~j ヴォルガ川、北カフカス、黒海北岸出土品　g—銜　h—銜留め具　i—戦斧　j—鏃
Arkheologiya Ukrainskoj SSR, tom 2. "Naukova Dumka": Kiev, 1986; *Stepnaya polosa Aziatskoj chasti SSSR v skifo-sarmatskoe vremya.*より

先スキタイ時代の頭絡装着推定図

るという点である。また、ウクライナ国立歴史博物館には、柄頭に猪像のある鍔《つば》つきの短剣が所蔵されているが、これは偶然の発見品で、出土した状況がわからず、しかも類例が西部にはないので年代を決めにくい。ヴォルガ川、北カフカス、黒海北岸から出土した馬具と武器の中で、アルジャン古墳出土品と類似したものを図に示したが、それらは戦斧を除いて、すべて先スキタイ時代に属する。

アルジャン古墳の年代

くどいようだが、北カフカス、黒海北岸には、まだスキタイが現れるより前の時代であるから、これらの遺物と一緒にスキタイ動物文様の施された装飾品が出土することはない。それがアルジャン古墳では一緒に出たのである。それではアルジャン古墳の年代は、どちらに合わせたらよいだろうか。先スキタイ時代の前九〜前八世紀か、それとも初期スキタイ時代の前七世紀か。

ここで決め手となったのは、炭素14年代測定法によって出された年代であった。この遺跡からは太い丸太が山のようにたくさん出土したので、測定のための資料に困ることはない。さっそく三点の資料が分析された。その結果は驚くべきものであった。一つは前八〇〇±五〇年、二つ目は前八五〇±五〇年、そして三つ目が前八二〇±五〇年、すなわち前九世紀から前八世紀前半の枠内に収まるのである。

炭素14年代測定法は、時により大きなばらつきが出たり、違う装置で測定すると違う年代が出たりして面食らうことがあるが、二〇〇四年に発表された測定法による分析でも、アルジャン古墳の年代は、九五・四パーセントの確率で前八二二〜前七九一年の範囲内であるという。つまり、最初に出された数値とまったく変わっていないのである。したがって、馬具と武器に関しては草原地帯の東部と西部でほぼ同時に登場しているが、スキタイのスキタイたる所以《ゆえん》である動物文様は、東部の方が早いと言わざるを得ないのである。

キンメリオイとスキタイの西アジア侵入

キンメリオイの「逃走」とスキタイの「追跡」

動物文様については第三章でくわしく論ずるが、その前に西部で馬具と武器を残した人々についても考えておこう。動物文様は持っていないものの、東部と同じような馬具と武器を持つ人々も、やはり騎馬遊牧民であったに違いない。彼らは何者なのか。

ここでヘロドトスの第三の説を思い起こしてほしい。それによれば、スキタイが現れるまで、黒海北岸にはキンメリオイ（キンメリア人）と呼ばれる人々がいたというのである。とすれば、これらの馬具と武器を残した人々こそ、キンメリオイではないのか、と考える人が出てきても不思議ではない。そう考える人たちは、スキタイ直前の時代を「キンメリア時代」と称する。そしてキンメリオイこそ、歴史上に最初に名を残した騎馬遊牧民という称号を与えられるべきだ、ということになる。キンメリオイに関する史料はスキタイに比べると

キンメリオイの射手　通称「フランソワ壺」に描かれた絵。ギリシア文字で「キメリオス」と記されている。前570年頃。中部イタリア、エトルリア、キウージ出土。フィレンツェ考古学博物館蔵

はるかに少ないが、わずかに残された史料から彼らの足跡を追ってみよう。

ここでも、最も豊富な情報を提供してくれるのはヘロドトスである。スキタイが迫ってきたときに、キンメリオイの間では二つの意見が対立していた。王族側は徹底抗戦を主張したのに対し、民衆側は国土を捨てて逃走する方がよいと考えた。王族たちは逃亡するよりは祖国で死ぬことを選び、お互いに殺しあって全員死亡した。残った民衆は王族たちの遺骸を埋葬すると、海岸沿いに逃げてアジアに入り、シノペの町のある半島に落ち着いた。

シノペ（現在名シノプ）は、黒海をはさんでちょうど反対側に位置するアナトリア（小アジア）北部の港町である。黒海北岸からここまで逃げるには、時計回りに黒海の東岸沿いのコースか、時計と反対回りに黒海西岸沿いのコースの、二通りが考えられる。ただしどちらもかなりの難コースである。西回りではドナウの河口付近やボスポラス海峡を渡らなければならない。一方、東回りでは、東から迫ってくるはずのスキタイの正面にまず向かってそれから南下しなければならず、またその後もカフカス山脈が断崖となって黒海に落ち込む難所、日本海の親不知のようなところを通過しなければならない。そこで、船に乗って逃げた

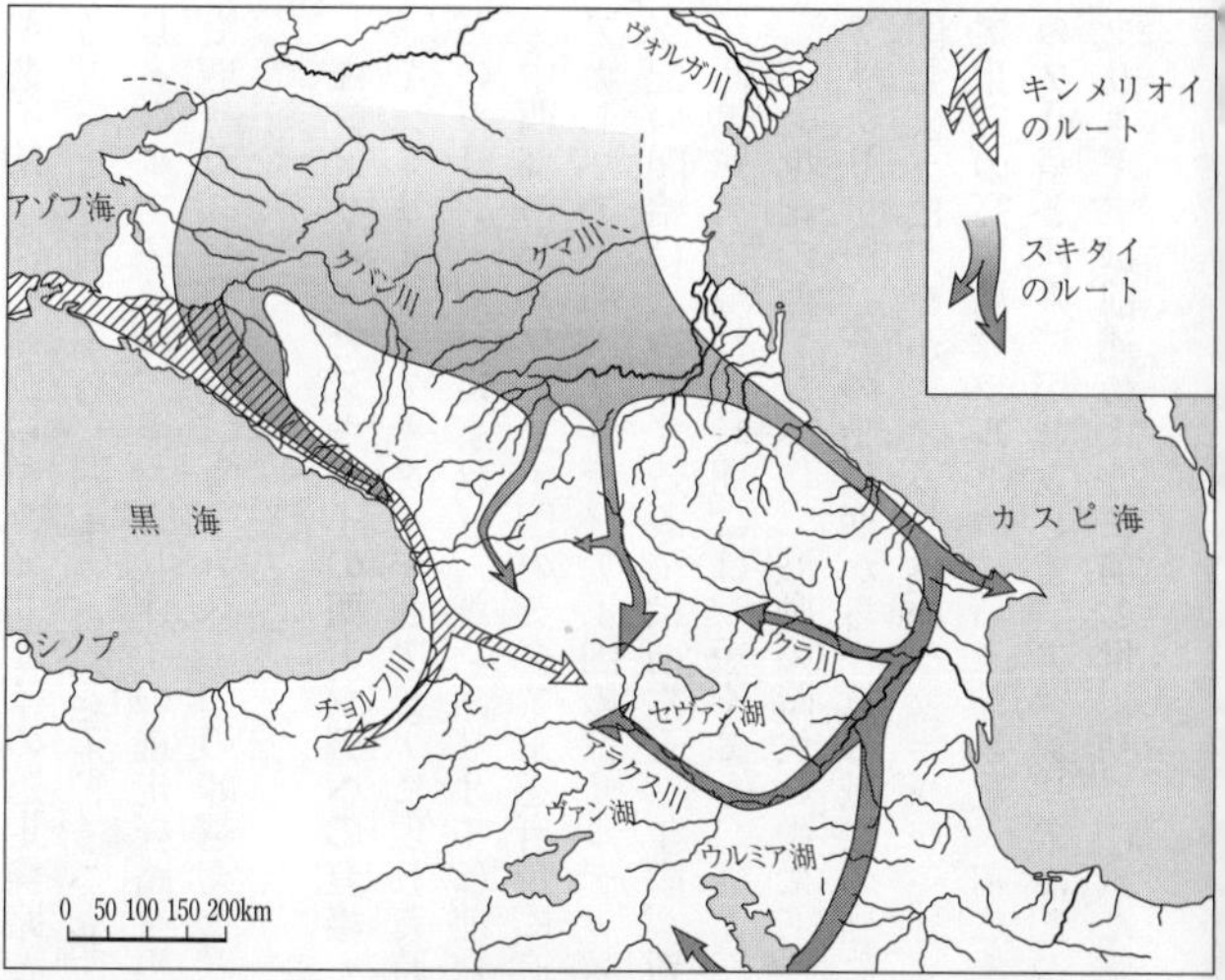

キンメリオイとスキタイの西アジア侵入ルート　クルプノフの推定による。R. Rolle. *The World of the Scythians.* B.T. Batsford. London, 1980をもとに作成

のではないかと考える研究者すらいる。

いずれにしても確実な決め手はないが、それを追いかけていったスキタイは、東回りであった。ヘロドトスによれば、カフカスを右手にしつつ、途中で道を誤って進路を内陸に向け、気がつけばメディアの地に侵入していたのであるという。カフカスを右手にするということは、カフカスの東側、すなわち黒海沿いではなくカスピ海沿いに南下したことになる。

仮にキンメリオイが東回りで南下したとしてもそれは黒海沿いであり、カスピ海沿いということはありえない。これではスキタイは、はじめからキンメリオイの逃走経路とはまったく別の道を進んでいったことになる。そこで何とかつじつまを合わせようと、北カフカスの北オセチヤで生まれた考古学者E・クルプノフは、キンメリオイの逃走経路を黒海東岸沿いとしたうえで、スキタイは黒海沿いやカスピ海沿い、カフカス山中の峠越えなど、複数のルートで侵入したと考えた。

キンメリオイとスキタイの西アジアへの登場

キンメリオイとスキタイが西アジアに現れた時期には、相当な開きがある。ストラボンなどのギリシア史料によれば、キンメリオイは前六九五年(一説では前六七五年)にアナトリア中西部のフリュギア王国のミダス王を自殺に追い込み、前六七〇〜前六六〇年代初めにはアナトリア西部のリュディア王国の都サルディスを一時占拠した。一方、スキタイのアジア支配の開始は、古くする説では前六五二年頃、新しく見る説では前六一二年頃である。両者が西アジアに現れた時期には、短くても二〇〜三〇年の開きがあることになる。

前七世紀の西アジアは、激動の時代の中にあった。歴史上最初の世界帝国とも言われる新アッシリアが、その絶頂期から一気に滅亡の淵に沈んでゆく。そのアッシリアの北側を取り囲むように、東からイラン高原にメディア(イラン系)とマンナイ(系統不明)、アナトリア東部の高原にウラルトゥ(前三千年紀〜前二千年紀に北シリアを中心に使われた系統不明のフリ語と同系)が並立して、アッシリアにとって脅威となっていた。アナトリア中西部のフリュギアは前述のように前七世紀初めに滅んだが、リュディアが台頭しつつあった。そのような国際情勢の中に、キンメリオイとスキタイは現れたのである。

前八世紀末〜前七世紀のアッシリア史料（主として新アッシリアの都ニネヴェで発見された楔形《くさびがた》文字の碑文と粘土板の史料）には、北方に現れた二つの軍事集団がしばしば登場する。一つは「ギミッラーヤ」（または「ガメラーヤ」）と呼ばれ、もう一つは「イシュクザーヤ」（または「アシュクザーヤ」）などと呼ばれる。音声上（とくに子音）の類似から、前者はキンメリオイ、後者はスキタイをさすと考えられている（アッシリアで使われていたアッカド語はセム系の言語だが、セム語では語頭に子音を二つ重ねることはないので、そのような外来語には語頭に母音をつけた。そこで本来の名称は「シュクザーヤ」ではないかとする説がある。これだと「スキタイ」に近くなる）。

ギミッラーヤが初めて現れるのは、前七一四年頃のことである。彼らがウラルトゥの王を破ったという情報がアッシリアにもたらされたのである。これは、ウラルトゥ遠征を行っていたアッシリアのサルゴン二世にとって歓迎すべき出来事であったが、前七〇五年にはサルゴン二世自身が彼らとの戦闘の中で死亡したらしい。その仇を討とうとしたのか、孫のエサルハドン（在位前六八一〜前六六九年）の軍勢は前六七九〜前六七六年頃キリキア地方（アナトリア東南部）で、ギミッラーヤの首長テウシュパとその軍団をうち破った。

その後、ギミッラーヤの名は、アナトリア西部のリュディアの敵としてしばしば登場する。前六五〇〜前六四五年頃、リュディアの王「ググ」がギミッラーヤに攻められ、アッシリアに援軍を求めた。しかしまもなくググは殺され、その墓は略奪されたという。このググとは、『歴史』に登場するリュディアの王「ギュゲス」（子音が一致）であることは間違いない。

この頃のギミッラーヤの王はアッシリア史料ではドゥグダッメというが、これはストラボンの『地理誌』（巻一、61）に出てくるリュグダミスのことと考えられている。このあとドゥグダッメがアッシリアのアッシュルバニパル（在位前六六八～前六二七年）と同盟を結んだ可能性もあるが、前六四〇年頃にキンメリア軍はアッシリア軍に敗れ、ドゥグダッメもキリキア地方で死んだらしい。このあと、前七世紀の終わり頃にキンメリア軍はリュディアの王アリュアッテス（在位前六一〇年頃～前五六〇年）にも敗れ、その姿をほぼ消すことになる。

西アジアにおけるスキタイ

アッシリア史料にイシュクザーヤ（スキタイ）が初めて登場するのは、エサルハドンがギミッラーヤのテウシュパを破ったことを記すのと同じ碑文の中である。つまり前六七九～前六七六年頃ということになる。その碑文によれば、エサルハドンはマンナイの地（西北イラン）でマンナイ軍と、マンナイを救援するためにやってきた「アシュグザ国（スキタイ）の王イシュパカー」の軍を打ち破ったという。その後もアッシリアに抵抗するマンナイやメディアの同盟者としてギミッラーヤとイシュクザーヤの名が同時に登場する。しかしイシュパカーは前六七三年頃アッシリアによって殺されたらしい。

ところがその直後の前六七二年頃、エサルハドンは自分の娘をイシュクザーヤの王バルタトゥアに与えて結婚させた。これは両者が同盟関係を結んだことを意味する。それでは、イシュパカーとバルタトゥアとはどういう関係にあるのだろうか。この頃、カフカス南方にスキタイ王国があり、イシュパカーを継いだのがバルタトゥアだとする説もあれば、両者は別々のグループだったとする説、イシュパカーが負けたのでそれを救援するために北方からバルタトゥアが新たに一軍を送った（その場合、バルタトゥアは黒海北岸に残っていて、配下の部隊だけを派遣した）とする説など、さまざまであるが、いずれも証拠不十分と言わざるを得ない。

イシュクザーヤの名はこれ以降アッシリア史料に見られなくなるが、その後はヘロドトスがつないでくれる。前記のバルタトゥアとは、『歴史』にスキタイの王として登場するプロトテュエスと考えられるからである（バルタトゥア Bartatua とプロトテュエス Protoyes を比較すると、子音が共通している。語頭のbとpとは有声音と無声音の関係、日本語で言えばバ行とパ行の関係にあり、以下のr、t、tも共通している）。正確な年代は不明だが（おそらく前七世紀後半）、メディアの王キャクサレス（在位前六二五～前五八五年）がアッシリアの都ニネヴェを包囲したとき、プロトテュエスの息子にあたるマデュエスの率いるスキタイの大軍が現れて、メディア軍に対して勝利を収めたという（巻一、103）。しかしその甲斐もなく、前六一二年、ニネヴェはメディアと新バビロニアの連合軍によって攻め落とされ、アッシリア帝国は滅亡してしまった。

ヘロドトスはスキタイがアジアを二八年間支配したというが、それがこのアッシリア滅亡後のことなのか、それともそれ以前のことなのか。有力な説では、キャクサレスが即位する前六二五年までの二八年間だが、本当に二八年間だったかどうかという問題も含めてさまざまな説があり、確定できない。

『歴史』によれば、この間にスキタイはパレスティナで神殿を略奪したり、各地で住民一人一人から貢税を取り立てたりしたという（巻一、105〜106）。『旧約聖書』の「エゼキエル書」(三八)には、イスラエルの地を北方から襲う騎馬軍団が登場するが、これらはキンメリオイとスキタイを指すのではないかと言われている。

ともかく『歴史』によれば、二八年後にキャクサレスはスキタイを宴会に招いて酒に酔わせ、彼らの大部分を殺してしまい、生き残ったスキタイは故国にもどったという（巻一、106と巻四、1）。故国というのは、北カフカスか黒海北岸であることに間違いない。

新たなスキタイの出現

ヘロドトスは、さらに別のスキタイの動きについても触れている。キャクサレスの治世のときに、本国で反乱を起こしたスキタイ遊牧民の一隊がメディアに移動してきたというのである。前記の有力な説が正しいとすれば、キャクサレスが即位したときに多くのスキタイを謀略で殺し、生き残ったスキタイは故国に帰ったはずである。とすれば、この新たに現れたスキタイは、いったん故国へもどった後ふたたび舞い戻ってきたのか、あるいは北方へ戻らずにメディアに残って従属することになったのかもしれない。

いずれにしてもキャクサレスは、当初、彼らが庇護を求めてきたので厚遇した。彼はスキタイを高く評価していたので、子供たちを彼らにあずけ、その言葉や弓術を学ばせた。スキタイたちはいつも狩りに出かけては、何かしら獲物を持って帰ってきた。ところがあるときたまたま手ぶらで帰ってくると、キャクサレスはもともとキレやすい性格だったため、彼らを手荒く侮辱的に扱った。スキタイたちはこの仕打ちに憤り、あずかっている子供の一人を殺して、いつもの獣と同じように料理して届けると、すぐにリュディアのアリュアッテスのもとへ向かい、庇護を求めた。キャクサレスはそれらのスキタイの引き渡しを要求したのに、アリュアッテスが応じなかったため、メディアとリュディアの間に戦争が始まった（巻一、73～74）。

五年後の前五八五年に両国は和平を結ぶことになるが、そのときスキタイたちの運命がどうなったのか、残念ながらヘロドトスは述べていない。

「侵入」の理由

さて、なじみのない地名や人名が次々と出てきて、戸惑われた方も多いのではないだろうか。同じ人物でもアッシリア史料とギリシア史料で少し呼び方が異なり、また年代を特定しにくい事件も多いため、全体を把握しにくいという難しさもある。しかし草原の騎馬遊牧民と南方の定住農耕都市社会との出会いという点では、世界史上最初の例であり、これから後の歴史の展開を見る上でも重要なケースなので、あえてくわしく述べてみた。

両者の実像と活動については不明な点が多く、「キンメリア問題」とか「スキタイ問題」として、それだけをテーマとした単行本が、ヨーロッパでは何冊も出ているほどである。そのような問題を短くまとめてすぐに結論を出そうとするのは所詮無理な注文であるが、これまで述べてきたことから、ある程度導き出せることはないか、考えてみよう。

キンメリオイとスキタイが西アジアに出現する時期がアッシリア史料でも三〇年以上開きがあること、西アジアで両者の間に接点がほとんどないことなどから、キンメリオイを追ってスキタイが西アジアに現れたとするヘロドトスの記述を信用する研究者は、現在ではまずいない。

キンメリオイとスキタイが、追うものと追われるものという関係でないとすると、両者はもともと同じではないのかという議論も出てくる。アッシリア人やギリシア人から見れば、どちらも略奪と軍事を優先する「蛮族」集団であり、とくにあちこちでしばしば出てくるギミッラーヤはそれらの「蛮族」の代名詞ではないのかという考えである。しかしまったく同じ時期に両者が別々の場所で、違う名前の指導者に率いられていることを示すアッシリア文書があることを考慮すると、やはり別の集団とみなすべきだろう。

彼らの「侵入」の目的を、ギリシア史料などは略奪と記しているが、それほど単純ではないようだ。イシュクザーヤ（スキタイ）は、当初マンナイを支援してアッシリアと敵対していたが、その後アッシリアと同盟関係を結んだ。これは、条件次第でどちらにでも味方する一種の傭兵《ようへい》集団ではないだろうか。もしマンナイを支援するスキタイの集団とアッシリアを支援する別のスキタイ集団がいたとすれば、これもまさしく傭兵ならではの対応の仕方ではないだろうか。

北方草原地帯の騎馬遊牧民が傭兵として雇われ、南方の定住農耕地帯に入ってくる例は、実は結構多い。ガズナ朝（一〇～一二世紀）は、サーマーン朝に仕えていたトルコ系傭兵部隊が独立して建てた王朝である。そのガズナ朝を倒したセルジューク朝（一一～一二世紀）の首長は、アッバース朝のカリフの要請でバグダードに入城した。エジプトのマムルーク朝（一三～一六世紀）は、文字通りテュルク系あるいはチェルケス（北カフカス）系のマムルーク（アラビア語で奴隷軍人＝傭兵を意味する）が、雇い主のアイユーブ朝を倒して成立した王朝である。同じようなことは中国でもしばしば見られた。

スキタイやキンメリオイも、当初は略奪の目的をもって西アジアに入ってきたのかもしれないが、当時の西アジアにおける情勢を反映して、対立する国のどちらかに味方している。これは、彼らが傭兵として活動したことを示すものであろう。ただし彼らが西アジアで王朝を樹立することはなかった。

騎馬遊牧民の考古学的証拠

最後に、キンメリオイやスキタイは西アジアに「侵入」してきたのではなく、もともと西アジアにいた騎馬軍団だったという説にも触れておきたい。とりわけキンメリオイは、黒海北岸での存在感が希薄で、アッシリア史料ではカフカス南方に最初に現れるため、その起源は黒海北岸ではなくカフカス付近ではないかとする説も提唱されている。

ある程度それに対する反論となるかもしれないのは、考古学資料である。先スキタイ時代の北カフカス・黒海北岸で出土した武器や馬具とそっくりなものが、アナトリア中部と東部の遺跡で発見されたのである。その中で、イミルレル遺跡は、あのキンメリオイが移住した先のシノプから、南へわずか一二〇キロほどのところにある。

シノプとイミルレルの間を流れるクズル＝ウルマク川をさかのぼると、一九八五年から日本の調査団が発掘を続けているカマン＝カレホユック遺跡がある。ここからも逆向きのとげのついた中空の鏃が出土している。そのほかにくちばしが大きく丸くなった鳥の頭が彫られたボタン状骨製装飾品や、馬の足に縄をかけて縛るときに使う中央がくびれた骨製品も出土しているが、これらは最も初期のスキタイ文化の中に見られるものである。

さらに東では、ユーフラテス川上流域のノルシュンテペや黒海東岸のアブハジアにあるクラヌルフヴァ遺跡で鐙形銜が出土し、アルメニア領内のウラルトゥの遺跡カルミル＝ブルルでは、初期スキタイ時代の鏃や羊頭形辻金具などが出土している。これらの先スキタイ時代から初期スキタイ時代にかけての遺物は、アナトリアとカフカス南部で続々と見つかっている。

ちょっと毛色の変わったものとしては、石人がある。スキタイは古墳の上に男性戦士をかたどった石人を立てたが（第四章でくわしく述べる）、初期のスキタイの石人とそっくりなものがジョージア（グルジア）東部のゼイアニ遺跡で発見されている（一七八頁参照）。これは高さが二二〇センチもあり、日用品でも装飾品でもないので、交易品としてこの石人だけがわざわざカフカス山脈を越えて運ばれてきたとは考えられない。スキタイ自身がここまで来て、造ったとしか考えられないのである。

このように北カフカス・黒海北岸の先スキタイ時代と初期スキタイ時代の遺物が、カフカス南部からアナトリアにかけて多数出土していることは、先スキタイ時代の人々とスキタイがカフカス南部とアナトリアにやって来たことを明らかに示している。そして先スキタイ時代の人々をキンメリオイとみなすことができれば、キンメリオイもやって来たということができるが、そこまで断言することはまだ留保しておこう。

第三章　動物文様と黄金の美術

初期スキタイの美術――西部

スキタイの三要素

スキタイ文化を特徴づける共通要素として必ず取り上げられるのは、まずスキタイ風「動物文様」、それから馬具（鐙形銜《あぶみがたはみ》と三孔・二孔銜留め具）と武器（アキナケス型短剣と両翼・三翼鏃《ぞく》）である。馬具については既に述べた。武器についても一部は述べた（アキナケス型短剣については一〇六頁参照）。

馬具と武器とは、まさに軍事優先の騎馬遊牧民ならではの特徴と見ることもできよう。それに対して、動物文様の施された美術装飾品などは、似つかわしくないと思われるかもしれない。あるいは、猛獣が草食獣を襲う弱肉強食の場面を表現したものなら、彼らにふさわしいと思われるかもしれない。ところがそのような場面は、初期スキタイ美術にはない。登場するのはようやく後期になってからである。

そして、初期のスキタイ美術こそは、よそからの借り物でない、スキタイ独自のものなのである。第二章の「アルジャン古墳の出土品」の項で述べたように、北カフカス、黒海北岸にスキタイ動物文様が出現するよりも前に、南シベリアの一角に早くも初期の動物文様が現れているることから、スキタイ東方起源説が一気に有利な方に傾いたのである。有用な武器や道具は誰でもが利用しようとするから、普及・伝播《でんぱ》が早く、特定の地域、一つの文化だけに限られるということはあまりない。一方、直接役に立たないデザインや文様には、各文化の個性や好みが色濃く反映される。本章では、スキタイ文化の象徴とも言うべき動物文様を中心に、スキタイの美術について述べよう。

スキタイ美術が学界だけでなく一般からの注目をも集めるようになったのは、一九世紀末から二〇世紀初めにかけて北カフカスと黒海北岸でスキタイの古墳が多く発掘され、そのうちのいくつかから豪華な金銀製品が発見されてからのことである。

黒海北岸の古墳は中期から後期のスキタイの古墳が比較的多く、後述するように出土品にはギリシアからの強い影響が認められる。一方、北カフカスの古墳には初期スキタイ時代に属するものが多く、それらからの出土品にはギリシアよりもむしろ西アジアとの関係を示すものが多い。

そのため、かつてはスキタイ美術の起源はギリシアあるいは西アジアにあるとする説が有力だった。とりわけ、スキタイが前七世紀後半に西アジアに侵入して二八年間も支配したとするヘロドトスの記述を信用するならば、その間に洗練された先進的西アジア文明に接して、「蛮族」スキタイも美術に目覚めたとする、西アジア起源説が有力だった。ところが草原地帯東部の事情がわかってくるにつれて、東方起源説が優勢になってきたということは、既に述べたとおりである。それでは北カフカスの古墳からの出土品を中心に、初期スキタイ美術に見られる独自性と他地域からの影響を見てみよう。

宝探しのような「発掘」

北カフカスの古墳の発掘は、不幸な経過をたどって始まった。一九世紀末のロシアでもすでに考古学は学問として芽生えていたが、為政者の側に文化財の保護という観念は薄かった。ドイツ系ロシア人の鉱山技師（悪く言えば山師）で考古学愛好家のD・シュルツは、一八九七年に南カフカスで自由に発掘をしてもよいという許可証を得ていたが、一九〇三年には北カフカスのクバン川流域にあるケレルメス村の古墳群に目をつけた。地元の農民が金製品を見つけたといううわさを聞きつけたかららしい。

シュルツには以前からよからぬ風聞がつきまとっていたため、考古学の発掘を管理する帝室考古学委員会は、考古学者のN・ヴェセロフスキーの監視の下での発掘を認めた。しかしシュルツはヴェセロフスキーが到着する前に勝手に宝探しのような発掘を始めてしまい、おびただしい量の金製品を発見した。彼はそれらをエルミタージュに送り、さっそく皇帝ニコライ二世の拝謁のもと特別展が開かれ、皇帝からはルビーとダイヤのちりばめられた指輪が下賜されることになった。

ところがシュルツが送ったものは、出土品のすべてではなかった。彼は一部のものを売り飛ばしただけでなく、多くは溶かして金のインゴットにしてしまったのである。それは全部で三キログラム以上あったという。この悪事はすぐに露見し、シュルツは起訴された。ヴェセロフスキーはすぐに再調査を行ったが、もはや後の祭り。彼が発見したものは、ごくわずかの金製品と、シュルツが目もくれなかった土器、骨器と青銅器だけだった（それでも考古学資料としては重要だが）。溶かされてしまったものは、永遠に闇に消えてしまった。それだけでなく、考古学にとって重要な、何がどこからどのような状態で出土したのかという図面もなく、彼の供述からかろうじて復元されるのみである。

それでも残された資料は、青銅製品も含めて四〇〇点以上にのぼり、初期スキタイ美術の一大コレクションであることは間違いない。以下に代表的なものを見てみよう。

西アジアからの影響

スキタイの古墳から出土したといっても、すべてがスキタイ固有のものではない。スキタイ美術の西アジア起源説やギリシア起源説が提唱されるほどであるから、それらの影響はやはり大きい。

両端にライオンの頭がつけられ、その間に小さく羊頭とザクロがつけられた一対の金製品は、玉座の肘掛けの装飾ではないかと言われている。軸の部分の表面は細かく仕切られて、そこに琥珀《こはく》が象嵌《ぞうがん》されていた（現在はほとんど脱落）。ライオンは古代には西アジア全域に広く生息していた猛獣で、シュメール時代からさまざまに表現されているが、このライオンの目や耳、鼻の形、鼻の下のしわ、口の開き方（舌は出していないが）は、後期ヒッタイト

肘掛装飾と推定される金製のライオン頭部　西北カフカス、ケレルメス、シュルツの３号墳出土。前７世紀。エルミタージュ美術館蔵

神殿の守護ライオン像　シリア西北部、アイン＝ダラ遺跡　前９～前８世紀。著者撮影

時代や北シリアの鉄器時代第二期（前九～前八世紀）のライオン像に近い。

ザクロは一つの実にたくさんの種が入っているので、西アジアでは古来ナツメヤシと並んで多産豊穣のシンボルとされてきた。とくにアッシリア美術にこのような表現が多い。したがってこの装飾品は、純粋に西アジアのものと判断することができる。略奪か贈与か購入かはわからないが、とにかく西アジアからもたらされたものであることは間違いない。

ギリシアでアキナケスと呼ばれたタイプの短剣とその鞘《さや》が、シュルツの一号墳から出土した。鍔《つば》の部分が羽を広げた蝶のような形になっているのが、アキナケス剣の特徴である。このタイプの短剣は、スキタイ時代に急速に草原地帯全域だけでなく、隣接する中国北部やイ

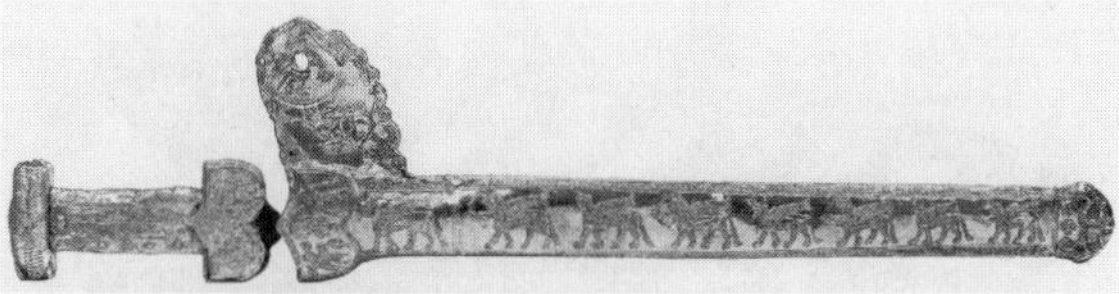

金製装飾で覆われたアキナケス剣と木製鞘　シュルツの1号墳出土。前7世紀。柄の長さ14.2㎝。鞘の長さ46.7㎝。エルミタージュ美術館蔵

鞘の上端の拡大　帯に吊るすための付属品をつけた状態

ランなどにも分布した。その起源地についてはいくつか説があるが、いずれにしても草原地帯のどこかであることは間違いない。

柄と鞘の覆いには、さまざまな動物などの文様が打ち出されている。鞘の中心部分には、魚の形の翼をつけた空想獣が行進する場面が表現されている。これらはウラルトゥ美術に特有の空想獣と考えられている。

鍔と、同形の鞘の上端には、中央にシンボリックな樹木を配して、その両側に有翼神が表現されている。このような図柄はアッシリア美術によく見られ、中央のナツメヤシの木に有翼神が授粉する場面と考えられている。しかしアッシリアでは有翼神はくるぶしまでのロングドレスを着ているが、この有翼神はひざ下までのややや短めの服を着ている。これは後期ヒッタイトの有翼神の服装に近い。このように、鞘本体の文様は、アッシリア、ウラルトゥ、後期ヒッタ

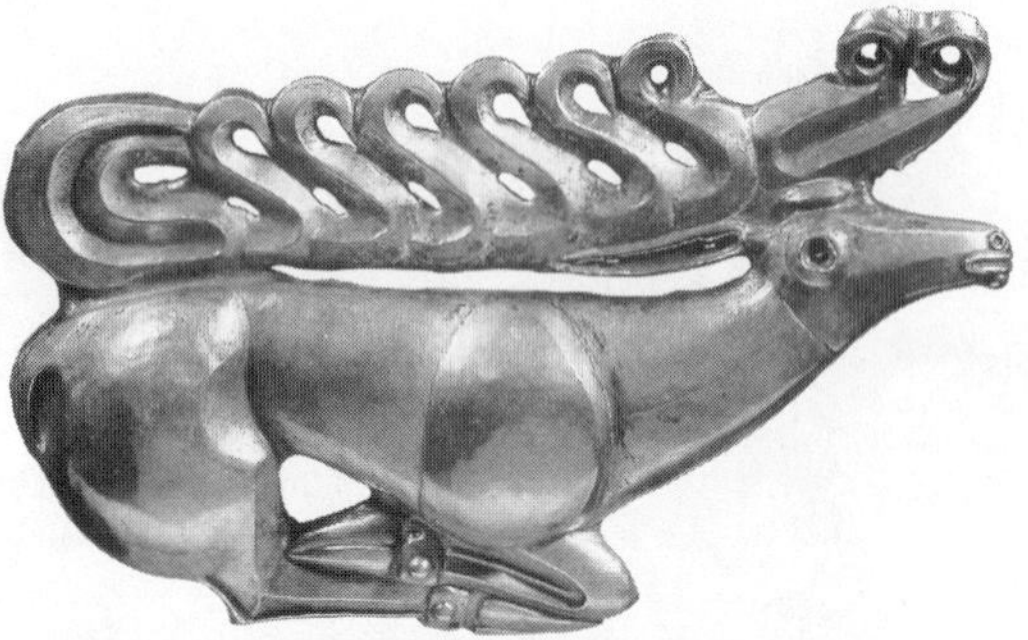

鹿形楯装飾　前脚と後脚を前後から折りたたむように折り曲げている。長さ31.0㎝。西北カフカス、コストロムスカヤ村古墳出土。エルミタージュ美術館蔵。Novosti / ユニフォトプレス

イト美術の混交様式と言ってもよい。

剣と鞘の製作者は誰か

それに対し、鞘の上端に大きく張り出した耳たぶ形の部分の文様は、スキタイ美術に典型的なものである。まず、かぎ形に曲がった大きなくちばしをもつ鳥の頭を連続させる縁飾りは、初期スキタイ美術の特徴の一つである。とても小さくてわかりにくいが、帯に吊るす革紐を留める円形装飾には四つの小円がついており、その小円が体を丸めた猛獣の形をしている。これは大きさこそ違うが、アルジャン出土の青銅製飾板と同じで、初期スキタイ動物文様のうち猛獣表現の特徴の一つである。

耳たぶ形の中央には、立派な角を持つ鹿が表現されている。角は前方と後方に分かれて伸び、首をややもたげて口を閉じている。前脚と後脚をそれぞれ前後から折りたたむように折り曲げてい

る。これとまったく同じような鹿の装飾が、ケレルメスより南東方向に少しカフカス山中に入ったところにあるコストロムスカヤ村の古墳から出土した。これは前出のヴェセロフスキーが一八九七年に発掘したもので、円形の楯を装甲していたと思われる鉄板の上に発見されたので、楯につけられた装飾と考えられている。

この鹿の表現のうち、とくに独特な脚の折り曲げ方は、初期スキタイ美術の草食獣の表現に特有のものである。そこで、ケレルメスの鞘の鹿の文様もスキタイのものと、一般には考えられている。しかしこの二つの鹿表現には、細部で異なるところがある。間違い探しのク

鞘の上端に張り出した耳たぶ形の中央に表現された鹿　目の上には弧状に盛り上がった部分がある

新アッシリア、ニムルド出土のヤギとムギの穂を持つ有翼神（部分）　新アッシリア美術の草食獣に特徴的なヤギの目の表現が見られる。前875～前860年。大英博物館蔵

イズのようだが、読者はお分かりになるだろうか。違いは目にある。鞘の鹿では目の上に弧状に盛り上がった部分がある。また目がしらと目じりがわずかに出っ張っている。このような目の表現は新アッシリアの草食獣に特徴的であり、下ってはアカイメネス朝にも見られる。これに対して、純粋のスキタイ美術では、草食獣も猛獣も目は単なる小円に過ぎない。従って、ケレルメスの鞘の鹿は、多くの点でスキタイ的だが、目のところだけは西アジア的ということになる。実は縁飾りの鳥の目も同じように表現されている。

以上の特徴をまとめてみると、次のようになる。剣の形はスキタイのアキナケスである。鞘の中心部分はウラルトゥ美術そのものであるが、上端の蝶形の中の文様はやや後期ヒッタイト風のアッシリアの文様である。耳たぶ形の中の文様は鳥頭の縁飾りも鹿もスキタイ的であるが、鹿と鳥の目だけは西アジア的である。

それでは誰がこれを作ったのであろうか。鞘本体と耳たぶ形の張り出しは一体であるので、別々に作って後で接着したとは考えられない。おそらく注文主はスキタイの王侯で、アッシリアや後期ヒッタイトの美術も知っているウラルトゥの職人に鞘本体の装飾を作らせたが、耳たぶ形の張り出しはスキタイ好みに作らせようと、コストロムスカヤ出土の鹿形装飾のようなものを見本として見せた。職人はそれを真似て作ったが、ついうっかり目のところだけはいつものくせで西アジア風に作ってしまったのではないだろうか。

もしこの考え方が正しいとすると、スキタイは西アジア美術と接したときにはすでに自前の美術様式を持っていたことになり、従ってスキタイ美術の西アジア起源説は成り立たなくなるのである。

ギリシアからの影響

シュルツの三号墳出土のディアデム（鉢巻状冠）には、グリフィンの首のほかに多数のロゼット（花びら文様）と水滴形垂れ飾り、羊頭が吊るされた二本の鎖がついている。ロゼットをつけたディアデムはアッシリアにしばしば見られるが、水滴形（あるいは底が尖ったアンフォラ壺の形）の垂れ飾りはギリシアの貴金属細工によく見られる。

シュルツの３号墳出土の金製ディアデム（部分）　グリフィンの首や花びら文様が施されている。前７世紀。エルミタージュ美術館蔵

グリフィンは鷲とライオンを合体させた空想上の合成獣で、西アジアには前三〇〇〇年より少し前から知られており、その後各地域、各時代にさまざまな変化が生まれた。このディアデムにつけられたグリフィンは、鋭いくちばしを開いて舌をのぞかせ、頭上に長い馬のような耳と丸い突起をつけ、耳の下にはたてがみのようなふくらみがあり、首筋には二本の巻き毛が垂れている。これは典型的なギリシア

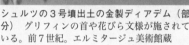

シュルツの４号墳出土のエレクトラムが貼られた銀鏡　前７世紀。直径17㎝。縁の高さ0.6㎝。エルミタージュ美術館蔵

のアルカイック期（前七〜前五世紀初）の初期の鷲グリフィンである。

シュルツの四号墳出土の鏡は、複雑な要素を含んでいる。全部で八つの区画に仕切られているが、時計回りに右上から見てゆこう。ライオンが牡牛に襲いかかる図柄は西アジアでは古くから円筒印章に見られるが、この鏡のライオンのたてがみ表現はアッシリアの浮彫りのライオン像に近い。隣の立ち上がった一対のスフィンクスはギリシア風だが、その足元の豹《ひょう》のような猛獣はスキタイの動物表現に近い。

その次の豹と背後の樹木（オリーブか？）は西アジア的と言えるかもしれないが、その下にいる羊の脚の折り曲げ方はスキタイ的である。次の人間とグリフィンとの闘いは、ギリシア神話でよく知られているアリマスポイとグリフィンとの闘いを表しているに違いない（ヘロドトスの『歴史』巻三の116によれば、グリフィンが守っている黄金をアリマスポイという目が一つしかない人々が奪いに行くという。この闘いは、ギリシアの壺絵にもしばしば描かれている）。その隣の熊と鷲、狐は帰属がよくわからないが、熊はギリシア神話のアルテミスと特別な関係にあったことが知られている。その次のスフィンクスとグリフィンは、明らかにギリシア的である。

ライオンが二頭立ち上がる図柄はアッシリアの印章に多い。ただし間に王か神が立っているが。最後の区画では、有翼の女神が両手に豹をぶら下げている。野獣を従える女神といえば、ギリシアのアルテミスか、アナトリアのキュベレーであろう。中央のロゼットは西アジア的である。

最後に問題となるのは、鏡の形である。当時のギリシアの鏡は柄鏡であった。それに対してこの鏡には柄はなく、中央に鈕《ちゅう》（つまみ）の根元が残っている。またこの鏡は縁が高く立ち上がっている。このように鈕と高い縁のある鏡は、初期スキタイ時代に草原地帯の東部で作られていた。

以上をまとめると、鏡の文様には西アジア（アッシリア）、ギリシア、スキタイの三つの様式が入り交じっているが、形は中央アジアから東のものということになる。これは一体誰が作ったのであろうか。あえて解釈すれば、中央アジア方面で作られた銀鏡が北カフカスにもたらされて、それを所有していたスキタイの王侯がアッシリア美術の知識も持つギリシア系の職人にエレクトラム（銀の混入した金）で文様装飾を作らせたというところであろうか。

シュルツの１号墳出土の金製豹形飾板　前７世紀。長さ32.6㎝。エルミタージュ美術館蔵

他地域のモチーフのスキタイ化

シュルツの一号墳出土の豹形飾板は、コストロムスカヤの鹿形飾板と同じく楯の装飾と考えられている。両者は同じ職人が作ったのではないかと思われるほどよく似ている。どちらも裏側には装着するための取っ手が二つついている。丸い目、首筋や脚のつけ根の表現も同じである。豹形では、脚先とそれに続く尾が、体を丸めた猛獣を並べた一種の縁飾りとなっている。

　ところがケレルメスの豹には、スキタイ的でないところがある。一つは、脚を四本表現している点である。四本表現したことはあまりなかったのだろう。見るからにぎごちない。もう一つは、耳の装飾的表現である。耳の縁が小さな三角形で仕切られて、そこに練り物のガラスが象嵌されていた。前出の金製肘掛装飾にあるような象嵌を見て、真似てみたのだろう。しかしこれは四脚表現のぎごちなさから見て、西アジアやギリシアの職人ではなく、スキタイにもとからいた職人の作だろう。

　スキタイ時代に草原地帯で広く普及したものに、英語でポール＝トップ、日本語に訳して竿頭飾《かんとうしょく》と呼ばれる青銅製品がある。これは竿の頂部に装着した飾りで、必ず何らかの動物がつけられている。草原地帯の西部では動物像の下が鈴になっているかあるいは鐸《たく》がついていて、音が出るような仕組みになっているものが多いが、東部ではそのようなタイプは少ない。その用途については、葬儀の際に馬をつないだ竿の飾りではないかとする説があるが、確定的ではない。

二点のグリフィン頭部飾りつき竿頭飾が出土した北カフカスの初期スキタイの古墳からは、ほかに鹿像のついた竿頭飾も二点出土した。くちばしを開けて舌を出し、頭上に突起が出ていることは、前出のディアデムに見られるアルカイック期のグリフィンと同じであるが、耳とその下のふくらみが区別なく一体化してしまっている。これは、ふくらみの意味がわからずに模倣した結果であろう。他地域のモチーフがスキタイ化して受け入れられた例である。

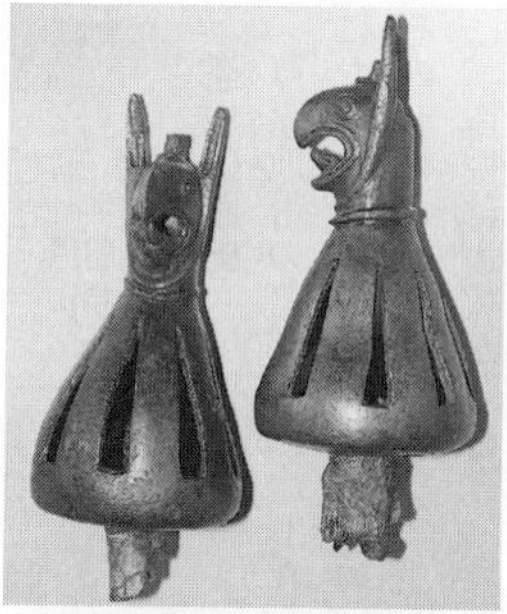
グリフィン頭部飾り青銅製竿頭飾　下部は鈴になっている。前8世紀末～前7世紀初。北カフカス、ノヴォザヴェジョンノエ村出土。高さ26.0～26.5㎝。スタヴロポル博物館蔵

青銅製竿頭飾　鐸が下がり、中央の体をひねったヤギの肩からは小さな鳥の頭が出ている。前6世紀。西北カフカス、ウルスキー＝アウル2号墳出土。高さ26㎝。エルミタージュ美術館蔵

初期スキタイの美術——東部

盗掘の歴史

草原地帯の東部で出土した初期スキタイの美術品を見る前に、それらが世に知られるようになった顚末を述べておこう。前節では宝探しのような粗雑な発掘に言及したが、本節ではそのものずばり、盗掘から話を始めなければならない。アルジャン古墳の項でも述べたように、盗掘は古代から存在した。しかしそれは、夜陰に乗じてひそかに行われる闇の行為であった。特に草原では、盗掘はやりたい放題というわけにはいかなかった。遊牧民は一般に、地面を掘ったり耕したりすることを嫌う。それは草原を傷つけたくないという気持ちと、土地に縛りつけられた農耕民を軽蔑する気持ちから来ている。また墓に葬られた人が自分たちの直接の祖先と認識するかどうかはともかく、墓をあばくという行為そのものを憎んでいた。しかも彼らは、とてつもなく視力がよい。従って、草原で遊牧民が支配権を握っている間は、古墳がおおっぴらに盗掘されることはなかった。

盗掘が大々的、組織的に行われるようになったのは、古墳に何のしがらみも感じないロシア人がシベリアにやって来てからのことである。コサックの隊長イェルマクがウラルを越えたのが一六世紀末のことで、一六〇四年にはシベリアからアルタイへの入口にもあたるトムスクに城砦が建設された。当初ロシアの勢力は北方の森林地帯に限られていたが、一七世紀後半から一八世紀初めには南方の草原地帯にも進出し始めた。そしてそこに、豊かな副葬品を納めたスキタイ時代やサルマタイ時代の古墳があったのである。

最初にロシア人の盗掘が記録されたのは一六六九年のことで、その頃はシベリアの西部が活動の中心だったようだが、「資源」の枯渇とともに徐々に東へ向かっていった。盗掘の実態については、一七一九〜二二年に中国へ向かうロシア使節団の医師としてシベリアを旅行したスコットランド人のJ・ベルが記している。それによれば、毎夏多くの人がトムスクなどから九〜一〇日間かけて出かけ、墓をあばいて金・銀・青銅・宝石などを掘り出すという。

また同じ頃ピョートル一世（在位一六八二〜一七二五年）によってシベリアに派遣されたドイツ人のD・メッサーシュミットによれば、墓泥棒は春になると二〇〇〜三〇〇人からなる徒党を組んで草原に出かけ、めぼしいところに着くと小グループに分かれ、お互いに連絡を取り合って盗掘に精を出した。単独で行動する宝探しは、現地のカルムック人（モンゴル系）やカザフ人（テュルク系）に襲われたり殺されたりすることもあったからである。そしてうまく当たれば、五〜七フント（約二〜三キログラム）の金銀を得ることができたという。その頃の盗掘者たちも古代と同様に金と銀だけを選び出して溶かしていたのである。一七〜一八世紀にヨーロッパで作られた金製品は、これらの溶かされた金を地金として作られたらしい。

最初の金製品コレクター

掘り出された遺物に文化的価値を見出した最初の一人が、オランダ人の学者N・ヴィトセンである。ヴィトセン一族は古くからモスクワ公国と交易関係を持っていた。彼は大学を卒業するとすぐ、モスクワに派遣されるオランダ公使の随員となって一六六四年にモスクワに向かい、一年間滞在した。その間にロシアの地理・民族・言語に関する資料を集めた。彼はその後ロシアを訪れることはなかったが、モスクワに駐在員を置いて資料を集め続け、一六九二年に大著『北東タルタリア』を著した（この頃シベリア・中央アジアの草原地帯は、ヨーロッパでタルタリアと呼ばれていた）。

ヴィトセンの残した書簡によると、一七〇四年にシベリアの墓から掘り出された黄金製品を船でオランダに運ばせたが、海賊に襲われ、すべて奪われてしまったという。その後一七一三〜一六年にようやく金製品を手に入れることができ、それらの図版四葉が一七八五年版の『北東タルタリア』に掲載されている。

一七一七年に彼が死んだあと、ピョートル一世が未亡人から買い取ろうとしたが成功せず、一七二八年にオークションにかけられ、散逸してしまった。現在わずかに二点をのぞいて、すべて行方知れずとなっている。

ピョートルがシベリア出土の金銀に関心を抱くようになったのは、一七一五年に王子の誕生祝いにウラルの鉱山主N・デミドフから金製品を贈られたときからである。西欧的な教養を身につけていたピョートルはその美術的価値を認識し、ただちにシベリア総督のM・ガガーリン公に、同じような金製品を集めるよう命令を下した。ガガーリンは一〇二点の金製品と細かな金製品一箱をピョートルに送った。

一七一七年には貴金属の出土品を個人が売買することを禁止し、国家が買い上げる法令が発布された。ガガーリンの後任A・チェルカッスキー公も一七二〇年に買い集めて送った。ピョートル死後の一七二六年に、これらはまとめてクンストカーメラ（珍宝室）に移されたが、それは二五〇点を数え、金の総重量は七四フント（三〇・三キログラム）に達した。

ゴールドラッシュは突然終了した。一七三三〜四三年にアカデミーの依頼でシベリアの古墳を大量に発掘して回ったドイツ人のG・ミューラーは、もはや幸運に恵まれることもなく、アルタイで若干の金製品を購入することができただけであった。行き着ける範囲の古墳は、すべて掘り尽くされてしまったのである。

『北東タルタリア』掲載の後期スキタイからサルマタイ時代の装飾品　ヴィトセン著、1785年版。K. Jettmar. *Art of the Steppes*. Methuen: London, 1967より

こうして集められたものは、今ではシベリア＝コレクション（あるいはピョートル＝コレクション）の名で知られる。このコレクションの出土地は、イルティシュ川左岸の支流であるトボル川とイシム川の流域、さらにイルティシュをさかのぼって東カザフスタンからアルタイあたりの地域が考えられ

る。

このコレクションは現在エルミタージュ美術館の所蔵品の中でも至宝として特別に「黄金の間」に展示されている。一般入館者がその展示を見るためには、別に許可を得て少人数のグループにまとめられ、監視員の先導のもとに立ち止まらずに、歩きながら見ることが要求される。

初期の東部のモチーフ

シベリア＝コレクションには、初期スキタイ時代（前八〜前六世紀）から紀元前後のサルマタイ時代のものまで含まれている。初期スキタイに属するものとしては、体を丸めた豹の飾板がある。口をやや開き、目と鼻の穴は丸く、脚先と尾の先も丸くなっている。アルジャン古墳出土の飾板とまったく同じモチーフである。ケレルメスの豹形飾板は体全体を丸めてはいないものの、脚先や尾の先に体を丸めた豹がいる点では、同じモチーフということができる。体を丸めた豹形製品は、カザフスタン西部のシル＝ダリヤ河口付近のウイガラク墓地からも出土している。同じ墓地からは爪先立った鹿の馬具装飾が出土している。これは、第一章で紹介した鹿石の②タイプの鹿表現と同じである。

カザフスタン東部にも、重要な初期スキタイ時代の遺跡がある。イルティシュ川流域で中国との国境からわずか二〇キロのチリクタ（あるいはシリクトゥ）の古墳群が、一九五〇年代後半に調査された。もちろんすべて盗掘を受けていたが、一基だけわずかに金製品が残さ

虎の文様の銅鏡　大きな虎の文様の中に小さな体を丸めた虎が組み込まれている。前８～前７世紀。北中国出土。直径9.9㎝。ベルリン、東アジア美術館蔵

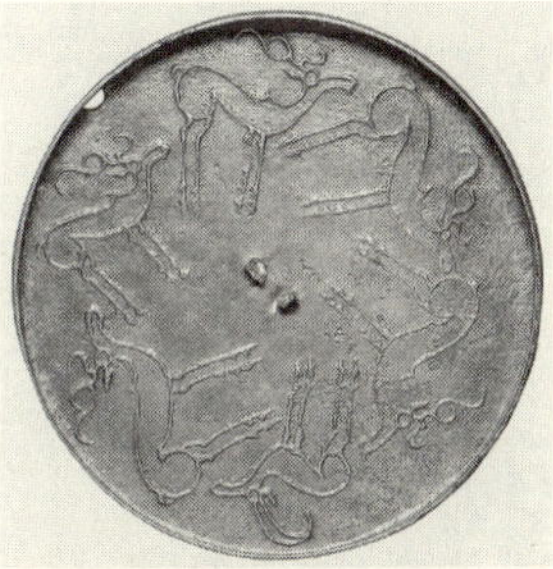

爪先立った鹿とヤギが鋳出された銅鏡　縁が高く、鈕は根元だけが残っている。前８～前７世紀。アルタイ出土。直径13.5㎝。エルミタージュ美術館蔵

れている古墳が発見された。墓泥棒が見逃した革製の矢筒に、小さな金製の飾金具が縫いつけられていたのである。それはほとんどが動物をかたどったもので、脚を折りたたんだ鹿、爪先立った猪、えらの大きな魚、鷲の頭、体を丸めた豹など、初期スキタイ時代に典型的なモチーフである。そのためこの古墳（「黄金古墳」と名づけられた）の年代は前七～前六世紀と考えられている。

チリクタからイルティシュ川を渡って東に進むと、アルタイにいたる。アルタイでは後期スキタイ時代に属する重要な出土品が多数あるが、初期のものは少ない。その中で、出土状況は不明だが、イルティシュ川の支流のブフタルマ川上流で発見されたと言われている鏡には、興味深い文様が鋳出されている。初期スキタイ時代に典型的な、爪先立って脚を真っ直ぐ伸ばした五頭の鹿と一頭のヤギが表現されているの

である。またこの鏡は中央に鈕《ちゅう》の根元だけが残っており、縁が高く立ち上がっている。この形状は、ケレルメスの鏡と同じである。ついでながら、きわめて中国的な鈕を持ちながら、文様はスキタイ的な体を丸めた虎の文様という鏡も紹介しておこう。出土地は北中国というだけで、残念ながら正確な情報はない。

アルジャン二号墳の衝撃

アルタイの東に位置するトゥバでは一九七一～七四年にアルジャン古墳が調査されて、学界に激震をもたらしたことはすでに述べた。それから三〇年後に、再びアルジャンが世界の注目を集めることになった。アルジャン二号墳で、盗掘を免れた金製品が五七〇〇点（総重量二〇キログラム！）も発見されたのである。エルミタージュとドイツ考古学研究所による合同調査であった。

アルジャン二号墳は、一九七〇年代に調査されたアルジャン古墳（現在は一号墳と呼ばれるようになった）から七キロメートルほど北東へ離れたところにあり、アルジャン村を中心に東西に伸びる古墳の列の中では最も東に位置する。古墳の構造については第四章で述べることにし、ここでは出土した動物文様の製品についてだけ述べよう。

爪先立った鹿と脚を折りたたんだヤギは、初期スキタイ時代のモチーフである。アキナケス型短剣の柄頭と鍔《つば》の部分は、体を丸めた虎のような猛獣がヤギのような動物を挟んで向かい合った状態で表現されている。猛獣が草食獣に直接噛みついているわけではないので、これではまだ動物闘争文とまでは言えないが、後期スキタイ美術に登場する動物闘争文を予感させるものがある。鉄鏃《ぞく》に金象嵌《ぞうがん》された鷲のような猛禽《もうきん》とヤギの頭部の文様も、動物闘争文とまではいかないが、それに近いと言えるだろう。

頭が大きく、脚先に鋭い爪が表現された小型の衣服装飾品は、はるか西方のシル＝ダリヤ河口付近にある南タギスケンでも同様の装飾品が出土している。

出土品全体を見わたすと、西アジアやギリシアのモチーフがまったくみとめられないこと

金製鹿形帽子飾、
高さ6.8cm

ヤギ形帽子飾、
横幅4.5cm

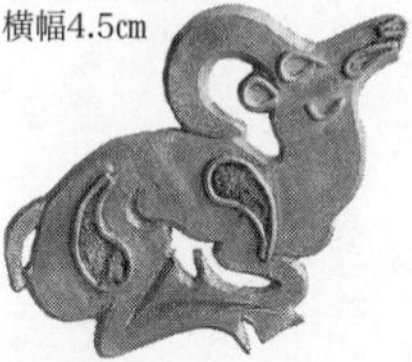

鉄製金銀象嵌鏃、
長さ3.1～4.2cm

鉄製金象嵌アキナケス剣、
長さ38.2cm

金製猛獣形衣服装飾、
長さ各約2cm

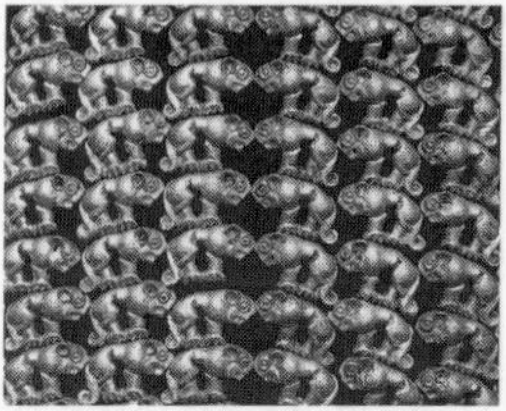

アルジャン2号墳の出土品　前7世紀末。*Archaeological Discoveries in the Valley of the Kings, Tuva*. Ermitazh: Sankt-Peterburg, 2004より

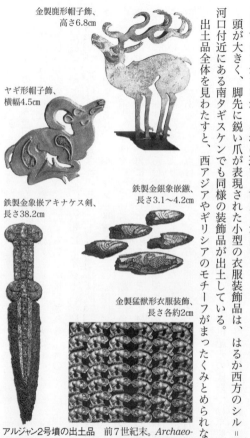

が注目される（二〇〇六年にドイツで出版されたカタログには、猛禽頭部形金製品に「グリフィン」頭部のという説明がついているが、耳がないので、グリフィンではなく猛禽である）。

さて問題はその年代だが、出土した動物文様の表現や馬具などから、アルジャン一号墳よりは新しいものの、初期スキタイ時代に属することが推定される。そのことは、理学的な年代測定法によっても確認された。二〇〇六年にドイツ考古学研究所から、墓室に使われていたカラマツの分析結果が発表され、それによると、ほぼ前六一九〜前六〇八年の範囲内、すなわち前七世紀末であり、アルジャン一号墳より二〇〇年ほど新しいという。

この分析結果は重大な意味を持っている。それは、動物闘争文の萌芽とも言える文様が、前七世紀末に南シベリアの一角に登場していること、そして鉄製品が登場していることである。特に後者の意味するところは大きい。鉄製品は草原地帯の西部では前七世紀後半から知られているが、東部ではそれより遅く、前五世紀にならないと現れないとするのが、従来の常識だったからである。この点は、スキタイ東方起源説にとって唯一とも言える弱点であった。しかしこの発見で東部における鉄の出現は、一気に前七世紀末にまでさかのぼることになり、西部との差はほとんどなくなったのである。また、前七世紀末の段階では草原地帯東部にまだ西アジアやギリシアからの影響がないことから、スキタイ美術の東方起源説がますます有利になった。

初期スキタイ美術のまとめ

以上述べてきた初期スキタイ美術の特徴を細部の表現に注目してまとめてみると、次のようになろう。
①猛獣の体を丸める。
②猛獣の足先を丸くする。
③鹿、馬、ヤギなどの草食獣の脚を前後から折りたたむ。
④鹿と猪の脚を垂直に伸ばして爪先立つ。
⑤草食獣の首を後ろに振り向ける。
⑥鳥の頭をいくつも並べて縁飾りにする。
⑦動物の肩から鳥の頭を出す。
⑧一頭の動物の体の中に複数の動物を小さく入れ込む。
これらの特徴のほとんどは、スキタイ以外の美術には見られない（⑤を除く）。
さらに総合的に眺めてみると、次のような点も指摘することができよう。
①草原地帯の西部と東部で多くの特徴は共通するが、年代は東部の方がやや古い。
②西部にはギリシアや西アジアからの影響が見られるが、東部には見られない。
③動物は単独で表現されることが多い。
④猛獣が草食獣を襲ういわゆる動物闘争文様はないが、東部にはその萌芽が見られる。
⑤動物の種類では、鹿、豹か虎が最も多く、次いで猪、ヤギ、馬、鳥の頭が多い。西部ではグリフィンも登場する。

後期スキタイの美術

グレコ＝スキタイ美術

西部では、中間期（前五〜前四世紀前半）を経て後期（前四世紀後半〜前三世紀初め）になると、大きな変化が見られるようになる。西アジアに新たに起こったアカイメネス朝ペルシアの影響も見られないことはないが、それよりもギリシアからの影響が顕著に見られるようになる。そのような美術をグレコ＝スキタイ美術、すなわちギリシア風スキタイ美術と呼ぶ。

グレコ＝スキタイ美術では、パルメット（ナツメヤシの葉が広がったような文様）や唐草のような植物文様が施されるようになったこと、動物表現がより写実的になったこと、そして人間や神々が表現されるようになったことなどが、顕著な傾向として認められる。その一端は、すでにスキタイの起源説話に関する項で紹介した。

これらの作品は、黒海北岸のギリシア人植民都市に住んでいたギリシア人職人が、スキタイの王侯の注文に従って作ったものと考えられている。それでは一般のギリシア美術となんら変わらないのではないかと思われるかもしれない。しかしそこには、スキタイの髪型・服装、日常生活と信仰観念など、文献や考古学資料では判断しきれないことが、垣間見えるのである。以下にいくつかの例を見てみよう。

一九七一年に黒海北岸で発掘されたトヴスタ＝モヒーラ（トルスタヤ＝モギーラ）古墳

女性遺骸の出土状況　1971年発掘のトヴスタ＝モヒーラ古墳。前4世紀中頃。*From the Lands of the Scythians.* The Metropolitan Museum of Art: New York, 1975より

は、高さが八・六メートル（造営当時は推定で高さ一三・五メートル、直径五二メートル）で、現存するスキタイの古墳の中では最大級というわけではないが、二つの墓室のうち一つが荒らされていない状態で見つかったため、注目された。墳丘の中央直下では「井戸」のような竪坑が掘られ、竪坑の底から横穴を掘って中央墓室に通じていた。中央墓室（男性とその従者三人が埋葬されていた）はもちろん盗掘されていたが、その隣にあった女性の墓室に盗掘者は気がつかなかったのである。スキタイでは主人公である男性とその妻は同じ墓室か、あるいは墓室が複数でも中で接続した墓に葬られることが普通だが、この墓の場合、男女の仲が悪かったのか、二つの墓室はつながっていなかった。それが結果的には幸いして、中心から外れた位置にあった女性の墓室（女性と幼児を真ん中にしてその両側に男女各一人）だけは盗掘を免れたのである。女性は全身に金製品をちりばめた状態で発見された。頭には冠、首には首飾り、両腕に腕輪、そして衣服は腐ってなくなっていたが、それに縫い

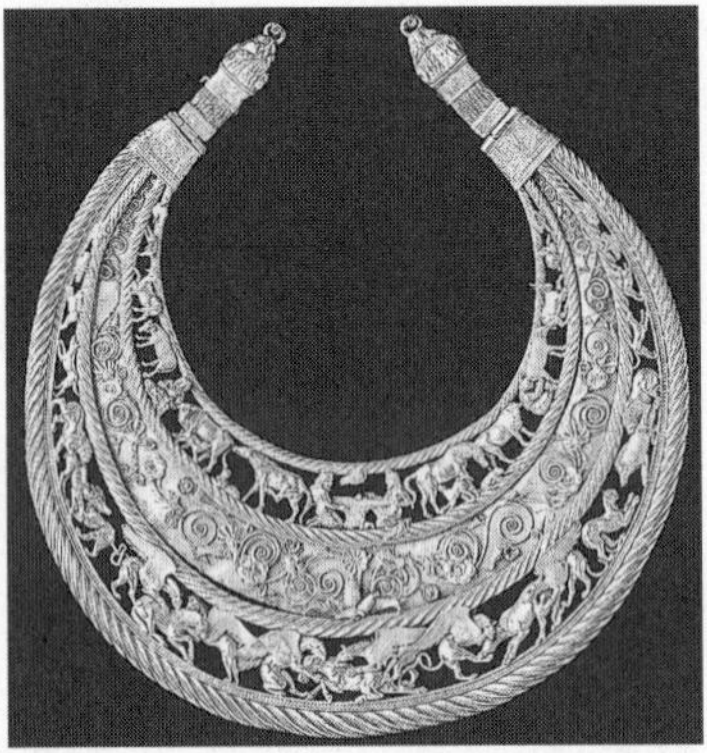

トヴスタ＝モヒーラ古墳出土の胸飾り　女性遺骸がつけていた。径31㎝。キエフ、ウクライナ歴史宝物博物館蔵

つけられていた小さな金製飾板がたくさん発見された。

また、竪坑と中央墓室をつなぐ横穴の通路は天井の土が崩れ落ちてしまっていたため、ここも盗掘の被害からまぬがれ、柄と鞘と金張りの鉄剣や華麗な胸飾りが発見された。胸飾りは、文様帯が三列に分けられている（上の写真参照）。前記のラエフスキーは、文様帯が三つに分かれていることを、印欧語族が一般的に社会を上層（神官）、中層（貴族戦士）、下層（庶民）の三層に分ける観念を持っていることと結びつけて解釈している。しかしそれぞれの文様帯の内容と社会階層とは合っていない。

文様の内容を見てみよう。一番外側には動物闘争文が表されている。中央では二頭の鷲グリフィンが馬を襲い、その両脇ではライオンと豹が猪や鹿を襲い、さらに犬がウサギを追い、その先にバッタがいる。この鷲グリフィンは、前四世紀頃のギリシア・クラシック期に典型的な表現である。二番目の文様帯には花とつる草、鳥が表されている。

内側の文様帯にはスキタイの日常生活が描かれている。中央に羊の毛皮を引っ張って糸で縫っている二人の半裸の男、次いで馬と牛の親子、女性と子供による搾乳風景、ヤギ、鳥と続く。現在の中央ユーラシアの遊牧民でも、搾乳は女性と子供の仕事である。また現在でも牛馬の搾乳をする場合には、まず子牛・子馬に母馬（牛）の乳首を含ませ、乳が出始めたらすぐに子を離して人間が間髪をいれずに搾乳を続ける。左側には壺を持つ女性も表現されており、子牛が乳を飲み始めたらすぐに入れ替わろうと待ち構えているのであろう。このようにグレコ＝スキタイ美術からは、スキタイ文化に関するさまざまな情報を得ることができるのである。

サカとスキタイ

第二章でアッシリアがメディアと新バビロニアの連合軍によって滅ぼされたことを述べた。その後西アジアでは新バビロニアが一時大勢力となったが、前六世紀後半にイラン高原に起こったアカイメネス朝が、アッシリアをしのぐ大帝国を建設した。アカイメネス朝が西方へ進出してギリシア諸都市と衝突したことはよく知られているが、東方へも遠征を行い、中央アジアの草原でサカと総称される騎馬遊牧民と接触することになった。

イラン西北部のビーストゥーン碑文などによると、アカイメネス朝はサカを以下の三種に分けていた。それは、サカ＝ティグラハウダー（尖り帽子のサカ）、サカ＝ハウマヴァルガー（ハウマを飲む、あるいはハウマを作るサカ）、そしてサカ＝（ティヤイー＝）パラドラヤ（海のかなたのサカ）である。ハウマとは、霊草、薬草から作る酒と考えられているが、実態はよくわからない。

サカ＝ティグラハウダーは中央アジアの中でもやや西より、サカ＝ハウマヴァルガーはやや東よりに住んでいたとする考え方もあるが、それほど根拠があるわけではない。一方、「海のかなたのサカ」は、「海」をカスピ海もしくは黒海と解釈すれば、北カフカスから黒海北岸にいる騎馬遊牧民、すなわちギリシア文献に出てくるスキタイということになる。

ヘロドトスはサカをサカイと表記し、前四八〇年にクセルクセス一世（在位前四八六〜前四六五年）のギリシア遠征（前四八〇年）に参加した一部隊として、「尖り帽子のサカイ」について言及している。

サカイ、すなわちスキタイは、先が尖ってピンと立ったキュルバシアという帽子を頭にかぶり、ズボンをはき、自国産の弓、短剣、さらにサガリスという（双頭の）戦斧を携えていた。彼らは「アミュルギオンのスキタイ」なのであるが、ペルシア人は彼らをサカイと呼んでいた。というのは、すべてのスキタイにサカイという名前を与えていたからである。（『歴史』巻七、64）

アミュルギオンがどこを指すかはまだわかっていないが、ギリシア人がスキタイと呼んでいるものとペルシア人がサカ（サカイ）と呼んでいるものとは同じだとするヘロドトスの解釈は、おそらく正しいだろう。南方の定住地帯に住む人々は、北方の草原地帯に住み同じような文化を持つ騎馬遊牧民をスキタイとかサカなどと総称したのであろう。とすれば、同じ言語を話し、同じ人種に属していたかどうかとは関係なく、西は黒海北岸から東は中央アジア、さらにアルタイ、トゥバを越えてモンゴル高原に至るまで、文化的に近い騎馬遊牧民をスキタイと呼んでも間違いではなかろう。本書でトゥバやアルタイで出土する前八～前四世紀のものをスキタイ文化と呼んでいる文献上の理由が、ここにある。

それならば全体をサカ文化と呼んでもよさそうなものだが、欧米の学界ではギリシア語文献による研究の方が進んでいたため、もっぱら「スキタイ」の名が使われることになった。そして中央アジアの騎馬遊牧民についてだけ、「サカ」の名称が適用されることになった。

やや前置きが長くなったが、次に中央アジアのサカの美術を見てみよう。

尖り帽子のサカ

サカの初期の美術については、前節でも触れた。またピョートルのシベリア＝コレクションの大部分も、サカ美術に含めてよいだろう。

後期のサカ美術で由来のはっきりしているものとしては、イッシク古墳の出土品がある。まだソ連時代の一九六九年、カザフスタンの大都市アルマトゥから東へ五〇キロメートルほどのイッシク（現在のカザフ語表記ではエシクEsik）市北部で、トラック工場が建設される際に敷地内の古墳が緊急調査された。考古学者が駆けつけたときにはすでに墳丘はなかったようで、報告書には墳丘の断面図と平面図はない。本来は直径六〇メートル、高さ六メート

イッシク古墳出土の「黄金人間」　レプリカ。カザフスタン国立中央博物館蔵

ルだったという。しかしこの調査は豪華な出土品をもたらした。中央の墓坑は完全に盗掘されていたが、そこから南に一五メートル離れたもう一つの墓坑は、荒らされずに残っていたのである。

発見された遺骸は、金ずくめであった。尖り帽子、丈の短い上着、ベルト、ブーツ、剣と鞘は、さまざまな動物文様や幾何学文様の金製品で飾り立てられ、さらに金製の管を三重半巻いた形のトルク（首輪）と指輪を身に着けていた。このように頭のてっぺんから足の爪先まで金で覆われていたため、この被葬者は「黄金人間」と称されるようになった。

特に注目されたのは、「尖り帽子」である。帽子の本体（革製か？）は朽ち果てていたが、装飾品の出土状況からその形状が復元されたのである。尖り帽子と言えば、尖り帽子のサカ、すなわちサカ゠ティグラハウダーを想起させる。そこでカザフスタンの考古学者は、サカ゠ティグラハウダーの本拠地はこの遺跡のあるカザフスタン南部であろうと推定した。しかし尖り帽子ははるか西方のクリミアのクル＝オバ古墳出土の壺にも表現されており（七三頁参照）、カザフスタン南部だけに限定されるものではない。スキタイ時代には広く着用されていたのだろう。

それよりも私が注目するのは、動物文様の特徴である。ベルトを装飾していた鹿の脚の折り曲げ方は、初期スキタイ時代と同じである。鹿の枝角の先一つ一つが鳥か獣の頭のようになっている。鳥の頭とすれば、それを連続させて縁飾りとした初期スキタイ美術の特徴の変形とみなすこともできる。また鹿の肩から鳥の頭が出ている例も、初期に見られた。ただしイッシクでは鳥の頭に耳がついているので、これはただの鳥ではなく、鳥グリフィン、あるいは鷲グリフィンと言わなければならない。

体をひねった動物表現

次に、初期にはなかった特徴を指摘しよう。帽子につけられた装飾の一つに、豹が一八〇度体をひねって現実にはありえない姿態を見せているものがある。ほかにも剣の鞘の装飾で、体を一八〇度ひねった馬や鹿の装飾がある。スキタイ美術以外では見ることのできないこの独特な表現は、一体どこに由来するものであろうか。それはおそらく、草原地帯東部に後期になってから導入された動物闘争文様と関係があると思われる。シベリア＝コレクションの帯金具に見られるように、動物闘争文様ではしばしば一八〇度体をひねった動物が見られるからである。イッシクの豹と馬は、襲う猛獣と襲われる草食獣をそれぞれ単体で表現し

イッシク古墳出土の鹿形帯飾板　鹿の枝角の先が鳥か獣の頭のようになっている。長さ8.6㎝。カザフスタン考古学研究所蔵

イッシク古墳出土の豹形帽子飾板　豹が180度体をひねっている。5.5×3.7㎝。カザフスタン考古学研究所蔵

たものと見ることができる。

サカの動物闘争文様の起源は、アカイメネス朝美術に求めるのが有力な説である。ただしアカイメネス朝には襲われる草食獣が首を後ろに向けているものはあるが、一八〇度体をひねったものはない。襲われた草食獣が痛みに耐えかねて身をよじっているところを極端に表現したものとする説もあるが、それでは襲う猛獣も体をひねっていることを説明できない。ひねりの理由はよくわからないが、ともかくこの表現は東部の後期スキタイ美術に流行することになる。

イッシク古墳の年代については、三重半の首輪など、スキタイよりもあとのサルマタイ時代に流行する要素を含んでいるので、スキタイ時代からサルマタイ時代への移行期、前三世紀ではないかと思われる。

ここで、後期スキタイ美術になってはじめて現れた特徴をまとめておこう。
①猛獣が草食獣を襲う動物闘争文様が現れる。
②体を一八〇度ひねった独特なモチーフが現れる(東部のみ)。

アルタイの奇跡

カザフスタンの東部を流れる大河イルティシュを越えると土地はにわかに隆起し、アルタイ山脈へと続く。先に指摘したように、アルタイには後期のスキタイあるいはサカと結びつく遺跡が多い。その中でもとりわけ重要なのが、凍結墓で有名なパジリク古墳群である。

アルタイとは「黄金」を意味するトルコ語のアルトゥン、モンゴル語のアルタンと関係がある言葉で、中国の唐代初期に編纂された『周書』にも、「金山」という名称で登場する。現在でもアルタイでは金の採掘が行われている。従って、スキタイ時代に造営されたアルタイの特に大型古墳には、本来金製品がたくさん副葬されていたと想像されるが、今のところアルタイでは未盗掘の豪華な古墳は発見されていない。しかし考古学的には金に勝るとも劣らない遺物が発見された。

一九二九年にアルタイ北部のパジリク（パズルク）にある古墳群に、調査団がはいった。ここにはそれほど大規模な古墳はないが、比較的大きい五基の古墳のうち、一号墳が発掘された。もちろん盗掘を受けていたが、それは墓を造った直後に行われたようだ。墓泥棒は墳丘の真上から穴を掘って地下の墓室に侵入し、金銀製品だけ選び出して持ち去った。墓の造営はおそらく気候のよい夏の前後だろう。アルタイでは夏にしばしば激しい夕立が降る。盗掘の穴から雨水が流れこみ、墓室の底は水浸しになった。

木や皮革、繊維製品など、有機質の遺物がよく残る条件の一つは、水に浸かっていることである。要するに、空気に直接触れないことがよい。アルタイは冬が長く厳しい。八月末にはもう雪が降り始め、真冬にはマイナス四〇度まで下がる。墓室内の水は当然凍結する。しかし翌年の夏になっても氷は解けなかった。アルタイの夏は短く、地表から五～六メートルの穴の底では、解ける間がなかったのである。盗掘坑からは土石も流れ込み、いつの間にか盗掘坑もふさがってしまった。それでも夏には地表から雨水が浸透したが、その水は氷を解かすどころかむしろそれを大きくし、地下墓室の周りには巨大な氷のレンズが形成されていった。かくして有機質の遺物は、水浸しよりもさらに条件のよい冷凍の状態で保存されることになったのである。

パジリクでは一九四七～四九年に残りの大型古墳（二～五号）も発掘され、すべて凍結古墳であることが確認された。そしてそこからは、木製の馬車、革製の鞍《くら》、色鮮やかな馬具装飾、ペルシア風絨毯《じゅうたん》、巨大なフェルトの壁掛け、馬の遺体、刺青《いれずみ》された人間の皮膚など、通常では望むべくもない貴重な遺物が、次々と出土したのである。

その後しばらく、凍結古墳発見の報はなかった。ソ連時代のペレストロイカの末期、ようやく西側の外国人にも国境近くの遺跡探訪が許されるようになり、一九九一年夏、日本や欧米の考古学者、ＮＨＫ取材班を含む多国籍調査団がアルタイのウコク高原で凍結古墳再発見に挑んだ。しかし発掘した古墳は、かつては凍結していたらしいが、調査時点では氷はほとんど解けており、遺骸はすでに朽ち果てていた。

地球温暖化の影響がアルタイの高地にまで及び、もはや凍結古墳は残存していないのでは

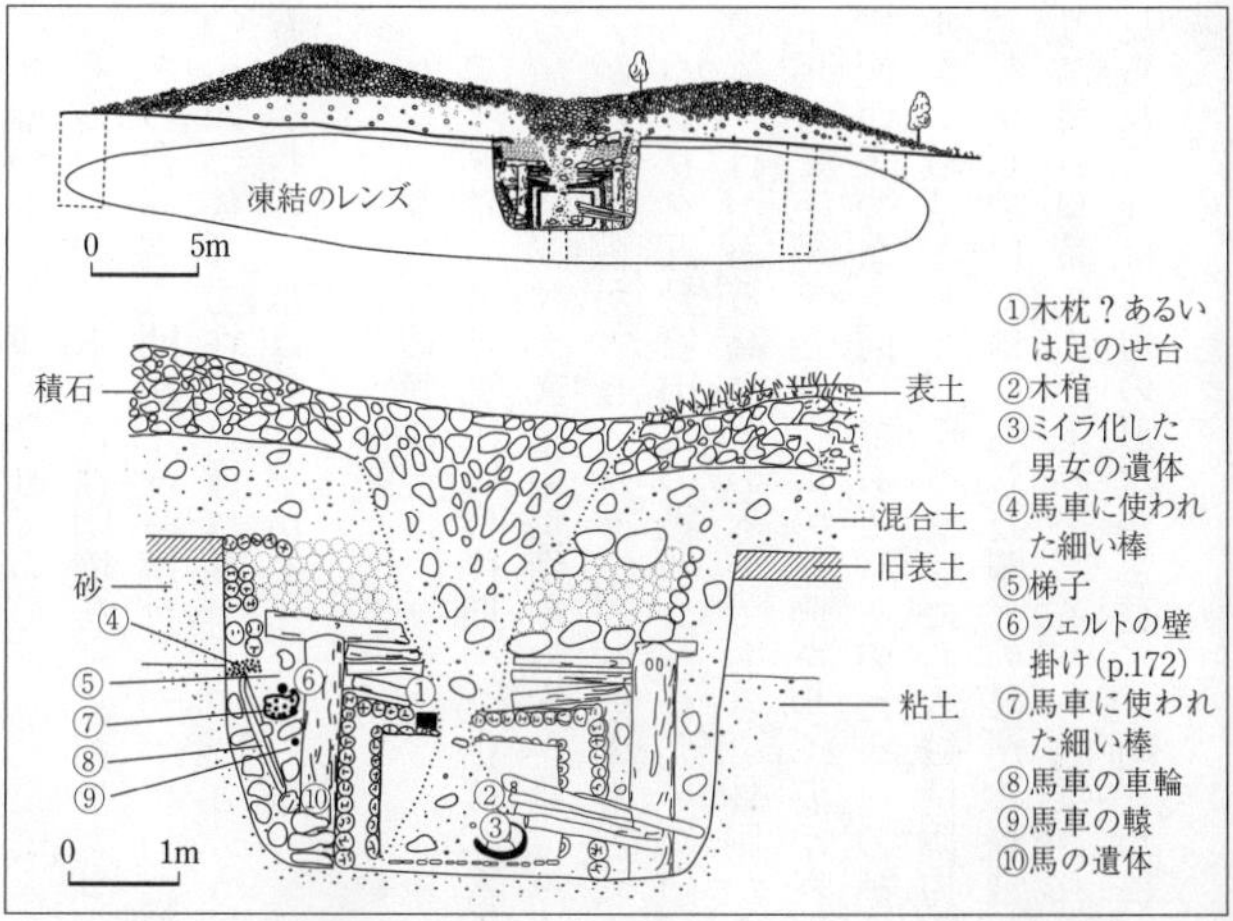

パジリク５号墳断面図　地下墓室の周りには巨大な氷のレンズが形成されていた。S. I. Rudenko. *Frozen Tombs of Siberia.* J. M. Dent & Sons: London, 1970をもとに作成

ないかという声も聞かれ始めた矢先の一九九三～九四年、アク＝アラハ第三墓地では女性を埋葬した凍結墓が、ヴェルフ＝カルジン第二墓地では男性の凍結墓がそれぞれ発見された。いずれもパジリクほど豪華な墓ではなかったが、刺青のあるミイラ化した遺体やフェルトなどが出土した。現在ミイラはシベリアの中心都市ノヴォシビルスク近郊にある考古学・民族学研究所に保管されている。しかしソ連解体後にロシア連邦を構成する一共和国として自治権を得たアルタイ共和国（外交権はない）では、ミイラを地元に戻そうとする返還要求運動が起こっている。またこれに関連して、地元住民の反発が強いため、アルタイでは凍結墓

の発掘が事実上凍結されている。

そこで二〇〇六年には国境を越えたモンゴル領内で調査が行われ、モンゴル・ドイツ・ロシアの合同調査団が、やや解けかかっていた凍結墓を発見した。速報によれば、被葬者は三〇～四〇代の男性で、髪はブロンドだという。そこは標高二六〇〇メートルの高地であるにもかかわらず氷は解けかかっているので、やはり地球温暖化の影響が危惧される。

パジリク文化の特徴

アルタイのスキタイ時代後期の文化は、古墳群から名をとってパジリク文化と呼ばれている。次にパジリク文化の美術的特徴を見てみよう。全体的に見ると、アカイメネス朝ペルシアからの影響が大きいが、土着的要素も色濃く認められる。

パジリク五号墳出土の絨毯（一八九×二〇〇センチ）は、一〇センチ四方の中に三六〇〇の織り目がある高品質のものである。外側から二番目の文様帯には、帽子をかぶった騎士が下馬して手綱をとり、馬の左側を歩く姿が表現されている。これはペルセポリスの浮彫りと構図がまったく同じである。そのためこの絨毯はペルシア産とみなされ、現存する最古のペルシア絨毯として、テヘランにある絨毯博物館にはこのレプリカが展示されている。

しかし絨毯では下馬した騎士のほかに騎乗した騎士も表現されているのに対し、ペルセポリスでは皇帝への献上品であるから騎乗されている馬はいない。さらにその内側の文様帯に見られる鹿は、角の形状から見て、明らかにヘラジカである。ヘラジカはユーラシアでは北

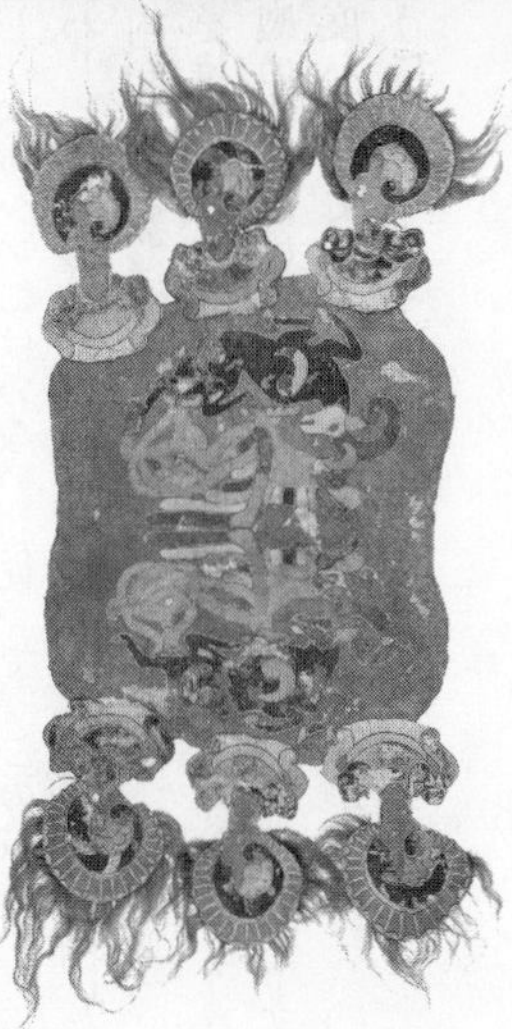

アルタイの奇跡、パジリクの凍結墓　南シベリアの山岳地帯アルタイのパジリク古墳では盗掘坑から流れ込んだ雨水が凍結し、冷凍保存された墓室から木、革、フェルト製品などがほぼ当時のままの状態で出土した。上：絨毯（部分）。10センチ四方に3600の織り目がある高品質で、現存する最古の絨毯とされている。その文様には、馬と騎士、ヘラジカ、グリフィンが表されている。エルミタージュ美術館蔵。左：フェルト製鞍覆い。グリフィンがヤギを襲う動物闘争文様が表されている。エルミタージュ美術館蔵

欧やシベリアの亜寒帯の森林地帯に生息し、ペルシアにはいない。従って、この絨毯が本当にペルシア産であるかどうかはかなり疑わしく、むしろアルタイ産の可能性の方が高い。ただし肩や尻の文様にはアカイメネス朝美術からの影響が見られる。

馬の鞍（まだこの当時は木製の骨組みを持つ硬式鞍はなく、座布団かクッションのような軟式鞍であった）を覆っていたフェルト製の装飾には、グリフィンがヤギを襲う動物闘争文様が表現されている。ヤギは体を一八〇度ひねっている。襲われている草食獣が体を一八〇度ひねるモチーフは、すでに指摘したように、後期スキタイ美術の特徴である。

グリフィンの伝播

さらにこの鞍覆いでは、襲いかかるグリフィンにも注目したい。グリフィンとはライオンと鷲を合体させた空想上の動物のことで、古代ギリシア世界が与えた名称である。しかし古代ギリシアの時代よりはるか以前からメソポタミア、イラン、エジプト、エーゲ海地方などでも知られていた。それらの地域では独自の名称があったが、現在ではすべてグリフィンの名のもとに、その発生・伝播・系譜が語られている。

一般に頭が鷲のものを鷲グリフィン、ライオンのものを獅子グリフィンと呼ぶ。エーゲ海、ギリシア方面での美術に見られるのはもっぱら鷲グリフィンで、そのギリシア＝アルカイック期の例が北カフカスの初期スキタイ美術に入り込んでいることはすでに見た。その後、クラシック期（前五～前四世紀）になると、後頭部から背中にかけてぎざぎざの背びれが生えた鷲グリフィンが典型的となる。

一方、同時代のアカイメネス朝では、鷲と獅子の両グリフィンがいるが、どちらもヤギ角を生やしていることが多く、長い耳を持ち、首筋には一列の短いたてがみが生え、翼は捲れ返り、腹部にやや跳ね上がる腹毛があり、尻には弓形の文様が見られ、前脚がライオンで、後脚が鷲になっている。腹毛は普通のライオンにも必ず表現され、尻の文様はアカイメネス朝のほとんどすべての動物表現に見られるので、グリフィンだけの特徴というわけではない。

正確な出土地点は不明だが中央アジア南部のアム＝ダリヤ（古名オクサス）中流域出土と思われる腕輪には、典型的なアカイメネス朝の鷲グリフィンが造形されている。スーサの獅

動物闘争文帯金具　180度体をひねった動物表現は、後期スキタイ独自の様式。長さ12.3㎝。エルミタージュ美術館蔵

鷲グリフィン装飾の金製腕輪　前５世紀。アム＝ダリヤ中流域出土。ヴィクトリア＝アンド＝アルバート美術館蔵

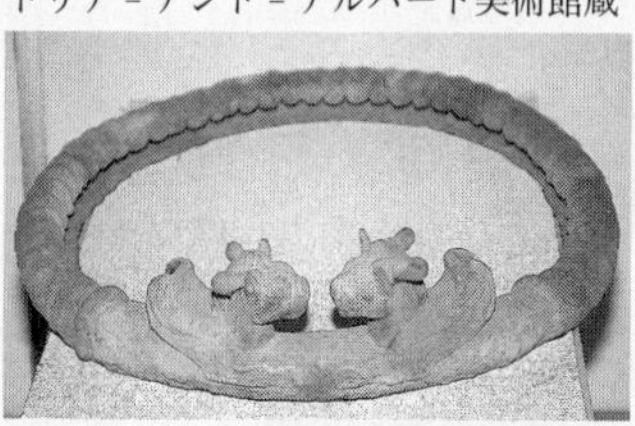
獅子グリフィン装飾の青銅製釜の縁飾り（復元）　新疆、新源県出土。直径42.5㎝。伊犂哈薩克自治州文物保管所蔵

子グリフィンとほとんど同じ表現だが、尻に弓形のほかに小円がつけ加えられている。この方がアカイメネス朝の動物表現としては一般的である。どこから見ても非の打ち所のない典型的なアカイメネス朝美術の要素を備えているので、この腕輪はアカイメネス朝の宮廷工房で作られたのではないかと考えられている。

サカの美術として先に紹介したシベリア＝コレクションの帯金具にも馬を襲う獅子グリフィンが表現されている。このグリフィンは、角、耳、たてがみ、翼、いずれもアカイメネス風であるが、尻の文様がやや異なっている。小円をはさんでゆがんだ三角形が二つ見られる。また尾の先が葉状になっている点も異なる。これらはサカの好みによって変えられたのであろう。

出土地がはっきりしている例としては、中国新疆《しんきょう》ウイグル自治区の天山山中を流れるイリ川上流域の出土品がある。これはサカに愛好されたおそらく儀式用の釜（学術用語では鍑《ふく》という）の縁に置かれた装飾であるが、オクサス遺宝の腕輪のように、二頭の獅子グリフィンが向かい合っている。耳、角、たてがみ、翼は、いずれもこれがアカイメネス朝の獅子グリフィンを模倣したものであることを物語っている。

最も早く開かれたシルクロード――草原ルート

もう一度、先のフェルト製鞍覆いを見てみよう。グリフィンの尻の文様は、弓形に小円とゆがんだ三角形であるから、サカ的変容を経たアカイメネス風ということができる。翼の下に長く伸びた文様は、腹毛を表しているのかもしれない。一方、首筋に見られるぎざぎざの背びれは、明らかにクラシック期ギリシアのグリフィンの特徴である。翼が捲れ返っていない点もギリシア風である。従って、この鷲グリフィンにはアカイメネス朝ペルシアとクラシック期ギリシアの両方の要素が入っているのである。

ペルシアからの影響は、中央アジア南部から天山を通ってアルタイに達したことは明白である。それではギリシアからの影響はどのルートを通ってきたのだろうか。前三三〇年にアレクサンドロス大王がアカイメネス朝を滅ぼしたあとであれば、ペルシア経由ということも考えられる。しかしギリシア文化、この時代の言い方をすればヘレニズム美術が中央アジアに定着するのはそれより一世紀近く遅れて前三世紀中頃のことと考えられている。パジリク美術にアカイメネス朝の影響が色濃いことを考慮すれば、パジリクの年代はアカイメネス朝が存在した時代と重なり、従って、ギリシアの要素がペルシア経由で来ることはありえない。

考えられるコースはただ一つ、ギリシア人植民都市のある黒海北岸から草原地帯を東へたどり、アルタイにいたるルートである。このルートについてはヘロドトスも記しており、草原地帯の東部と西部でスキタイ時代に同じような文化が栄えていて交流があったことを考慮すれば、可能性はかなり高い（グリフィンの図像の伝播を通じて見た東西文化交流について、くわしくは拙著『グリフィンの飛翔』雄山閣、二〇〇六年を参照されたい）。

ところでパジリク三号墳と五号墳からは、中国産の絹織物が出土している。また大型古墳ではないが近くの六号墳からは中国の戦国時代（前四〜前三世紀）の鏡が出土している。まだ中国が西アジアやギリシアのことを知らず、西方でもまた東アジアの存在を知らなかった時代に、アルタイの人々はペルシアとも、ギリシアとも、また中国とも交流があったのである。

シルクロードは、一般にユーラシアの東西を結ぶ交流の道と考えられている。それでは、ローマと北京（戦国～漢代は燕《えん》国）を結ぶ最短コースはどこを通っているか、手元に地球儀がある方は、紐で両都市を結んでいただきたい。行程のほとんどが草原地帯を通り、その途中にはアルタイがあることがおわかりになるだろう。またこのルートには、越えがたい大山脈や砂漠もない。ある程度大きな領域を支配する遊牧政権が何がしかの通行税の代わりに通行の安全と治安を確保してくれれば、東西間の移動にはこのルートが最も確実で簡単なのである。

シルクロードというと、一般にはすぐオアシスルートを連想されるようだ。映像では、ラクダを率いた隊商が砂漠を越えてゆくと、かなたに緑のオアシスが見えてくるというようなシーンが、必ず挿入される。しかし張騫《ちょうけん》が開いたというオアシスルートよりも二〇〇～三〇〇年前に、アルタイを結節点として、草原地帯を通る交流の道、いわゆるシルクロードの草原ルートが開かれていたのである。

第四章　草原の古墳時代

初期スキタイ時代の大型古墳

スキタイと同時期に花開いたさまざまな文化

スキタイ文化が花開いた前八／前七世紀から前四世紀にかけての時期には、ユーラシア大陸の西部で独特な金属工芸美術をもつ文化が各地に生まれた。まず中央ヨーロッパを中心とする後期ハルシュタット文化、これはケルト人の残した文化と考えられている。次に、イタリア半島中北部のエトルリア文化、これを残したエトルスク人は言語系統不明の謎の人々である。さらに、バルカン半島には、華麗な金銀製品で知られるトラキア文化とダキア文化が栄えた。海峡を渡ったアナトリアには、巨大な円墳を造ったリュディア王国とフリュギア王国があった。アナトリアの東部には、アッシリアの影響を受けつつも独自の文様を発達させたウラルトゥ王国があった。そして、カフカス北方の草原地帯には、スキタイ文化圏が広がっていた。

これらの文化のほぼ中心にあたるバルカン半島では、早くも新石器時代の終わり頃から金製品が単純な神像や装身具として作られていた。また銅製品もこの地域ではいち早く生産されていた。そのような伝統の上に生まれたこれらの文化は、それぞれ独自性が強く、その美術作品も一見してどの文化に属するかわかるほど個性豊かであるが、同時に相互に影響を与えた跡も見受けられる。もちろん、先進文明地帯である地中海世界や西アジアからの影響も認められる。

また美術様式以外にも、首長は大型円墳を築くという共通点もある。ただし墓室の構造が時期により異なる。比較的時期の新しいエトルリア（円墳の規模は小さい）、トラキア、リュディアと終末期のスキタイは、墓室が切石造りであるが、これはギリシア文化の影響と思われる。これに対し、時期の古いハルシュタットと初期スキタイ、フリュギアの墳墓は、墓室が旧地表面上に造られた木槨《もつかく》であることと一部に馬の埋葬を伴う点に共通する特徴があり、さらにハルシュタットとスキタイでは円墳の周りに石囲いをめぐらし、ときには墳頂に石人を立てることもあった。

そのためこれらの墳墓は起源的に関係があったのではないのか、とくにハルシュタットとフリュギアについてはスキタイの墳墓が影響を与えたのではないのか、とする説もある。たしかに後期ハルシュタットの墳墓はよく似ているが、美術様式などはまったく異なるため、影響はあったとしてもきわめて表面的なものだったろう。またフリュギアの墳墓は前八世紀末か前七世紀初であり、スキタイが北カフカス・黒海北岸に登場するのとほぼ同時かむしろやや早いくらいであるため、関係を認めることは困難である。

これらは相互に関係があるというよりも、同じ時代に属していたということに意味がある

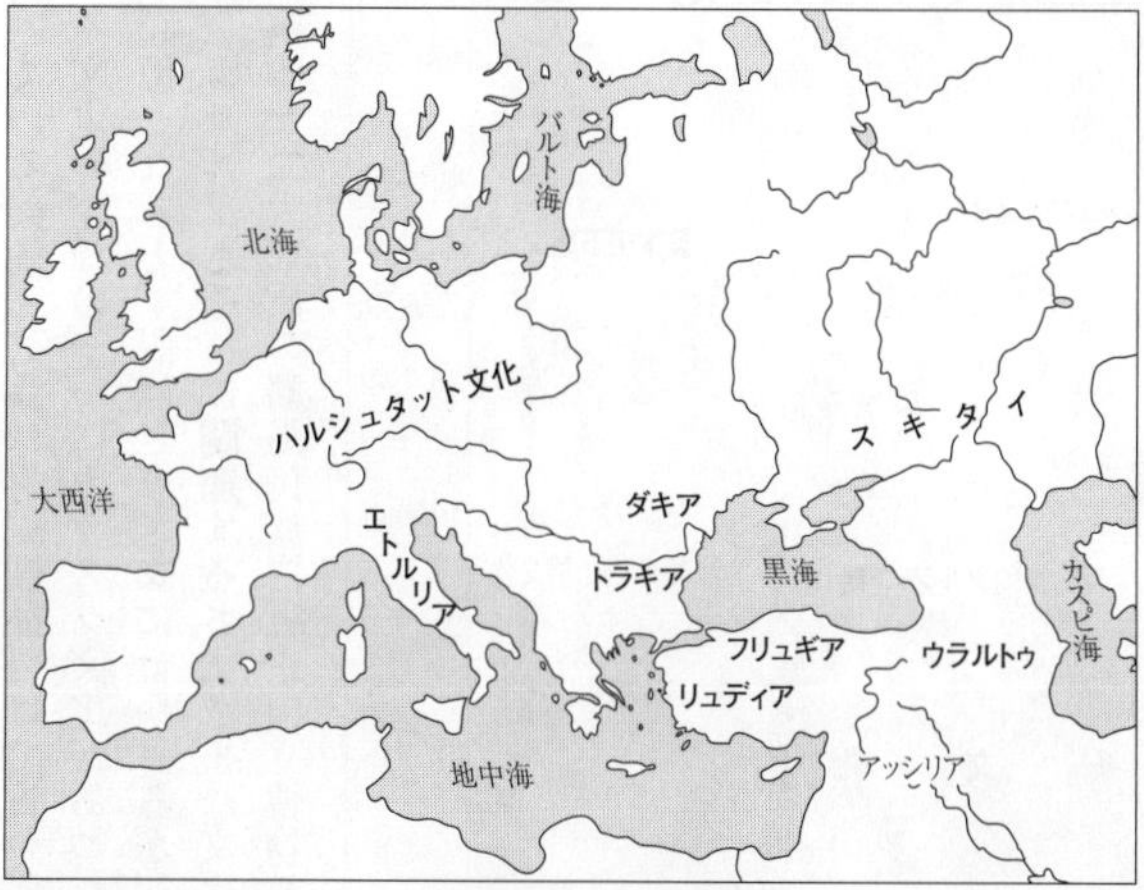

前8～前4世紀のユーラシア西部　各地で独特な文化が生まれた

のではないだろうか。青銅器時代から初期鉄器時代へと移行して生産力は高まり、それを背景にして富を蓄える権力者の地位と権勢はますます強くなった。また地中海世界や西アジアの先進文明との交流で高度な技術工芸品に接し、自らの美的意識を十分に表現できるようにもなった。そして王が登場し、その王権を象徴するものとして巨大な墳墓を造り、豪華な金属工芸品を副葬して、権力を誇示するようになった。これらの地域では、まさに時代が大型古墳を要求していたのである。

ただしスキタイ文化には、他の文化とは大きく異なるところがある。それは分布範囲がきわめて広いということである。そして、西部よりも東部の方がやや古い。東部には、スキタイ文化に先行してカラスク文化があった。カラスク文化の遺物として残

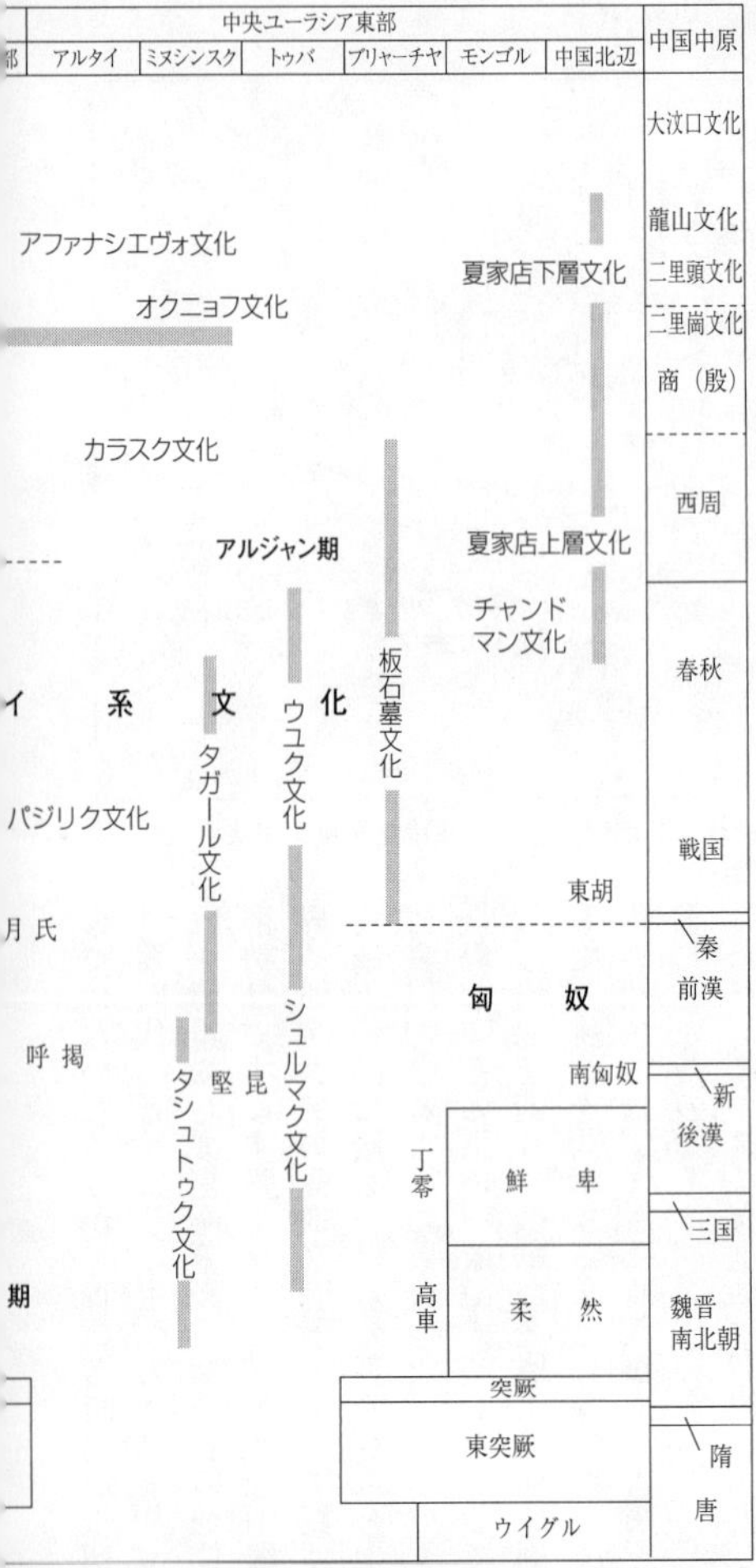

っている美術工芸品は青銅製品だけで貴金属工芸品は今のところ知られていないが、スキタイ文化の起源の一つにカラスク文化があったことは間違いない。さらにそのカラスク文化の起源となると、説はさまざまに分かれるが、最近では中国北方との関係が注目されている。

カラスクとそれに関連するさまざまな文化の青銅製品については、高濱秀「中国北方の青銅器」（『大草原の騎馬民族』東京国立博物館、一九九七年）にくわしいので、そちらに譲る

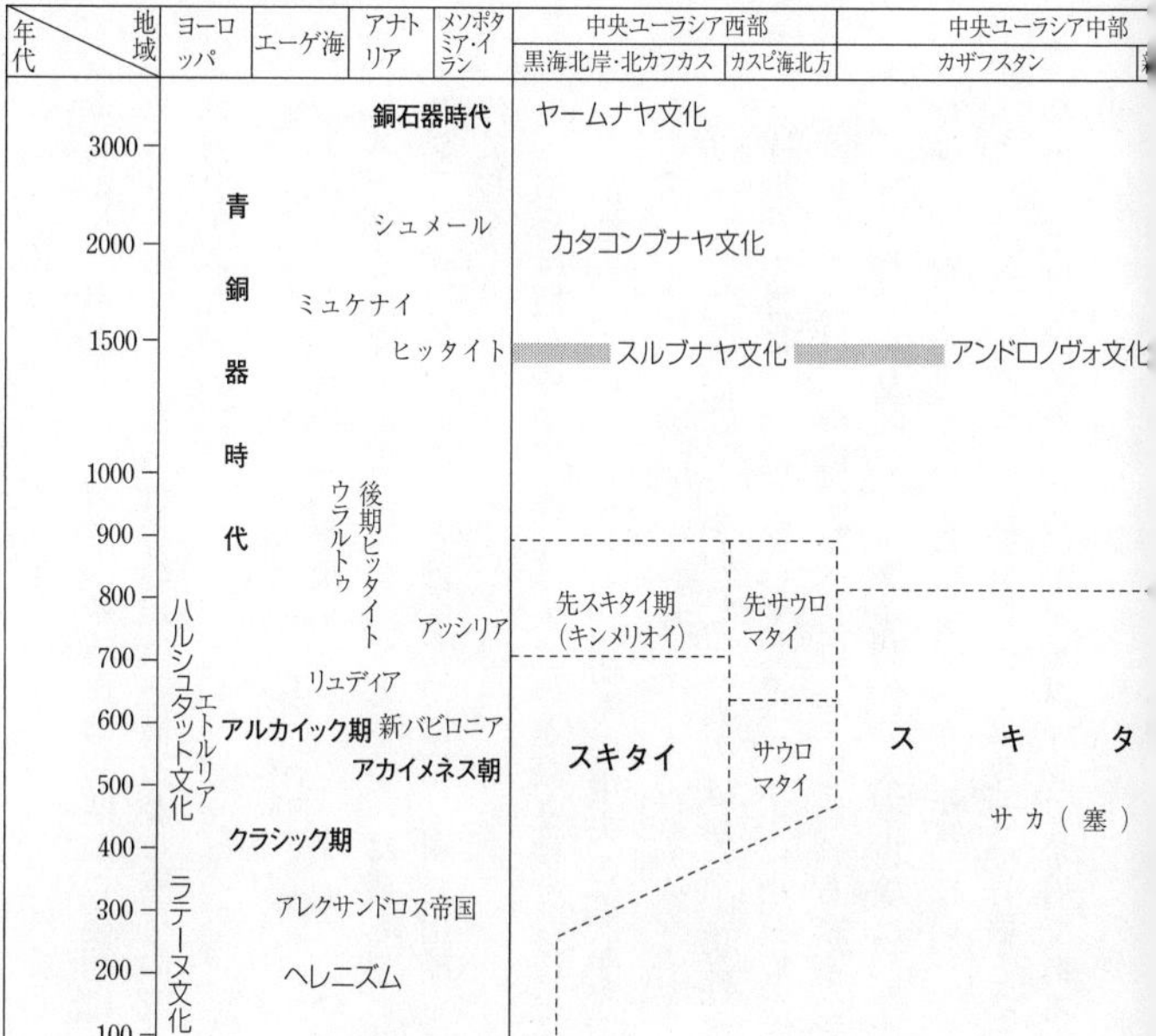

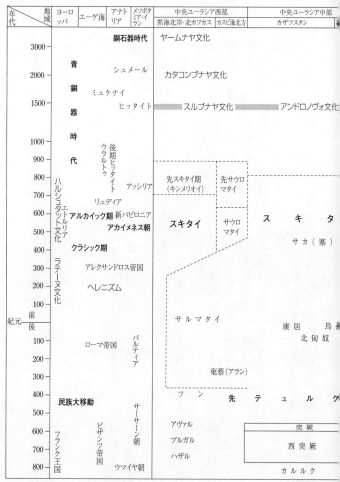

中央ユーラシアの編年表

こととし、本書では、スキタイ時代の初期から後期にかけて、大型古墳にどのような変遷が見られるのか、またそれらの規模と構造から王権の成立と判断できるかどうかという問題を検討してみたい。

アルジャン一号墳と二号墳

スキタイ世界では東部に位置するトゥバに最も早い時期（前九世紀末〜前八世紀初）のアルジャン一号墳があることは、すでに第二章で指摘した。その構造上の特徴をもう一度まとめておく。

①墳丘は積石塚で、直径は大きいが高さはそれほどでもない。
②旧地表面上に丸太を井桁に組んで中央の墓室を造り、その周りにも多くの木槨を設けた。
③「王」と「王妃」と思われる二人のほかに、男性一五人、一六〇頭の馬が確認された。
④墳丘の外に、西側を除いて二重、三重に小石堆がめぐっている。
⑤小石堆には、葬儀で食べられたと思われる家畜の骨が多数発見された。

これとそっくり同じスキタイ時代の大型古墳は、今のところ発見されていない。また、これほど古いスキタイ系の古墳も見つかっていない。

ところでアルジャン古墳群には、外見が一号墳とそっくりで規模はそれを一回り小さくしたような古墳がある。それがアルジャン二号墳である。その出土品については第三章で触れたので、ここではその構造について述べることにしよう。

墳丘は積石塚で直径が八〇メートル、高さが二メートルあり、周りを二〇〇基以上のストーンサークルが三重か四重になってめぐっている。大きいものが直径八〜一〇メートル、小さいものが二メートルである。ストーンサークルは墳丘の南と南東では欠けているが、道路建設の際に破壊されたのではないかと報告者は推定している。ストーンサークルの中には焼け焦げた薄い層と石灰化した獣骨が発見された。この状況は、一号墳の周りの小石堆と同じである。

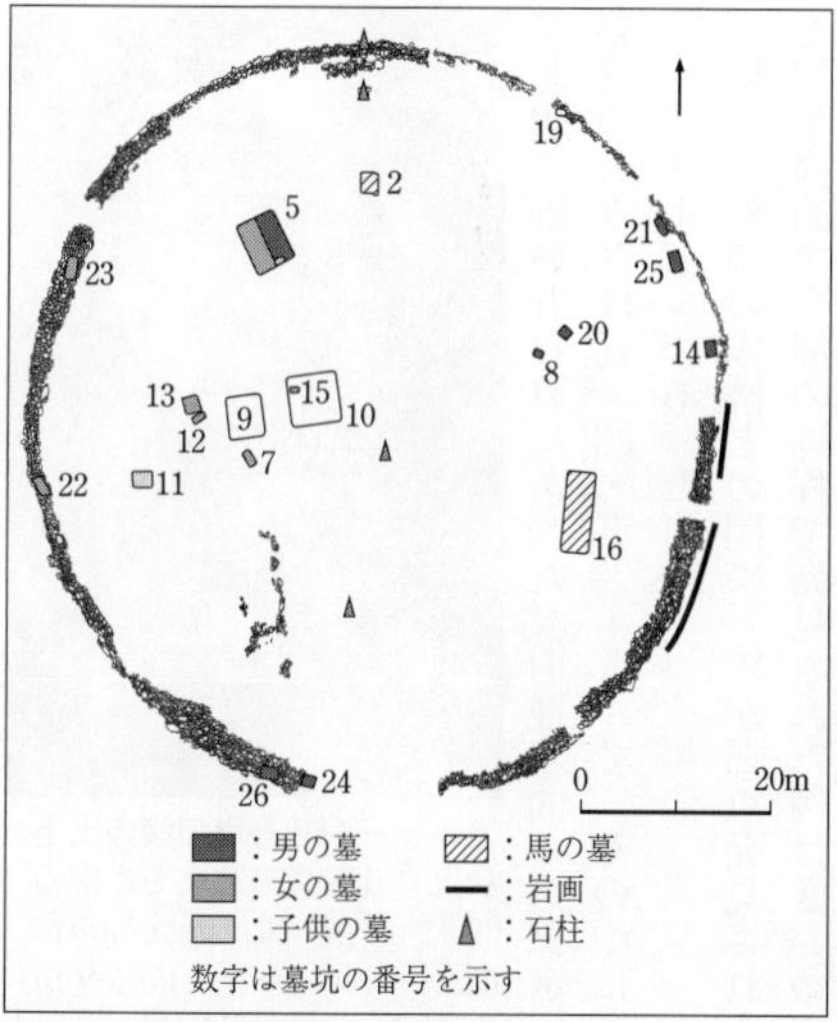

アルジャン２号墳の平面図　墳丘下にいくつもの墓坑が発見された。*Eurasia Antiqua* 9, 2003をもとに作成

墳丘の外周をなす石囲いの下も含めて、墳丘下のあちこちに墓坑が発見された（中には後世の再利用墓もある）。中心に近い一〇号と隣の九号墓坑には、盗掘者が上から侵入したすり鉢型の穴があった。墓坑の中はもぬけのからであったが、報告者によるとそれは盗掘のせいでは

アルジャン２号墳の鍑の出土状況　５号墓の墓坑と木槨の間に発見。*Archaeological Discoveries in the Valley of the Kings, Tuva.*より

なく、始めからまったく何も入れられていなかったという。盗掘者をだます偽の墓ではないかという判断である。

その策が効を奏したためか、本当の墓は荒らされることなく、ほぼ完全な状態で発見された。この古墳の主人公とも言うべき男女の遺骸は、西北辺に近い五号墓にあった。旧地表面から深さ三メートルのところに木槨の天井が現れ、墓坑の大きさは五×四・五メートルで、その中に二重の木槨があり、内側の槨室は二・六×二・四メートルであった。

墓坑と外側の木槨との間に、鍑《ふく》が二点発見された。鍑はほとんどが偶然に発見されたもので、学術的な発掘の過程で発見された例はきわめて少ない。その意味でもこの発見は重要である。

「王」と「王妃」、殉死者、馬の埋葬

男女の遺骸は、きれいに削られた床板の上に、考古学上の用語で左横臥《おうが》屈肢、すなわち左腋《わき》を下にして脚を曲げた状態で発見された。写真（一五三頁参照）では右側が男性で左側が

５号墓「王墓」の出土状況　左横臥屈肢の状態で発見された男女の遺骸。荒らされることなくほぼ完全な状態だった。*Eurasia Antiqua* 9, 2003より

「王」と「王妃」の服飾推定復元画
Eurasia Antiqua 9, 2003より

女性、つまり男性の背後に女性が置かれていることになる。織物や皮革はほとんど残っていなかったが、床にはフェルトの絨毯《じゅうたん》が敷かれていたとおぼしき痕跡がある。

衣服は残っていなかったが、それを覆っていた多数の細かい金製品の配置から、推定することができる。男性は帽子の上に鹿形装飾（一二三頁参照）をつけ、首には重さ一・五キログラムの金無垢の首輪をはめ、肩に短いマントをかけ、ズボンをはき、膝までの長靴をはいていた。マントには二五〇〇点の小さな豹《ひょう》形金製品が、真ん中を境にして右向きと左向きで縫いつけられていた（一二三頁参照）。女性は長い金製のピンを芯にした高い髪飾りをつけ、胸飾りを首から吊るし、やはり肩マントを羽織り、膝までのスカートをはき、長靴をはいていた。どちらも右腰に短剣を吊るし（男性の短剣は一二三頁参照）、顔の前には青銅の鏡が置かれていた。壁の上には細い棒が固定され

て、そこからカーテンのようにフェルトの壁掛けが垂らされていた。女性の髪飾りや墓室の壁にフェルトの壁掛けを垂らすことは、これより後のアルタイのパジリク古墳群でも見られる。

それ以外に、殉死者の墓も発見された。七、一二、一三（三人）、二二、二三号墓は女性の墓で、年齢は一六歳から五〇歳までであった。これに対し、男性の墓は八、一四（二人）、二〇（二人）、二四〜二六号墓で、年齢は二〇歳から五〇歳であった。女性の殉死者は「王妃」を除くと六人、男性は八人ということになる。女性の墓は西よりに集中し、男性の墓は主として東に偏っていることがわかる。

一六号墓には馬が一四頭埋葬されていた。すべて牡馬で、馬具を着けていた。この数字は男女の殉死者の数と一致するが、そうすると「王」と「王妃」の乗る馬がなくなってしまう。二人のための「馬」は、二号墓に発見された。ただし馬そのものではなく、馬具の装飾だけであった。革製の鞍《くら》（報告者は「革製あるいは木製」としているが、この時代にはまだ木製の鞍はなかったと私は考えている）に貼りつけられていた金箔や、鞍あるいは馬面に貼りつけられていた三点の魚形の金製品などが、木槨の中に発見されたのである。まったくそっくりの魚形金製品が東カザフスタンのチリクタ「黄金古墳」で出土しており、フェルト製の魚形装飾はパジリクでも見つかっている。これらの馬具装飾で、馬の代わりにしようとしたのであろうか。

さて、以上の状況をアルジャン一号墳と比較してみよう。墳丘はやや小さいが、周りのストーンサークルの数は一号墳の石堆よりも多い（一号の石堆の正確な数は数えられていないが、おそらく一五〇くらいであろう）。殉死者は女性を含んではいるが、数はほぼ同じである。馬の数はかなり少ない。金製品については比較のしようがないが、二号墳の金製品の豪華さには目を見張るものがある。総合的に評価すると、二号墳も十分に「王墓」の資格があると言えるだろう。

チリクタ５号墳の復元模型　カザフスタン、ウスチ＝カメノゴルスク博物館蔵。著者撮影

カザフスタンの「黄金古墳」

カザフスタンでは、前七世紀の古墳が最も古い。第三章で出土品について言及した東カザフスタンのチリクタ五号墳、通称「黄金古墳」の構造を見てみよう。チリクタ古墳群は全部で五一基の古墳からなり、そのうち一三基は高さ八〜一〇メートル、直径一〇〇メートルの大型古墳で、残りは高さ二〜五メートル、直径二〇〜六〇メートルの中小古墳である。

一九六〇年に発掘された五号墳は高さ六メートル、直径六六メートルであったが、かなり変形しており、造営当時は高さ一〇メートル、直径四五メートルくらいであったろうという。この古墳の造営方法は、次の

ベスシャトゥル大古墳　カザフスタン東南部にある。手前に立っているのはストーンサークル。著者撮影

ようなものであった。まず地表にほぼ方形で浅い穴（七・一×八・三メートル、深さ約一メートル）を掘り、東側に幅二メートルの羨道《せんどう》をつける。羨道と穴の底には丸太を敷き詰め、その床の上に男女二体の遺骸が置かれた。木棺の痕跡は認められなかった。

遺骸を覆うように丸太を井桁に組んで、四・八×四・六メートル、高さ一・二メートルの天井つきの木槨墓室を造る（入口の開口部はない）。それから火がつけられ、丸太の表面をやや焦がした。次いで墓室の周りを石の層（厚さ一〜一・二メートル）で覆い、さらにその上を突き固めた土の層で覆い、最後に墳丘の表面を丸石（日本の考古学上の用語で言えば「葺石《ふきいし》」）で覆った。

この五号墳の墓室は、丸太の井桁組みという点ではアルジャンに似ている。ただし木槨墓室が穴の中に置かれたという点では異なるが、穴は浅く、まだ墓坑というほど深くはない。墳丘は石だけでなく土も使って高く盛り上げられており、墳丘を高くしようとしていた意図が認められる。男女二体の遺骸のほかには殉死者は発見されなかった。従って、黄金製品は出たものの、古墳群の中での規模も最大というわけではなく、王墓と言えるかどうかは微妙

ベスシャトゥル古墳群で４番目に大きい１号墳の断面図(上)　木組みの墓室を石と石混じりの土が覆っている

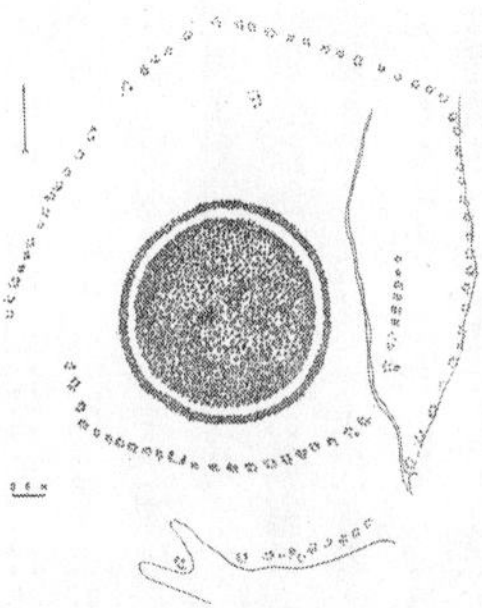

ベスシャトゥル大古墳の平面図(右)　墳丘の周囲をストーンサークルが取り巻いている。K. A. Akishev, G. A. Kushaev. *Drevnyaya kul'tura sakov i usunej doliny reki Ili*. AN Kazakhskoj SSR: Alma-Ata, 1963より

である。

ユーラシア草原東部で最大級の古墳

アルジャン一号墳並みの直径を持ち、高さも相当ある古墳は、チリクタから南西へ六〇〇キロメートルほどの、イリ川北岸にある。ベスシャトゥル大古墳である。直径一〇四メートル、高さ一七メートルという雄姿は、後述する黒海北岸の後期スキタイ時代の大古墳に匹敵する。墳頂は盗掘者によって大きくえぐられて凹んでいる。当初は高さが二〇メートルに達したであろうと思われる。

墳丘の裾から五〜七メートル離れて、幅二メートル、高さ五〇〜六〇センチの石塁がめぐっている。さらにその外側には、背の高い立石と寝かされた大石からなるストーンサークルが全部で九四基、渦巻状に取り巻いている。東南部で渦巻きが二重になっているところが注目される。ストーンサークルのうち大きくて残りのよいものが一四基発掘され、二例を除き灰と煤《すす》のしみが検出された。そのほかに二例では焼けて石灰化した動物骨、土器片、ビーズなどが発見された。報告者はこれを火の崇拝儀礼と関係づけている。

大古墳はまだ発掘されていないが、それより規模の小さい数基が発掘された。古墳の構造はどれも同じようなものであった。まず表面を削って加工した木材を地表に直接組み上げて墓室を造り、東側に通路と入口が設けられた。その上をまず石で覆い、次に石混じりの土で覆って墳丘を大きくし、最後に表面を葺石で覆った。規模の大きい古墳（直径七五メートル、高さ一一・五メートル）では、墳丘は石と土の層を交互に積み重ねて造られていた。

六号墳では墓室の入口にソリが発見された。これは雪上用ではなく、土の上で直接牽引《けんいん》する運搬具で、材木を運ぶために使われたと思われる。このような運搬具は日本では「修羅《しゅら》」と呼ばれ、古墳時代以降使われた。ベスシャトゥルの墓室の用材はすべて天山モミであるが、現在この周辺にはモミは生えておらず、サカ時代にも生えていなかったと思われる。伐採地は、ここから二〇〇～二五〇キロメートル離れたザイリスキー＝アラタウ山中と推定される。材木はまず川まで運ばれ、それから川をいかだで下り、右岸に上げられて「修羅」で現場まで運ばれたのだろう。

残念ながらすべての墓室は完全に荒らされ、わずかに被葬者の骨、羊と馬の骨、土器片が散見されるだけで、年代を考古学的に決定できるような遺物は出土しなかった。また発掘が行われた一九六〇年前後にはまだ旧ソ連では炭素14による年代測定は行われておらず、木材は廃棄されてしまったようで、その後も木材を使った年代測定は行われていない。

しかし年代を推定する証拠がないわけではない。それは旧地表面に木槨墓室が造られて、墳丘が高く盛り上げられているという特徴である。アルジャン一号墳（前九世紀末〜前八世紀初）は旧地表面に木槨墓室が造られていた。アルジャン二号墳（前七世紀末〜前六世紀初）は木槨墓室が地下であるが、東カザフスタンのチリクタ古墳群（前七世紀）は、やや掘りくぼめただけのところに木槨墓室が造られていた。また黒海北岸や北カフカスでも、初期スキタイ時代には旧地表面に木槨墓室を造る例が多い。そのようなことを考慮すると、ベスシャトゥル古墳群も前七〜前六世紀の範囲には入るだろう。

北カフカスの王墓

さらに西へ進もう。第三章一二〇、一二三頁で指摘したように、カザフスタン西部にも重要な初期スキタイ時代の遺跡（ウイガラク、南タギスケン）があるが、大型の積石塚はない。さらに進んで、北カフカスと黒海北岸にはかなり大きな初期スキタイ時代の古墳がある。北カフカスのスタヴロポル市近くにあるクラースノエ＝ズナーミャ一号墳は、造営当時の高さが一四〜一五メートル、直径が七〇メートルと推定されている。墳頂には石人が立っていたという（石人については後述する）。

旧地表面上に墓室の全体ではないが中心部分を木で造り、その周りに石を積み上げ、次に土を盛り上げて高くし、最後に表面を葺石で覆うという築造方法は、基本的にアルジャン一号墳やチリクタ、ベスシャトゥルと同じである。木の部分を焼却する儀礼は、ベスシャトゥル三号墳にも見られる。

第三章で多くの金製品を紹介した西北カフカスのケレルメス古墳群では、埋葬は旧地表面上か浅い墓坑の中に行われた。底に板を敷いた例はあるものの、木槨のような木造構築物はなかったらしい。また墳丘もそれほど大きくなく（高さ四〜七メートル、直径七〇メートルまで）、馬の伴葬はあるが、人間の殉葬は確認されなかった。

北カフカスで最も大きい古墳は、ケレルメスよりやや北にあるウルスキー＝アウル一号墳である。一八九八年に調査されたときに高さは一五メートルであったが、それ以前にロシア軍が古墳の上に砲台を造ったために変形され、直径は不明である。

葬儀ではまず地上に四本柱の小屋が墓室として建てられ、小屋の東西にそれぞれ二頭ずつの牛と多数の馬の遺体が置かれた。小屋と牛馬の上を、スゲかアシで厚く覆った。小屋の南北に立てられた柱と柵の周りには一八頭ずつの馬が置かれた。その上に高さ五メートルの墳丘が築かれ、その頂上で追悼の大宴会が開かれた。そのときに供されたと思われる五〇頭以上の馬、二頭の牛、羊の骨、ギリシア陶器や粗雑な作りの土器の破片多数が発見された。その後で墳丘をさらに高さ一五メートルまで盛り上げた。出土したギリシア陶器から、この古墳は前六世紀中頃に年代づけられている。

この古墳では結局、四一〇頭以上の馬が犠牲に供されたと考えられている。この記録は、第一章で触れたモンゴルの大型ヘレクスルの推定二〇〇〇頭以上を除くとアルジャン一号墳に匹敵する。盗掘のため目ぼしい貴金属製品は出土しなかったが、古墳の規模と犠牲獣の数の多さを考慮すると、この古墳は優に王墓と称することができよう。

北カフカスから北西にあたるウクライナ中部、ドニプロ川中流域の草原地帯にも初期スキタイ時代の大型古墳が多いが、それらでも墓室は木槨で、旧地表面上かあるいは浅く掘りくぼめた穴の中に設けられている。このように、初期スキタイ時代には草原地帯の東から西まで、木槨墓室を地上か浅い穴の中に設ける王墓が流行していたと結論づけることができよう。

後期スキタイ時代の大型古墳

ヘロドトスの語る「王の葬儀」

黒海北方のスキタイ文化は、ペルシアやギリシアからの文化的影響の大小に基づいて前五世紀を中期、前四〜前三世紀初を後期と区分するのが一般的である。しかし、それ以外の地域には必ずしもこの区分が適用できるとは限らないので、草原地帯全域を対象とする本書では、まとめて後期と呼ぶことにする。

この時期のスキタイの王墓については、またしてもヘロドトスが貴重な情報を提供してくれる。以下に、王の葬儀の式次第を箇条書きにしてみよう（『歴史』巻四、71〜75）。

①四角形の大きい穴を掘る。
②遺体に蜜蠟《みつろう》を塗りこむ。

③腹を切り開いて中をきれいにし、香りの強い草や種を搗《つ》きつぶして腹に詰めこみ、縫い合わせる。
④処置を施した遺体を車に乗せて、スキタイ支配下の部族の間を回す。
⑤王族スキタイもまた他の部族も遺体を受け取ると、会葬者は自らの耳の一部を切り取り、頭髪を円形に（あるいは短く）刈り取り、両腕に切り傷をつけ、額と鼻をかきむしり、左手を矢で貫く。
⑥遺体を運んで一巡すると、穴の底に敷いたわらの敷物の上に横たえ、遺体の両側に槍を立てて上に木をわたし、さらにアシ（あるいは柳の枝）を編んだむしろで覆う。
⑦墓中の空いている部分には、側妾の一人を絞殺して葬り、さらに酌をする係、料理番、馬丁、召使、取り次ぎ役、馬、故王の所持品のうち最高のもの、金の盃を一緒に埋める。
⑧墳丘をできるだけ高く盛り上げようとする。
⑨一年後に、故王に仕えた従者のうち最も優れた者五〇人と最良の馬五〇頭を絞殺し、内臓を取り出してもみがらを詰め、縫い合わせる。半分に切った車輪を前後二つセットで五〇組、縁を下向きに立てて杭で固定し、前の半車輪に馬の肩を、後ろの半車輪に馬の腿《もも》を載せ、馬に手綱と轡《くつわ》をつける。五〇人の遺体の背骨にそって棒を通しておき、この棒を馬に通してある別の棒の穴にはめ込む。
⑩埋葬を終えると、スキタイは次のようにして身を浄める。頭をきれいに洗って香油を塗りこむ。次に三本の棒を互いに寄りかからせ、その周りに毛糸（フェルトか？）の覆いをぴ

ったりと被せる。その中に金属製の容器を置き、それに真っ赤に焼けた石を入れ、その上に大麻の種子を投げ込む。種子はくすぶり出し、蒸し風呂の湯気のように充満する。スキタイはこの「蒸し風呂」を楽しみ、大声で叫びたてる。

②と③は、一種のミイラ化の作業を示している。⑤は、死者の痛みを分かち合うために我と我が身に傷をつけて哀悼の意を表明する行為を表しており、文化人類学者の大林太良はこれを哀悼傷身儀礼と呼んでいる。⑦と⑨は殉死の習俗を表している。⑩は、なにやら現代の大麻パーティーのようにも見えるが、大麻を吸飲して躁《そう》の状態になることによって、穢《けが》れを払おうとしたのであろう。

以上の手順のうちには考古学的に確認することがほとんど不可能なものもあるが、はたしてヘロドトスの記述はどこまで正確なのであろうか、実際の遺跡の構造を見てみよう。

チョルトムリク――黒海北岸で最大の古墳

黒海北岸では、高さ一四メートルを超える最大級の古墳が六基発掘されている。しかしいずれも前四世紀に編年されており、ヘロドトスが記述を残した前五世紀中頃に属する大型古墳はいまのところ発見されていない。そこで、前四世紀後半に造営されたと思われるチョルトムリク（チェルトムリク）古墳の構造を見てみよう。

チョルトムリク古墳は墳丘の高さが二一メートル、直径が一〇〇メートルで、黒海北岸では最大の規模を誇っていた。一八六二年から翌年にかけて発掘され、部分的に盗掘をまぬかれた金銀製品が発見されたことで知られている。その当時の調査はかなり不完全なものであったが、それから一〇〇年以上を隔てて一九八〇年代に再調査が行われ、墳丘の造り方が判明した。

その報告によると、まず草地を一五×二五センチメートルの大きさで切り取り、それ（報告者は「芝土レンガ」と称している）を積み重ねて墳丘を盛り上げていた。一立方メートルの盛り土の中に、約二七〇個の「芝土レンガ」が詰まっているという。従って、一立方メートルの盛り土のためには、約一〇平方メートルの草地が必要となる（〇・一五×〇・二五×二七〇＝一〇・一二五）。

チョルトムリクの墳丘は七万五〇〇〇（あるいは八万四〇〇〇）立方メートルと計算されているので、そのために必要な草地は七五（八四）ヘクタール＝〇・七五（〇・八四）平方キロメートル、わかりやすく言うと一〇〇〇×七五〇（八四〇）メートルということになる。草は、言うまでもなく遊牧民にとって最も重要な資源である。それをこのように浪費することができるのは、相当な権力者と言わざるをえない。

チョルトムリクの基礎の築造方法は、まず「芝土レンガ」で高さ約三メートルの環状土塁を築き、外側の裾《すそ》には湿った泥土を堆積させる。さらに同じことをもう一度繰り返し、一番外側には大きな板石（長さ二・五メートルに達するものもある）や石塊を使って高さ約二・五メートル、幅約七メートルの石垣をめぐらせる。その石の総重量は八〇〇〇トンに達する。墳丘の表面は、砕石で覆われていた。築造当時の状況を再現すれば、巨大な石のプラットフォームの上に石造りの墳丘が盛り上がっているように見えたであろう。

墳丘内のさまざまな高さ・地点に、葬儀の際に供献されたと思われる器物や動物骨が発見された。とりわけ石垣の下面に大量のアンフォラ（口の両側に取っ手がつき、丸底か尖った底になった縦長のワイン壺）の破片と動物骨、さらには馬具を着けた馬の骨や人骨も発見された。最初の調査者I・ザベリンは、全部で二五〇点の鉄製銜《はみ》を発見した。これらは、ヘロドトスの語る葬儀の⑨で殉死させられた人馬にあたると考えられる。

盗掘坑に発見された人骨

次に墓室の状況を見てみよう。まず深さ約一一メートルの井戸のような竪穴を掘り、その底からまた一段下がって深さ一二メートルのところから四方に横穴を掘り進めていくつかの墓室を形成していた。これは、現在判明しているスキタイの墓室では、最も深い。

東南の一号墓室には、青銅製の鍑《ふく》と五点のアンフォラ、五点の鉄製ナイフ、多数の青銅鏃《ぞく》、女性用の金製頭飾りと胸飾り、毛織物などとともに、犬と思われる動物骨が出土した。東北の二号墓室からは、六点のアンフォラ、女性用の金製頭飾り、鉄柄銅鏡、多数の金製衣服装飾、青銅鏃などとともに、人間の遺骸が発見された。ザベリンはこれを男性とみなしたが、出土品から見ると疑問も残る。

西南の三号墓室からは、金製の首輪と腕輪をはめ、鉄剣と矢筒・脛《すね》当てなどで武装した男

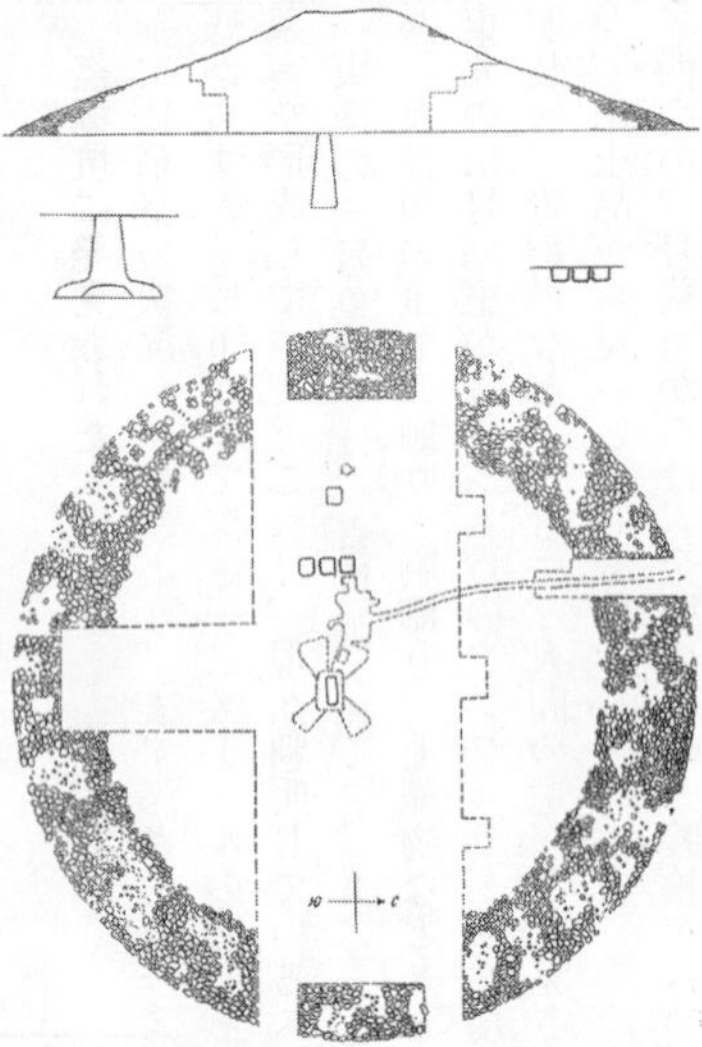

チョルトムリク古墳の断面図と平面図
A.Yu. Alekseev et al. *Chertomlyk*より

性の遺骸が二体出土した。鉄製の槍の穂先と石突が五点ずつ発見された。穂先と石突の距離から、槍の長さは二一〇センチと二五〇センチであったと判断された。西北の四号墓室では、彩色された木棺の中に置かれた女性の遺骸が発見された。女性は、金製の頭飾り・首輪・耳飾り・腕輪・指輪を身に着け、右手に銅鏡を持っていた。またアンフォラ一三点の間に遺骸が発見された。アンフォラの列の端には、有名な銀製鍍金《ときん》のアンフォラ形リュトンが置かれていた。リュトンとは、下部に動物形の注口《ちゅうこう》がついた一種の酒杯または容器をさすギリシア語の用語である。上の口から酒（ワイン）を入れ、下の注口から出てくる酒を別の平たい盃に受けてその盃から飲む。つまりリュトンは単に酒を通過させるための道具ということになる。動物形の注口を通ることにより、動物の精気を吸い取った霊酒になると考えられていたのだろう。本体がしばしば角の形をしているため、リュトンを角杯と訳すことがあるが、それは間違い。形はアンフォラでも、下に動物形の注口がつけばリュトンである。角杯は下に注口がなく、上の口から飲む。

四号墓室の奥は、最も広い五号墓室につながっている。ここには被葬者のものと思われる骨の一部（頭蓋骨、手足の骨、肋骨《ろっこつ》）がばらばらに散らばっていた。この部屋は墓泥棒によって荒らされていたのである。人骨は主に西壁のわきに発見され、その近くには本来遺体を載せていたと思われる板張りの床が検出された。盗掘を受けた割には、金製品がよく残っていた。壁のあちこちにくぼみが設けられ、そこに金柄鉄剣やゴリュトス（弓矢入れ）の金製カバー、その他の金製品が多数発見された。北壁ぎわには青銅鍑が二点あった。鍑の上には盗掘坑の出口が開いていた。

盗掘坑は墳丘の北裾から伸びていた。ザベリンは、盗掘坑の下の方で不完全な人骨を発見した。それを彼は盗掘者の骨と判断した。獲物を運び出す途中で落盤事故が起こり、墓泥棒はあえなくそこで落命したというわけである。たしかに盗掘に遭っているにもかかわらず金製品がよく残っているのは、盗掘開始直後に事故で中断したからと解釈することもできる。

しかし最近の再調査では盗掘坑に点々と人骨が発見されたため、それは一度の事故で息絶えた人間のものではなく、墓泥棒が金製品をたくさん身に着けた被葬者の遺骸をずるずる引きずっていく途中で、既に白骨化していた遺骸が少しずつ脱落していった結果であろうと考えられている。金製品にあまり手がついていなかった理由としては、墓室の天井が一部崩落して副葬品を隠してしまったため、泥棒たちが見つけることができなかったのであろうという。だが一部とはいえ、墓室の中に被葬者と思われる人骨が発見されているのであるから、再調査の報告者の考えにも納得できないところがある。いずれにしても最初の調査から一五〇年近くもたっているため、人骨の照合もできず、この問題に決着をつけることは難しい。中心から西よりでは、旧地表面にごく浅い方形の三基の墓坑が掘られ、そこに計一一頭の馬が埋葬されていた。またそのすぐわきに二体の遺骸が発見された。

ヘロドトスの記述は正しいか？

それではヘロドトスの記述と実際の発掘結果とを比較検討してみよう。

①は、チョルトムリクの竪穴が相当するだろう。ただしチョルトムリクでは竪穴の底から横穴が伸びているが、それについてヘロドトスは言及していない。②〜⑤は、考古学的に確認することが難しい。ただし③は、後述するように、アルタイで確認されることになる。⑥は、初期に属する北カフカスのウルスキー＝アウルに、類似した例が確認される（一六〇頁参照）。

⑦は、チョルトムリクでほぼ確認されたと言えるだろう。四号墓室の女性が「側妾」かどうかは考古学的には判断しようがないが、豪華な頭飾りや装身具を身に着けていること、すぐ隣に墓の主人公と思われる男性の墓室があることを考慮すると、この女性は主人公の男性にごく身近な高貴な人物とみなすことができよう。またアンフォラのわきに発見された人物は酌をする係、馬の隣の人物は馬丁と考えられる。

⑧は、言うまでもなく当たっている。⑨の車輪については不明だが、チョルトムリクの石

垣の下面で発見された多数の人馬は、ヘロドトスの記述に合っていると思われる。⑩はチョルトムリクなど黒海北岸の古墳では確認されなかったが、これもアルタイでまさにそのものずばりの遺物が出土することによって確認される（後述）。

総合的に見ると、大型古墳の調査によって考古学的に確認できる多くの特徴は、ヘロドトスの記述がほぼ正しいことを証明していると言えるだろう。

ところで、チョルトムリク古墳の年代は、ギリシア系遺物の研究から前四世紀後半と考えられている。ちょうどこの時期に、スキタイにはアタイアスという名の王がいたことが知られている（アテアスと表記する文献もあるが、それはローマ時代になってからの発音を表記したもので、本来は貨幣に見られるようにアタイアスであった）。ストラボンなどによれば、アタイアスは前三三九年にマケドニアのフィリッポス二世（アレクサンドロス大王の父）と戦い、そのさなかに九〇歳以上で戦死したと伝えられている。

スキタイ王アタイアス発行の貨幣の描き起こし図　片面に「アタイアス」のギリシア文字が見える。D. Raevskiy. *Scythian Mythology*. Secor Publishers: Sofia, 1993より

アタイアスは黒海西岸のギリシア植民都市から、自分の名前を入れた貨幣を発行していた。片面には、長髪をなびかせて半裸で馬に乗り、矢を射る年配の男性が、「アタイアス」と読めるギリシア文字銘文とともに表現されてい

る。その裏面にはライオン皮を被ったヘラクレスの頭部が表されている。第二章で指摘したように、スキタイ自身はヘラクレスを祖先とする神話を持っており、スキタイ王の貨幣にはふさわしい図柄である。

アタイアスの貨幣は今のところ五点しか知られていないが、貨幣を発行するのは支配者の権限であり、このことはアタイアスが名実ともに王であることを物語っている。そしてまさにチョルトムリクこそが、アタイアス王の墓であろうと考える研究者が多い。

アルタイ山中のスキタイ王墓

黒海北岸では確認することのできなかったヘロドトスの記述の一部は、はるかに三五〇〇キロも離れたアルタイで確認されることになった。第三章でも触れたように、アルタイのパジリク古墳群では地下の墓室が凍結していたため、有機質の遺物がよく残ることになり、その結果、ヘロドトスの記述を裏づける証拠が出てきたのである。

パジリクでは最も大きい五号墳でも現状で高さ三・七五メートル、直径四二メートルと、これまで見てきた大型古墳と比べると見劣りがする。しかし墓坑は深く（旧地表面から四メートル）、大きい（六・六五×八・二五メートル）。墓坑には二重の木槨があり、その床の上に長さが五メートルのくりぬき木棺が置かれていた。木棺には、男女の遺体がミイラ化した状態で発見された。

男女とも後頭部、背中と肩、腹部、腕、足の皮膚が切り裂かれ、脳髄、内臓、筋肉を除去

パジリク2号墳出土の6本の棒と鍑形の青銅製容器　エルミタージュ美術館蔵

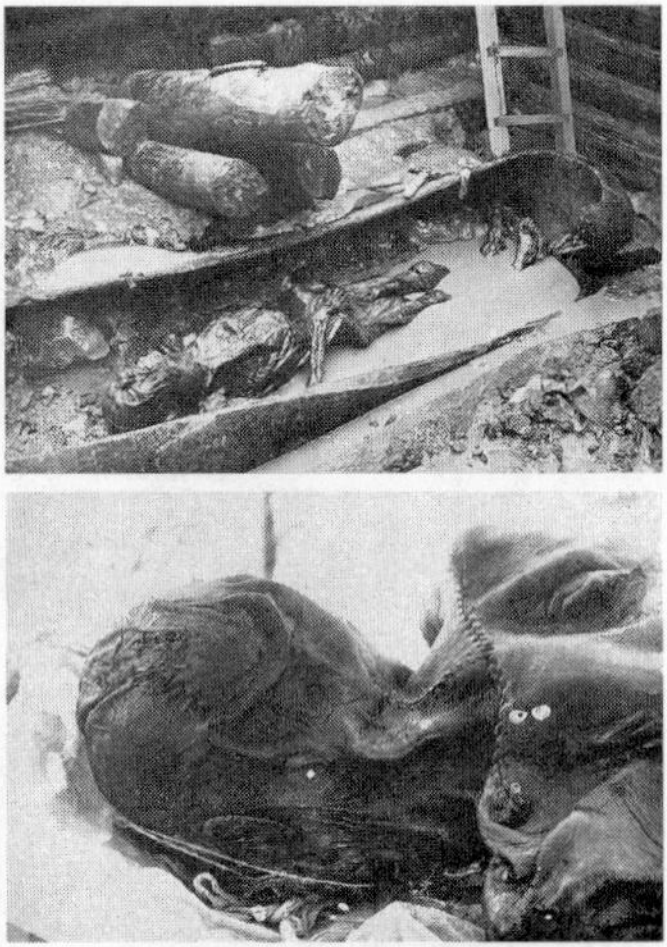

パジリク5号墳出土の男女の遺体　くりぬき木棺に安置された男性(上)とミイラ化の処置を施された女性の後頭部と背中(下)　S. I. Rudenko. *Frozen Tombs of Siberia.* 1970より

して、頭蓋骨には土と松の葉、松かさが詰められ、腹部には何らかの植物の茎あるいは刻まれた根などが詰められていた。そして切開した箇所は、馬の毛を撚《よ》った糸で縫い合わされていた。これはまさにヘロドトスの語る葬儀の手順の③、ミイラ化に相当する。

注目すべき遺物が、二号墳で発見された。木槨墓室の西南隅に六本の棒（長さ一二二・五センチ）が立てかけられ、その下に四脚つきの青銅製容器が置かれていた。そして、その中には石と少量の大麻の種子が入っていたのである。同じ墓室内の北西よりでもう一点、鍑形の青銅製容器が発見された。これにも六本の棒が付属していたが、それは盗掘者によって折られていた。この容器の中にも、やはり石と大麻の種子が発見された。この容器の取っ手には、白樺の樹皮が巻きつけられていた。これは容器が熱くなったときのための予防措置であろう。この二点の容器は、明らかにヘロドトスの語るスキタイの浄めの儀式（手順中の⑩）がアルタイで行われていたことを物語っている。

さらに五号墳からは、墳丘の規模は小さいがこれが王墓であることを決定づける遺物が出土した。それは、縦四・五メートル、横六・五メートルの巨大なフェルトの壁掛け（あるいはテント覆い）である。墓坑の壁に横棒と縦棒を組み合わせて着けられていたと考えられている。上の横棒には数羽のフェルト製白鳥がとまっていた。

フェルトの壁掛けにアップリケで表現された女神（左）と王（右）　エルミタージュ美術館蔵

壁掛けは、上縁、下縁と中央に花のような文様を連ねた文様帯が走り、その間には二段にわたって、椅子に座った人物と馬に乗った人物とが向き合う場面が繰り返しアップリケで表現されている。人物の大きさはほぼ等身大である。椅子に座った人物は、くるぶしまでのロングドレスを着てひげがないことから、女性であることは明白である。王冠のようなものをかぶり、玉座のような装飾された脚を持つ椅子に座っている。手に持っている木には、装飾的な花と実、葉がたくさんついている。西アジア美術では、このような木は世界樹、宇宙樹、あるいは生命の木とみなされ、それを持って玉座に座している女性は女神と考えられる。

一方、馬上の人物は頭髪が天然パーマのようで、高い鼻の下には立派なコールマンひげを生やしている。ぴっちりとしたミリタリールックのような上着を着て、ズボンも細身である。帯には弓と矢を一緒に入れるゴリュトス（弓矢入れ）を吊るしている。首には、大きな水玉模様のスカーフを巻いている。全体としてかなりおしゃれでモダンな感じがする。女神の前に立つ男性となれば、西アジア美術ではそれは地上の王を表し、場面全体としては、女神が王に権力を授ける、いわゆる王権神授を表していると考えられる。王権神授の場面を表す巨大な壁掛けを作らせた人物は、当然、王であろう。王が騎乗の姿で表現されている点は、騎馬遊牧民にふさわしい。

死んだ王の旅立ち

パジリクでは、さらにヘロドトスの記述を証拠立てるものが出土した。五号墳では、墓坑と木槨との間に、部品ごとに分解された白樺材の四輪馬車が発見された。それを復元すると、車輪の直径が約一六〇センチ、車軸の長さが三一〇センチ、人が乗る車体の寸法が一二八×二三八センチ、轅《ながえ》の長さが三二〇センチ、くびきの長さが一六四センチという、四頭立ての実物大の馬車となった。この五号墳では、九頭の馬が埋葬されていた。

車体には装飾された手すりと屋根がつき、いかにも王の遺骸を乗せるのにふさわしい豪華な馬車のように見える。しかしよく見ると車輪のふちはかなり細く、華奢《きゃしゃ》である。これで道のない草原を走り回ったら、すぐにばらばらに壊れてしまうのではないかと心配になるほどだ。

四輪馬車というのも珍しい。西アジアでは、四輪車はもっぱら牛が牽《ひ》く荷車である。地中海地域でも、また西アジアでも草原地帯でも、馬車は二輪車が普通である。馬車はスピードが命である。スピードを上げ、なおかつ小回りをよくするためには、当時の技術では二輪車にするしかなかった。古代中国には、結局、二輪車しか伝わらなかった。

復元されたパジリク５号墳出土の四輪馬車　エルミタージュ美術館蔵。著者撮影

パジリク１号墳出土の飾り馬の推定復元図　鹿のような角の頭飾りとフェルト製の鞍覆いを着けている。R. Rolle. *Die Welt der Skythen.* C. J. Bucher: Luzern & Frankfurt/M, 1980より

この四輪馬車は、速くことを想定しているのではなく、ゆっくりと進むことを前提として造られている。おそらく王の葬儀のとき、一回だけ使われる霊柩車なのであろう。埋葬された馬も、豪華に飾り立てられていた。一号墳から出土した馬の推定復元図を見ていただきたい。鞍やその他の馬具についても語るべきことは多いが、ここでは頭飾りに注目しよう。鹿のような角を着けているのである。馬に、なぜ鹿の角を着けたのか。それは、馬を鹿に見せかけようとしたからに他ならない。

私は、馬鹿の語源はここにあるなどと言うつもりはない。もともとスキタイ美術では、鹿は最も頻繁に登場する動物モチーフではある。鹿の特徴は何かといえば、それはまず大きな角にある。そして、その角は生え変わる。つまり再生を意味するのだ。死後の世界への旅立ちは、鹿に先導してもらいたい。しかし鹿に馬具を着けることはできない。そこで馬に鹿の扮装をさせたのであろう。

以上のように、黒海北岸やアルタイの出土品は、スキタイ時代に明らかに王が存在したことを示している。しかし残念ながら、王の配下の行政機構、一般民衆や他部族に対する支配体制など、王権の下部構造に関することは不明のままである。それがわからなければ、王権とか王国という資格はないと批判されるかもしれない。文字を持たず、自らの歴史を語ることのなかった古代の騎馬遊牧民を語る際の限界と言わざるをえない。次章以降で取り上げる匈奴《きょうど》も文字は持たなかったが、司馬遷《しばせん》のおかげで、スキタイよりはややくわしくその構造がわかる。批判や不満については、匈奴の章で少しは解消できればと願っている。

波は東から西へ動く

鹿石の行方

王権の象徴として、スキタイ考古学で注目されるもう一つの遺物について触れたい。それは、北カフカスと黒海北岸のスキタイ古墳に伴って発見される石人である。スキタイの石人に触れる前に、第一章でややくわしく解説した鹿石のことを思い出していただきたい。

アルタイから二五〇〇キロほど西の、南ウラル、オレンブルグ州グマロヴォの古墳から、折れていくつかに分かれた石柱が発見された。接合すると、最上部には鉢巻状の刻線がめぐり、その下に二本斜線と円、首飾りがあり、帯には剣とゴリュトスがつけられている。鹿の表現こそないものの、これらの表現は、第一章で三つに分類した鹿石のうち、③タイプの鹿石と同じである。そのため、このような石柱は、数はそれほど多くないが（今のところ十数点）、「西方の鹿石」と呼ばれることがある。

ただし下部が異常に長い点が気になるが、西北カフカスのズボフスキー出土の「鹿石」のように、下端にも図像が刻まれる予定だったのかもしれない。この「鹿石」は、長い石柱の両端に同じような文様が刻まれており、どちらが上かわからない。実は西方の鹿石にはこのような特徴を持つものがいくつかある。毎年上下を逆さまにして立て直したのではないかとか、古墳の墳頂に水平に置いたのではないかとか、いろいろ憶測はなされているが、よくわからない。

さらに西へ進んで、ブルガリア東北部のベログラデッツ市近くの古墳からも、「鹿石」が出土している。それは、上端が欠けているがわずかに首飾りが見え、特徴的な帯と剣、ゴリュトス、帯から吊るした砥石が表されている。帯の下には雷文のような不思議な幾何学文様が見られるが、何を意味しているのか不明である。

これらの「鹿石」の年代は前九世紀あるいは前八世紀から前七世紀前半と考えられており、考古学上の先スキタイ時代（またはキンメリオイ時代）とほぼ重なるので、「キンメリオイの」石柱と呼ぶ研究者もいる。いずれにしても、これらの「鹿石」が草原地帯東部から伝わってきたものであることは、多くの研究者が認めている。

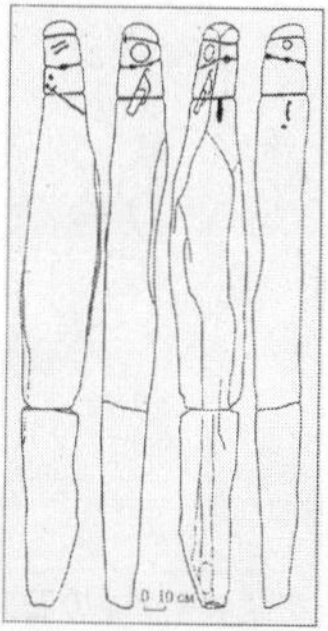

「西方の鹿石」実測図　南ウラル、グマロヴォ出土。高さ260㎝。*Monumental'naya skul'ptura*より

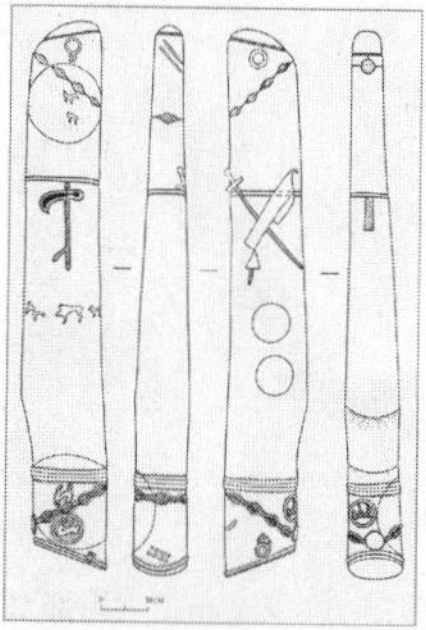

「西方の鹿石」実測図　西北カフカス、ズボフスキー出土。高さ226㎝。*Monumental'naya skul'ptura*より

スキタイの石人

スキタイ時代になると、鹿石の姿は突然消える。それに代わって、人間の顔がはっきりと表現された石人が登場する。現在までに一八〇点ほどが確認されている。スキ

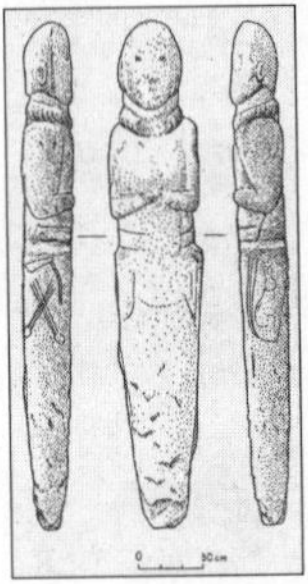

ジョージア東部ゼイアニ出土の石人の描き起こし図 *Istoriko-arkheologicheskij al'manakh,* 1995より

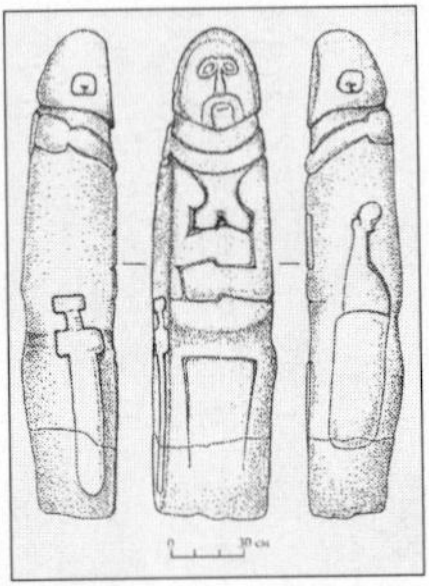

初期スキタイの石人の描き起こし図　出土地不明。ウクライナ国立歴史博物館蔵。*Monumental'naya skul'ptura*より

タイの古墳の墳丘の中、墳丘の周囲で発見されることが多い。初期の石人は北カフカスに多く、後期の石人は黒海北岸、特にクリミア半島に多い。初期には角柱、円柱状のものが多く、形状そのものが男根を模している。頭部に目、耳、鼻、ひげが表現されているが、目鼻がない、のっぺらぼうなものもある。必ず太い首輪をはめている。両手を腹の前で合わせ、帯には剣、ゴリュトス、斧、鞭《むち》を吊るしている。帯の下に男根が表現されているものもある。

後期になると、右手に角杯を持ち、武器や衣服の細部の表現がやや写実的になる（左頁写真参照）。腕が胴体から分離され、両脚も別々に表現されるようになる。このような変化は、ギリシア彫刻からの影響と思われる。

スキタイの石人の起源について、現在有力なのは、前記の「西方の鹿石」を起源とする説である。年代が接近しており、首輪、帯、剣、斧、ゴリュトスなど、持ち物も共通している。また本来、古墳の墳頂に立てるものであったらしいことも、同じである。しかし鹿石には顔がなく、逆に鹿石の二本斜線や円は、スキタイの石人にはない。鹿石をスキタイの石人

の直接的起源とみなすには、もう少し証拠がほしいところである。

石人は、何のために立てられたのであろうか。墳丘の上に立てられた男根状の石柱は、世界樹、生命の木、宇宙の中心的柱とみなす説もある。やや有力なのは、初期の石人に男根を模したものが多いことから、古墳に葬られた族長の男性としての力を象徴的に表したものとする説である。後期には表現が写実的になってくるため、特定の族長や王を具体的に表現したものとする解釈が一般的となっている。この説が正しいとすれば、石人もスキタイ社会における王権の存在を示していることになる。

男性戦士をかたどった石人　古墳墳頂に立てられたと考えられる石人は墓の主を表していたのだろうか。ウクライナ、ノヴォヴァシリエフカ出土、ウクライナ民族建築博物館蔵。表紙カバーも参照。著者撮影

古墳から見たスキタイ時代

これまでにスキタイ美術や鹿石などを通じて、スキタイ文化のさまざまな特徴がすべて草原地帯の東方に起こり、西方に伝わってゆく様相を見てきた。この傾向は、古墳の構造にも見ることができる。次に、スキタイ時代の大型古墳の特徴を、年代順、地域別に概観してみよう。

最も古いアルジャン一号墳（前九世紀末〜前八世紀初）は、旧地表面上に木槨墓室を造り、その上を積石で覆った。直径は大きいが、墳丘は積石だけのため、それほど高くない。前七世紀にカザフスタンに現れたチリクタは木槨墓室を浅い穴に置き、墳丘は土も使って高くしたが、表面は葺石《ふきいし》で覆った。本来の積石塚という特徴を残すためであろう。旧地表面上に木槨墓室を持つベスシャトゥルも、おそらく前七世紀であろう。北カフカスと黒海北方の初期スキタイの古墳も、ほぼ同じような特徴を持つ。

ところが東方のトゥバでは、前七世紀末〜前六世紀初に地下深くに木槨墓室を納めるアルジャン二号墳が登場する。墓坑を深くし、位置を中央からずらせたのは、盗掘を避けようとしたためであろう。前五世紀末〜前四世紀のパジリクも木槨を入れた墓坑は深く、また本書では触れなかったが、パジリクよりもやや古いと思われる同じアルタイのトゥエクタ古墳群も同様である。

墓坑を深くする傾向は黒海北岸でも同じ頃見られるようになるが、木槨は使わなくなり、横穴を墓室にするようになる。またギリシア風に切り石を使って横穴墓室を設ける古墳も現れる（これは本書では触れられなかった）。このように東方とは異なる特徴も現れたが、墳丘の表面はやはり葺石で覆われ、墳丘そのものは石垣で囲まれた。墳丘の規模と墓室の深さ、大型古墳の多さという点から見ると、前五〜前四世紀の黒海北岸で、スキタイはその絶頂期を迎えたということができる。

以上の変化をまとめると、スキタイ時代を通じて変わらない特徴もあるが、新しい傾向は常に東から起こっていること、また後期になると西部では独自の特色が濃くなることがわかる。そして全体として見れば、スキタイ時代はまさに草原の古墳時代だったと結論づけることができよう。

サウロマタイとアマゾン伝説

絶頂期にあった黒海北岸のスキタイに終局をもたらしたのも、東からの新たな胎動であった。前四世紀初めにカザフスタンから西に移動してウラル山脈南部に本拠を置いた部族集団が、徐々に強大になり、スキタイを圧迫し始めたのである。名前が似ているので紛らわしいが、それ以前、南ウラルにはサウロマタイと呼ばれる人々がいた。東方から移動してきた集団はそのサウロマタイと合流し、全体としてサルマタイと呼ばれることになった。つまり、前五世紀ないし前四世紀中頃以前の南ウラルの遊牧民集団はサウロマタイと呼ばれ、前四世紀以降はサルマタイと呼ばれることになる。

サウロマタイの起源については、ヘロドトスが面白い伝説を伝えている。女性だけの戦士集団として知られるアマゾンの住地は、今日のトルコ北部、黒海に面した地方にあったが、ギリシア人がそこでアマゾンたちと戦って勝利を収め、捕虜を船に乗せてギリシアへ帰ろうとした。ところが船中でアマゾンは反乱を起こし、ギリシア人を皆殺しにしてしまった。しかしアマゾンは、乗馬は得意だったが船の操縦法を知らなかったため船は漂流し、黒海北岸のアゾフ海沿岸に漂着した。そこはスキタイの領地であったため、アマゾンはスキタイと戦うことになった。

カザフ民族ショーの一場面　新疆、ウルムチ郊外の南山牧場にて。1988年6月。著者撮影

スキタイの方では新来者が何者であるかわからなかったが、それが女性たちであることを知ると、戦いはやめて、アマゾンと同じくらいの人数の若者たちを選んで、アマゾンの近くに差し向けた。若者たちは適当な距離を保って敵意のないことを示し、徐々にアマゾンに近づいていった。あるとき一人のアマゾンが用便をしているところに一人のスキタイの若者が近寄っていくと、彼女は拒まずに彼のなすがままになった。お互いに言葉はわからなかったが、身振り手振りで意思を通わせ、翌日仲間を連れてくることを約束した。こうして両グループは次第に親しくなり、ついに一緒に生活するように

なった。

そのうちアマゾンの方がスキタイの言葉を理解するようになり、会話も可能になった。アマゾンたちはすでにスキタイと戦って殺してもいるので、スキタイの中に入ることを拒み、一緒に東方に逃げることを望んだ。若者たちもそれに同意し、ドン川を渡って東方へ移住した。サウロマタイは、このアマゾンとスキタイの若者との子孫なのだという。祖先の伝統を受け継いで、サウロマタイの女性は男性と同じ服装で馬に乗り、狩猟をし、戦場に出かける。また娘は、敵の男子を一人殺さぬうちは、嫁に行かないという（『歴史』巻四、110〜117）。前五世紀末〜前四世紀初の別の史料では、敵を三人殺さないと嫁に行かないという。

一般的に騎馬遊牧民社会では女性の地位は、農耕民社会よりも高いことが知られている。アルジャン二号墳に埋葬された女性も、短剣を帯びていたが、サウロマタイが残したと思われる南ウラルの遺跡では、女性の墓からしばしば青銅あるいは鉄製の鏃《やじり》が出土する。一方、男性の墓からは剣か槍先が出土するので、女性は弓矢で、男性は剣か槍で武装したと考える研究者もいる。

現代でも遊牧民の女性は、男勝りな顔を見せることがある。カザフ人はイスラーム教徒だが、女性も顔を隠さず、馬に跨《またが》る。彼らの若者の間で人気のあるゲームに、一対の乗馬した男女による追いかけっこがある。青年が疾駆する後を娘が鞭を持って追いかけ、もしそれが意中の人であれば鞭を鳴らすだけにとどめるが、そうでない場合は容赦なく鞭で打ち、帽子を取り上げてしまう。今ではユーモラスなショーと化しているが、女性の強さを示している。

おそらく黒海北岸にいたギリシア人たちが騎馬遊牧民、とりわけサウロマタイの女性の強さを知って、それをアマゾン伝説と結びつけ、ヘロドトスらが書き記したのであろう。

サルマタイの王墓

サウロマタイの段階（前七〜前五世紀）ではまだ大型古墳は発見されていないが、サルマタイの初期になると王墓と呼んでも恥ずかしくない大型古墳が登場する。それは黒海北岸でスキタイの王墓が盛んに造られたのと同じころ、前四世紀のことである。場所は、ロシア連邦オレンブルク市から南西に約八〇キロメートル、ウラル川中流域にあるフィリッポフカ村の近くである。

全部で二五基の古墳が東西方向に並び、その中央に一番大きい一号墳が位置する。盗掘のため形はゆがんでいたが、ほぼ円形で直径は一〇三〜一二〇メートル、高さは約七メートルであった。それに次ぐ三、四号墳は高さが六メートルであった。一九八六〜九〇年に、計一七基が発掘された。

一号墳の墓室は円形の墓坑で（深さ一・八メートル、直径一七〜一八メートル）、上にテント形の丸太造りの屋根がかけられていた。南側に羨道《せんどう》がつけられ、墓坑の西側には宝物の隠し穴が設けられていた。墓坑そのものは三回にわたり盗掘されていたが、隠し穴や羨道の中から木芯金貼りの鹿像や金象嵌《ぞうがん》の鉄剣、木椀の縁につける装飾など、多数の金製品、青銅製の大型鍑が発見された。

鹿像は、木の本体の上に金と銀の薄板を貼りつけて、最後に青銅の釘で留められている。特に大きな枝角が目立つが、一つ一つの丸くなった枝を見ると、目・耳・くちばしからなるグリフィンの頭部であることがわかる。グリフィンあるいは鳥の頭部を連ねて縁飾りとする装飾法は初期スキタイ時代から見られるが、それを鹿の枝角に応用することは、後期スキタイ時代の美術の特徴である。

このような鹿像が、大小あわせて二六点出土した（小でも高さ四〇センチはある）。盗掘されていてなおこれだけの数が出土したのであるから、本来は一体どれだけの鹿がここにはいたことか。前述のように、大きな角を持つ鹿は、再生の願いをこめた対象だったのであろう。

木芯金貼りの鹿像　基部は銀製。前４世紀。高さ約50㎝。ウファ考古学博物館蔵

この墓からは、ほかに明らかにアカイメネス朝ペルシア製の金の壺や銀のリュトンが出土しており、この墓の主がペルシアと交流を持っていたことが知られる。この墓に葬られたような指導者に率いられて、サルマタイはスキタイを圧迫していったのであろう。

その後サルマタイはいくつかの部族集団に分かれて、紀元後四世紀後半にフン族が来襲するまで、カスピ海北方から黒海北岸にかけての草原地帯を支配した。

第五章　モンゴル高原の新興勢力

匈奴の先駆者

匈奴の祖先は中国人だった？

『史記』匈奴《きょうど》列伝の冒頭には、「匈奴の祖先は夏后《かこう》氏の末裔《まつえい》である」と記されている。夏后氏とは、半ば伝説上の夏王朝の王家のことである。『史記』につけられた三国時代や南北朝時代の注釈書によれば、夏が殷《いん》に滅ぼされたとき、夏后氏の一部が北方の平原に逃れて遊牧を行うようになり、匈奴となったという（本書では以後、『史記』匈奴列伝と『漢書《かんじょ》』匈奴伝からの引用の場合は、いちいち出典を明記しない）。

匈奴の使っていた言語がテュルク（トルコ）語かモンゴル語か議論は分かれるが、いずれにしても中国語（漢語）ではなかった。従って、言語という点から見れば、中国人と匈奴との間に関係はないことになる。ただし中国人の一部が何らかの理由で北方に移り、現地のテュルク系あるいはモンゴル系の人々に同化した可能性が、ないことはない（匈奴時代以降であれば、そのような例は、特に中国各王朝の末期にしばしば見られた）。

しかし、夏王朝が実在したかどうかはともかくとして、殷王朝が成立したのは前一七世紀

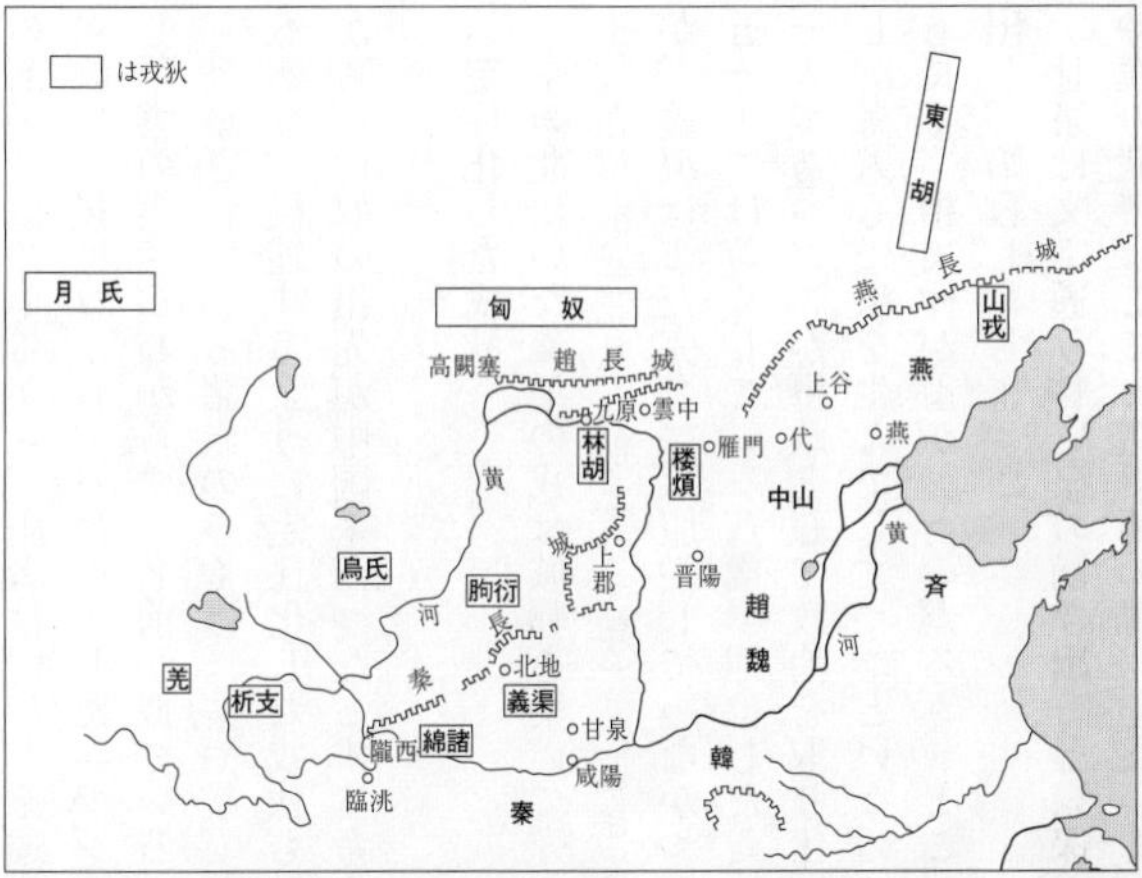

戦国時代の中国北方　さまざまな戎狄がいて、人的交流も盛んであった

初めと考えられているから、もし前記の北方移住が本当であったとすれば、それは前一七世紀のこととなる。ところが、第一章の最後で述べたように、前一七世紀の段階ではユーラシア草原にはまだ純粋の遊牧は見られず、ましてや騎馬遊牧民は出現していない。従って、北方への移住があったとしても、その段階ですぐに騎馬遊牧民である匈奴が誕生したわけではない。

司馬遷《しばせん》はこの後、「はじめに」で紹介した匈奴の風俗習慣などの記述をはさんで、殷周から春秋戦国時代にかけて中国の北方あるいは西方にいたさまざまな蛮族（戎《じゅう》や狄《てき》などと総称する）の名を挙げているが、その中に匈奴の名はない。

ただし、その中にある葷粥《くんいく》は古代音が「ヒュエンツュク」と考えられており、その前半の音が匈奴の古代音「ヒョンヌオ」

の前半に似ているから、両者は同じ音を違う漢字で表しただけとする解釈もある。さらにこの説は、後世ヨーロッパに侵入した「フン」族の名称とも関係があると発展してゆく。しかし葷粥の実態がわからず、名前が似ているというだけでは支持しがたい。

列挙されている諸族の多くは、秦《しん》や趙《ちょう》、燕《えん》のすぐ近くにいた。中国人と混住していた地域もあり、後述するように定住化した戎狄もおり、人的交流も盛んであった。そのような状況から、匈奴の祖先が中国系だったとする考えが出てきたのかもしれない。

定住化した戎狄

秦の北にいた義渠《ぎきょ》の戎は城郭を築いて守りを固めていたが、秦は徐々に蚕食《さんしょく》し、恵（文）王（在位前三三八～前三一一年）のときについに義渠の二五城を奪い取ったという。だが、義渠はまだ完全には服従していなかったようだ。秦の昭《しょう》（襄《じょう》）王（在位前三〇七～前二五一年）は若くして（一八歳）即位したため、昭王の母親である宣太后《せんたいこう》（亡き恵王の后妃の一人であった）が摂政として政治を取り仕切っていた。その宣太后がなんと義渠の王と密通し、二人も子供を生んでしまったというのである。二人も生んだということは、密通の期間も長く、相当仲がよかったのだろう。ところが宣太后は、いつわって義渠の王を甘泉《かんせん》に誘い出し、暗殺してしまった。

甘泉は文字通り甘い泉の湧き出る温泉保養地として古来より知られており、のちに始皇帝《しこうてい》や漢の武帝《ぶてい》はここに避暑用の離宮を築いている。秦の都咸陽《かんよう》の北にあたり、義渠とのちょうど中間に位置する。おそらく二人はここで逢瀬を楽しんでいたのだろう。宣太后からの誘いにいそいそと出かけた義渠の王は殺されてしまい、この機に秦軍は義渠を一挙に撃ち滅ぼしてしまった。

『史記』は義渠王を殺した主語を宣太后としているが、はたしてそうだろうか。宣太后が義渠を滅ぼすことを目的として義渠王に近づいたとすれば、それはかなり気の長い策謀ということになる。それよりは、成長して母親の密通に気づいた昭王が、同腹の兄弟＝ライヴァルの出現に危機を感じ、母親の名を騙《かた》って義渠王をおびき寄せて暗殺したと見る方が自然ではないだろうか。いずれにしても秦は、義渠王をだまし討ちにし、主を失った義渠の領地をやすやすと占領してしまったのである。

義渠の王と宣太后は、何語で会話を交わしていたのだろうか。義渠の王が中国語を解したのか、それとも宣太后が義渠語を話したのだろうか。あるいは義渠の言葉も中国語だったのか。義渠は城郭を築いていたというから、遊牧民ではなく、定住化していたと考えられる。趙の北方にあった中山《ちゅうざん》国の支配一族も白狄《はくてき》の出身とされているが、都城を築いている。

これらの戎狄は、もともと中国と風俗習慣が異なるからこそ戎狄と呼ばれたのだろうが、純粋な遊牧民にはなりきらずに、定住化していたものもいたことがわかる。このようなさまざまな戎狄が秦や趙や燕のごく近くに混住していたのである。これに対して秦は義渠を征服するや、ただちに郡をおいて中国化し、長城を築いて、さらに外側の戎狄が侵入してこないように境界線をはっきりとさせた。

戎狄と戦国七雄との力関係

趙や燕も同様に北方の戎狄を追い払って領地を広げ、長城を築いていった。燕には秦開《しんかい》という賢明な将軍がいた。秦開は東胡《とうこ》に人質となっていたが、その態度人柄がよかったのだろうか、東胡はとても彼を信用するようになった。ところが人質の期間が終わって燕に戻るや否や、秦開は東胡を襲撃したため、東胡は千余里（四〇〇キロ余り）北方へ退却せざるをえなくなった。すると燕もまた長城を築き、囲い込んでしまった。この一連の出来事は、前三世紀初めのことと思われる。

東胡が燕から人質を取ったということは、何を意味しているだろうか。戦国時代には各国の間でかなり頻繁に人質の交換が行われている。それは、お互いに対等の関係にあるという前提のもとに行われたのである。ということは、東胡は燕と対等の関係にあると認められていたことになる。

ところで、秦開は人質という立場にありながら東胡を信用させ、そのかげで東胡領内の地勢や戦力に関する情報を収集していたのであろう。秦と同じように、燕もまた人のよい戎狄を騙して、その領地を掠《かす》め取ったのである。

それに比べると、趙はかなりまともな方法で領地を拡大した。趙の武霊王《ぶれいおう》（在位前三二二～前二九九年、没年は前二九五年）はそれまでの習俗を変えて配下の兵士に胡（これも北方の騎馬遊牧民に対する総称）の服装をさせ、騎射、すなわち騎乗したまま矢を射ることを習わせた。その騎馬軍団によって北方の林胡《りんこ》と楼煩《ろうはん》を破り、長城を築いた。

この習俗変更について、司馬遷はくわしくその背景を説明している。それまで中国の軍隊は歩兵と戦車兵から構成されていたが、戎狄の騎馬軍団に対しては劣勢であった。そこで武霊王は、趙軍にも騎馬隊を導入して対抗しようと考えた。そのためにはまずぞろりと裾《すそ》の長い着物のような服装を、騎乗に便利な胡の服装、すなわちズボンと裾の短い上着に変えなければならない。しかし蛮族の服を着て蛮族の戦法を模倣することには、趙の宮廷の中に強い抵抗があった。武霊王は抵抗勢力を説き伏せ、兵制改革を断行した。そして北方諸族だけでなく、中山国をも併合することに成功した。だが守旧派の抵抗は根強く、結局、王は彼らに殺されることになる。

胡服騎射の導入によって趙は一時的には優位に立ったが、その後もしばしば北方からの侵入に悩まされ続けた。北辺の将軍であった李牧《りぼく》（前三世紀前半か中頃の人）は、匈奴の侵入に対して敢えて抵抗せず、城内に閉じこもって守りを固めた。その方が良策として評価されるほど、北方諸族の勢力は強かったのである（ただし李牧は数年間辛抱する間に兵士の訓練と軍備の蓄えを怠らず、ついに匈奴の大軍を撃破した）（『史記』巻八一、李牧列伝）。秦、燕、趙は戦国七雄と呼ばれる強国のうちの三ヵ国だが、それでも戎狄に勝つためには、騙すか模倣するほかはなかったのである。

匈奴の登場

いま、李牧の話の中でさりげなく匈奴の名前を出したが、これは匈奴が文献に登場する最も早い例の一つである。厳密に言うと、前四世紀末に秦あるいは燕に匈奴が近づいた事件を、『史記』秦本紀と『説苑《ぜいえん》』（前漢末の編纂）が記載している。しかし本当に匈奴なのか、それとも北方の騎馬遊牧民の代名詞として匈奴の名を使ったのか、いま一つはっきりしない。李牧の場合は、そろそろ匈奴の存在を認めてもよいかもしれない。

匈奴がはっきりとその姿を見せてくるのは、始皇帝が天下を統一する前後のことである。統一から六年後の前二一五年、始皇帝のもとに「秦を滅ぼす者は胡なり」と記された予言の書が提出された。そこで災いの根を絶つべく、始皇帝は将軍の蒙恬《もうてん》に一〇万人（本紀では三〇万人）の軍隊を与えて胡、すなわちこの段階では明らかに匈奴を攻撃させた。そして黄河より南の地をすべて占領し、黄河北岸の九原《きゅうげん》から都の咸陽のすぐ近くまで、直道《ちょくどう》と呼ばれる軍用道路を開通させた。その結果、匈奴は黄河の北方まで後退させられた。

予言の書に出てくる「胡」とは匈奴のことではなく、のちに秦が滅亡するときの二世皇帝「胡亥《こがい》」のことであったと、後漢代の注釈者は記している。それが本当だとすれば、匈奴にとってはお門違いのはた迷惑だったということになる。しかしこの解釈は、鶴間和幸が言うように、その後の歴史の展開を知っている者が考えたこじつけであろう（『中国の歴史』03、講談社、二〇〇四年）。始皇帝はその翌年には南方の百越《ひゃくえつ》に対してやはり大軍を送り込んでいる。天下統一後のしばしの安定期を経て、この時期、大規模な対外遠征に打って出たのである。

南北二正面作戦はそれなりに成功し、南北ともに領土を拡大することができた。しかし始皇帝の命はもはや旦夕《たんせき》に迫っていた。前二一〇年に始皇帝が死ぬと、名将蒙恬は奸臣たちによって自殺に追い込まれ、内乱の勃発によって辺境防衛の防人《さきもり》たちもみな内地へ引き上げてしまった。その結果、匈奴は再び黄河を南に渡り、もとの境界線で中国と対峙することとなった。まさに、もとの木阿弥《もくあみ》となったのである。

アルタイ、パジリク２号墳出土の男性右腕刺青　右向きの合成獣が後脚を跳ね上げている。前５～前４世紀。エルミタージュ美術館蔵。著者撮影

匈奴勃興直前の草原文化

近年の中国における活発な発掘調査のおかげで、前四～前三世紀に中国北方の草原地帯にいた騎馬遊牧民の文化が、少しずつわかってきた。高濱秀は、中国で春秋戦国時代にあたる時期の北方草原地帯の文化を以下の三つの地域に分け、それらの間に少しずつ異なったものが認められるものの、全体としては黒海沿岸のスキタイ文化やアルタイのパジリク文化などとよく似ていると指摘している（『世界美術大全集　東洋編１』小学館、二〇〇〇年）。

それは、①北京《ペキン》・河北《かほく》省地域、②内モンゴル中南部、③寧夏《ねいか》・甘粛《かんしゅく》省地域の三地域である。地域間の

細かい差異については高濱の研究に譲り、ここではユーラシア草原地帯全域に共通する特徴を持つものを見てみよう。

陝西《せんせい》省北端の神木《しんぼく》県にある納林高兎《ナリンホト》からは、鹿のような枝角を持つ合成獣の立体像が発見された。台座の四葉形の部分には小さな孔が開けられており、これが帽子の上につける装飾であったことがわかる。動物形の帽子飾りはアルジャン二号墳からも出土しているが、それは現実の鹿であった。ところが納林高兎の動物は、枝角の先が一つ一つグリフィンの頭部になっている。これは後期スキタイ美術の特徴の一つである。

それだけでなく、動物本体の頭部もグリフィンになり、尾の先もグリフィンの頭部になっ

鹿角を持つ合成獣　帽子の上につける装飾で、合成獣の頭部と尾の先、枝角のひとつひとつがグリフィンの頭部になっている。高さ11.5㎝。陝西省神木県、納林高兎出土。陝西歴史博物館蔵。ユニフォトプレス

合成獣帯飾板　猛獣の体でグリフィン頭部の枝角と尾を持つ合成獣。体に青と赤の石が象嵌されている。横5.0㎝。内モンゴル自治区杭錦旗、阿魯柴登出土。内モンゴル自治区博物館蔵。ユニフォトプレス

ている。これとそっくりの合成獣は、パジリク二号墳出土の男性の右腕の刺青《いれずみ》に見られる。こちらでは枝角だけでなくたてがみもグリフィンの頭部になっていることと、体の渦巻き文様が刺青では首と前脚にしか見られないことが異なるくらいで、あとはまったく同じである。納林高兎からやや北西にあたる内モンゴル自治区杭錦旗《ハンギンキ》の阿魯柴登《アルツァイダム》では、同じくグリフィン頭部の枝角と尾を持つ合成獣の帯飾板が発見された。ただし脚を含めて体全体は鹿風ではなく、猛獣になっている。猛獣の体でグリフィン角を持つ合成獣は、ピョートル＝コレクションの中にある。阿魯柴登の飾板のもう一つの特徴は、体に青と赤の石が象嵌《ぞうがん》されていることである。このような青と赤のいわゆる多色象嵌装飾は、ユーラシア草原地帯の中部と西部でサルマタイ時代にきわめて広く流行した。この飾板は、その最も早い例の一つとみなすことができる。

このように、わずか二点の遺物を見ただけでも、中国北方の地域がユーラシア草原の中部や西部としっかりつながっていたことが確認されるのである。

三大勢力の角逐——東胡・匈奴・月氏

冒頓の権力掌握

秦の将軍蒙恬《もうてん》によって匈奴が黄河の北に追いやられた頃の北方情勢を、司馬遷は次のように表現している。「まさにこの時、東胡強くして月氏《げっし》盛んなり」。秦に圧迫された匈奴よりも、東胡や月氏の方が強盛だったと言っているように聞こえる。

匈奴の首長の称号を、中国側の史料は「単于《ぜんう》」と表記している。当時の単于は、頭曼《とうまん》といった（それ以前の単于の名前は知られていない）。頭曼は、テュルク語で「万」を意味する「テュメン」を漢字で表記したものとする説がある。一万人の部隊を率いるリーダーだというわけである。ただし古テュルク語で「テュメン」の用例が確認できるのは、後八世紀の突《とっ》厥《くっ》碑文までである。それ以前では後六世紀半ばの突厥初代の可汗《カガン》の名前「土門」がそれを写した可能性があるが、前三世紀までさかのぼるかどうかとなると、何とも言えない。

頭曼単于には、冒頓《ぼくとつ》という名の太子（後継者）がいた。ところが冒頓の生母は早く亡くなったのか、単于は後妻を迎えた。単于の妻の称号を中国史料は「閼氏《えんし》」（またはあつし）と表記している。この閼氏に子供が生まれた。頭曼にしてみれば、後妻の閼氏が生んだ子の方がどうしてもかわいいから、太子にしたい。閼氏が、おねだりしたのかもしれない。

しかし何の落ち度もない冒頓を、にわかに廃嫡《はいちゃく》するわけにはいかない。そこで頭曼はうまい方法を考えた。冒頓を月氏に人質に出し、その間に月氏を攻撃すれば、月氏は怒って冒頓を殺すだろうと考えたのである。自分の手は汚さずに、冒頓を亡き者にしようというわけである。策略が実行されるや、はたして月氏は冒頓を殺そうとしたが、冒頓はどうも父親の手の内を読んでいたようだ。冒頓は月氏の所有する善い馬を盗み、それに乗って逃げ帰ってきてしまったのである。危機を脱し、しかも敵の善馬まで奪うという手柄を立てたのであるから、頭曼としても「よくやった」と、褒めないわけにはいかない。そこで一万騎を率いるリーダーに取り立てた。

冒頓は鏑矢《かぶらや》を作り、部下には騎射を訓練させた。そして「自分が鏑矢を射るところを射ない者がいたら、その者は斬る」と言明した。鳥や獣を狩りに出かけて、彼が鏑矢を射たところを射ない者は、たちどころに斬った。次に冒頓は、自分が乗っている善馬（月氏から盗んできた馬のことか）を鏑矢で射ると、部下の中には本当に射てもよいものか迷って射ない者がいたが、そのような者はたちまち斬ってしまった。

しばらくして、冒頓は自分の愛する妻を鏑矢で射た。これにはさすがに射ない者が出たが、それもまた斬ってしまった。またしばらくして、冒頓は狩りに出かけたとき、父親の単于の所有する善馬を鏑矢で射ると、部下は全員がそれを射た。ここにいたってついに、冒頓は部下たちが自分の命令を必ず実行することを確信した。

そして父親に従って狩りに出かけたとき、冒頓は鏑矢で父親を射た。すると部下たちはみな、鏑矢の飛ぶ方向に矢を射かけ、頭曼単于を射殺してしまった。さらに後妻とその子供、大臣たちの中で自分に従わない者をすべて殺すと、自ら立って単于となった。それは前二〇九年、始皇帝が没して二世皇帝が即位した翌年のことであった。

以上が、『史記』の語る冒頓による権力掌握の次第である。少し話ができすぎているような気がしないでもないが、ほかに確認のしようもない。冒頓は、非情な手段を用いて、慎重かつ大胆に事を進めていったことになる。

冒頓の征服活動

四方への征服活動でもまた冒頓は、権力掌握劇に勝るとも劣らない非情振りを発揮した。冒頓によるクーデタのうわさは、すぐに広まった。それを聞いた東胡の王は、頭曼が所有していた千里馬（一日に千里＝約四〇〇キロ走る馬）を欲しいと言ってきた。おそらく内部で権力基盤が固まっていないから、外部からの要求には弱いと判断したのだろう。即位したばかりの新単于に、揺さぶりをかける意図があったのかもしれない。

この要求に対して、冒頓は臣下たちに意見を聞いた。すると彼らはみな「千里馬は匈奴の宝の馬ですから、与えるべきではありません」と答えた。ところが冒頓は、「隣り合わせの国の人が欲しいと言ってきたときに、どうして一匹の馬を惜しむことがあろうか」と言って、千里馬を与えてしまった。

冒頓があまりにもやすやすと要求を受け入れたため、冒頓は自分たちのことを怖がっているのだと、東胡の王は思い込んだ。そこで次に冒頓の閼氏を一人欲しいと言ってきた。今度は馬ではなく人間、しかも単于の妻である。冒頓がまた臣下たちに問うと、彼らはみな怒って、「単于の閼氏を要求してくるとは、東胡王は人の道に反しています。攻撃命令を出してください」と言った。ところが冒頓は、「隣り合わせの国の人が欲しいと言ってきたときに、どうして一人の女子を惜しむことがあろうか」と言って、ついに愛する閼氏を東胡に与えてしまった。冒頓はすでに妻を一人殺しているから、これは二番目の妻ということになるが、おそらく複数の閼氏がいたのだろう。

二回目の要求も冒頓が受け入れたために東胡王はますますおごりたかぶり、西方に侵入しようとした。東胡と匈奴との間には人の住まない捨てられた土地があり、その両側に両国はそれぞれ監視所を置いていた。東胡はその土地を領有したいと言ってきたのである。冒頓が臣下たちに問うと、中には「どうせあの土地は捨て地だから、与えても与えなくても、どちらでもいいでしょう」と答える者もいた。すると冒頓は大いに怒り、「土地は国の基本である。どうして与えることができようか」と言って、与えてもよいと言った者はすべて斬ってしまった。そして馬に跨《またが》ると国中に命令を出し、「遅れる者は斬る」と言って、東胡を襲撃した。

トルコ共和国の切手に描かれた冒頓　冒頓をトルコ語では「メテ」という。現在トルコにはメテという姓もある

一方、東胡は冒頓を軽んじて、たいした備えもしていなかったので、冒頓軍はあっという間に東胡王を滅ぼし、その人民と家畜を我が物とした。先に東胡王に与えた千里馬と閼氏も、取り返すことができたのであろうか。次いで冒頓は返す刀で西に向かい、月氏を攻撃して敗走させ、南方では楼煩などのいる、黄河の南の土地を併合した。その結果、かつて蒙恬に奪われた土地を回復することができた。そして冒頓の擁する軍勢は三〇万余を数えたという。

この征服の過程も、まず馬を犠牲にすることから始まり、次に愛妻、そして最後に王を倒すという点では、前記の権力掌握の過程とまったく同じである。これだけ一致すると、なんとなく作り話のように思えてくるが、これまた確かめようがない。

ところで『史記』は、冒頓が強大な勢力を持つことができるようになったのは、当時中国が漢の劉邦《りゅうほう》と楚《そ》の項羽《こうう》の戦いで疲弊していたからであると説明しているが、これはやや言い訳がましく聞こえる。黄河の南の併合に関してはたしかに中国の混乱に乗じたという見方もできるが、東胡と月氏の撃破は中国が混乱状態でなくても成功したであろう。

月氏の実像

先に述べたように、冒頓が単于になる直前の時期には、匈奴よりもむしろ東胡と月氏の方が威勢がよかったようだ。東胡については、冒頓は油断させておいて一気に併合してしまったが、月氏の方はそう簡単にはいかなかった。

冒頓の即位直後の攻撃では、月氏は大きな打撃をこうむったわけではなかったようだ。それから三〇年ほど経た前一七六（あるいは前一七四）年、冒頓は漢に送った書簡の中で、息子の右賢王《うけんおう》が率いる遠征軍を派遣して月氏を滅亡させ、楼蘭《ろうらん》、烏孫《うそん》、呼掲《こけつ》とその近傍の二六国を平定したと述べている。

烏孫と呼掲は、天山北方からアルタイ山脈にかけての地域にいた遊牧民と考えられる。二六国については、楼蘭がいわゆる西域《さいいき》（主にタリム盆地周辺をさすが、この言葉が登場するのは張騫《ちょうけん》が帰国してから後のこと）の中では最大の国で、タリム盆地の東端にあったことを考慮すると、のちの西域三六国に相当すると思われる。

月氏を滅亡させて楼蘭以下を平定したということは、それまで楼蘭などの諸国は月氏に従属していたことを示しているのではないだろうか。これは今日の新疆《しんきょう》ウイグル自治区のほぼ全域とカザフスタン南部にあたり、領域としてはかなり広い。ところが『史記』大宛《だいえん》列伝の中で、張騫は月氏の本来の住地を敦煌《とんこう》と祁連山《きれんざん》の間、今日の甘粛省西部であったと語っている。これでは場所が南方に偏り、しかも狭くなってしまう。この矛盾をどう解決すればよいであろうか。

まだ定説とはなっていないが、ここに一つの妙案がある。それは、月氏の領域をモンゴル高原西部から新疆までときわめて広大であったと解釈し、その南部に甘粛省あたりも含んでいたとみなす説である。この説は早くも戦前に和田清《せい》が唱え、その後、榎一雄《えのきかずお》が肉づけし、さらに護雅夫《もりまさお》らが支持している。

たしかに月氏は匈奴をもしのぐと見られていた強国であるから、その領域が甘粛省西部の狭い回廊地帯（一般に河西回廊という）では不自然である。また、実は月氏は、右賢王の攻撃で「全滅」したわけではなかった。そのため冒頓を継いだ老上単于《ろうじょう》（在位前一七四～前一六〇年）は、さらに月氏攻撃を続行し、王を殺してその頭蓋骨を酒杯にしてしまったという。

この第三次攻撃に関しては実際に行われたかどうか疑問視する向きもあるが、ともかくまだ月氏の勢力は侮れないものであった。それが証拠に、このあと、おそらく前一三〇年代に月氏の主力は西方に移動し、バクトリア地方（今日のウズベキスタン・タジキスタン南部とアフガニスタン北部）を中心に中央アジア南部で強国となった。

この主力を大《だい》月氏と呼び、甘粛方面に残った一部を小《しょう》月氏という。小月氏はまもなく史上から消えてしまうが、大月氏は世界史上大きな役割を果たすことになる。まず、ローマ側の史料も大月氏のバクトリア侵入と思われる出来事を記録しており、西と東の史料が初めて同じ出来事を記すという世界史上注目すべき結果をもたらした。

また大月氏を支える五人の総督を出す部族の一つ、クシャン（中国史料では貴霜）が後一世紀前半頃に大月氏に代わって中央アジア南部を支配するようになり、その支配下で仏教と仏教美術が興隆したことは、その後の中央アジア、東アジアに多大な影響を及ぼすことになる。このクシャンがもともと大月氏を構成する一部族であったのか、それとも地元のバクトリアの一部族であったのかについては、議論が分かれる。私自身は前者の説に魅力を感じているが、決着をつけられるほどの論拠を持っているわけではない。

月氏の残した痕跡？

移動する前の月氏の領域問題について、文献史料に限界があるならば、考古学資料に目を向けてみよう。第三章と四章でややくわしく紹介したアルタイのパジリク古墳群について、それを残したのは月氏ではないかという説を、一九五九年に榎一雄が発表した。おそらくその発表をまったく知らずに、発掘調査者のＳ・ルデンコもその翌年に同じ説を発表した。

パジリクの出土品には、草原遊牧民のサカ・スキタイ系美術を基調としつつも、ペルシアやギリシアの要素、さらには中国製品まで見られた。このことは、月氏の領域がモンゴル高原西部からアルタイ、天山の南北にまで及び、シルクロードの主要部分を含んでいたことを示すものと見ることもできよう。しかしこのような、いわば状況証拠だけでは、確実さを増すことはできない。

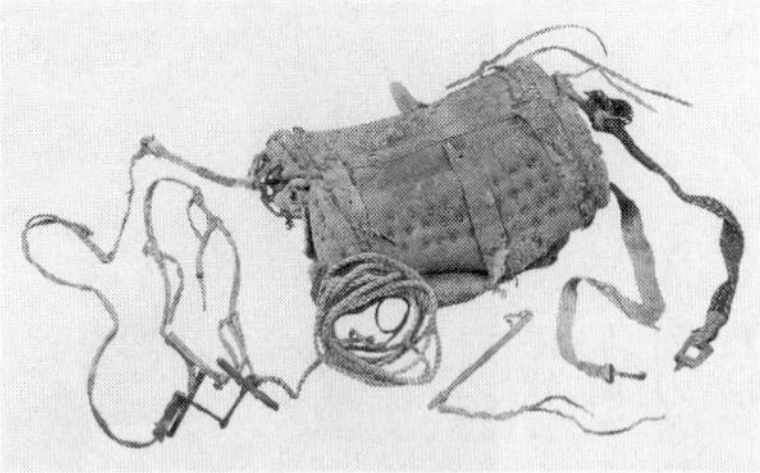

スバシ１号墓地出土の馬具　軟式鞍と胸繋、轡、尻繋、腹帯、鞭。前４～前３世紀。王炳華『新疆古屍』新疆人民出版社より

パジリクが月氏の遺跡であるとすれば、パジリクと同系統の文化が、月氏の領域に広く分布していたはずである。第三章で触れたように、二〇〇六年七月にモンゴル領のアルタイで初めて発見された凍結墓は、パジリク文化が国境を越えて現在のモンゴル領にまで及んでいたことを示している。しかしここはまだ同じアルタイ山脈の続きであり、距離もまだそれほど離れていない。

これに対し、天山山脈の南側で、トゥルファンのやや東方にあたる火焔山山麓のスバシ遺跡は、パジリクから南へ九〇〇キロ弱も離れているにもかかわらず、パジリク文化との共通性を示している点で興味深い。パジリクでは墓室が凍結していたために遺体や有機質の遺物が良

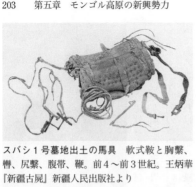

高い帽子をかぶった女性の遺体　スバシ３号墓地出土。前４～前３世紀。新疆、トゥルファン東方。王炳華『新疆古屍』新疆人民出版社より

好な保存状態で残ったが、この地域は極端な乾燥のゆえにそれらがよく残っていた。

スバシの一号墓地一一号墓からは、鞍《くら》がほぼ完全な状態で発見された。この鞍は、中にあんこの入った枕のような革製品を二つ並べて縫い合わせて作られている。座布団かクッションのように軟らかい素材で作られているので、軟式鞍と称することができよう。

前部（図版で左側）から中央やや後方にかけて幅が広くなり、後部に向かってまたやや狭くなる。三～四列の革紐の縫い目が見られるが、中のあんこが偏らないようにするための工夫であろう。これは、始皇帝陵の兵馬俑に見られる鞍とまったく同じ作りである。胸繋《むながい》の革紐が鞍の前部の断面から出ている点も同じである。

これらの鞍の原型にあたると思われる鞍が、パジリクで発見されている。これも枕のようなクッションを二つ並べて縫い合わせて作られており、前部から中央やや後方にかけて幅が広くなり、中のあんこが偏らない工夫が施されている。ただしパジリクでは胸繋が鞍の前部からではなく、腹帯の上部から出ていた。これでは位置が低くてずり落ちてしまうため、胸繋の中ほどから馬の首の後ろを通る革紐を一本伸ばして引き上げていた。同じような革紐の

存在は、ピョートル＝コレクションの金製帯飾板にも見られる。

このような軟式鞍の胸繋がずり落ちる欠点が改良されてスバシ出土の軟式鞍が登場し、それを趙の武霊王が採用して、さらに秦の始皇帝の時代にも伝わったのであろう。次に、実用品ではなく、かなり独特な装飾法を見てみよう。

スバシ三号墓地の六号墓には男女の遺体が発見されたが、女性はきわめて高く伸びた帽子をかぶっていた。これと同じように高く伸びた帽子を、パジリク五号墳の女性もかぶっていた。これは木製の台部に長い針金を刺し、それに毛髪を巻きつけたものである。このような帽子を被った女性は、前述の金製帯飾板にも表現されている。さかのぼると、アルジャン二号墳の女性も高く伸びる帽子飾りをつけていた（一五三頁参照）。

これはスキタイ時代のトゥバ、アルタイから天山にかけての女性の帽子に見られる独特な装飾と考えられる。またスバシからは弓と矢を一緒に入れる弓矢入れ、すなわちゴリュトスも出土している。スキタイ系パジリク文化は確実に天山の南側、トゥルファン付近にまで広がっていたのである。この文化の年代が前五～前三世紀であり、地域がトゥバ、アルタイから天山の南までということになると、その担い手は月氏と推定することも十分可能であろう。

匈奴遊牧帝国の出現

冒頓と劉邦――両雄の直接対決

この小見出しを見て、項羽と劉邦というおなじみの組み合わせを連想される方もおられるかもしれない。しかし項羽と劉邦の戦いは、しょせん中国国内の内戦に過ぎない。これから述べる冒頓と劉邦の戦いは、新興遊牧国家と新生統一中国との間で行われた、ユーラシア東部では最初の大国同士による戦いであった。

劉邦（高祖）が項羽を倒して天下を統一したその翌年、冒頓の単于即位から九年目にあたる高祖六年（紀元前二〇一年）の秋九月、北方防衛の要である馬邑《ばゆう》（今日の山西省北部、朔県）に駐屯していた韓王信《かんおうしん》を、匈奴の大軍が包囲した。

韓王信は戦国時代の韓の王家出身で、身長が八尺五寸（約一九〇センチ）もある勇猛果敢な将軍であった（同じく劉邦配下の将軍で、股くぐりの逸話で有名な韓信とは別人）。劉邦のもとで功を立て、韓王に任じられたが、その勢力が強大であったために劉邦に警戒され、本来の韓の地よりも北方の太原《たいげん》の地（今日の山西省）の王に移されていた。匈奴の侵入に備える役目を任されたわけである。

そこで韓王信は、太原の都晋陽《しんよう》からさらに北方の馬邑に拠点を移したが、そのときに匈奴に包囲されたのである。韓王信はしばしば匈奴に使者を派遣して、何とか和解の道を探ろうとした。ところがこの行為が劉邦に疑心を生じさせ、韓王信が匈奴に通じているのではないかと思わせてしまった。そこで劉邦が使者を派遣して韓王信を責めると、信は殺されるのではないかと恐れ、馬邑ごと匈奴に降伏し、逆に太原を攻撃するにいたった。

翌月にあたる高祖七年（前二〇〇年）の冬一〇月（秦と漢の初期には、一年は一〇月から始まっていたが、武帝の太初元年（前一〇四年）に、正月が年の初めと改められた）、劉邦は韓王信を討つべく、自ら軍を率いて出陣した。晋陽から南に一二五キロほどの銅鞮《どうてい》で信の軍を攻撃すると、信は匈奴に逃走し、趙利という趙の王族の子孫を担ぎ出して、匈奴とともに漢を攻撃しようとする策謀にも加担した。趙王国を再興して漢に対抗し、あわよくば戦国時代に時計の針を戻そうと狙っていたのかもしれない。

劉邦は韓王信の背信を怒って、晋陽にいたり、しばしば匈奴に使者を派遣した。すると匈奴は精鋭部隊と栄養たっぷりの牛馬を隠し、高齢か弱そうな兵士や痩せた家畜ばかりを見せた。それを見た一〇人ほどの使者はみな「匈奴撃つべし」と進言した。ところが最後に派遣された使者の劉敬という人物は、「これから攻撃し合おうという国はその強さを誇示しようとするものですが、やせ衰えた家畜と老弱者しか見せないということは、きっと奇襲兵を隠しているのでしょう。攻撃すべきではありません」と言上した。

だがこのときすでに二〇万以上の漢軍は、晋陽の北一〇〇キロの句注山《こうちゅうざん》を越えていた。勝勢におごっていた劉邦はそのような不戦論には聞く耳を持たず、偽りの敗走を続ける匈奴軍を追って、総勢三二万ともいう軍を自ら率い、句注山からさらに北へ一二〇キロあまりの平城（今日の山西省大同市）に達した。

皇帝が自ら軍を率いて遠征に出かけることを、親征という。匈奴のような遊牧国家ではむしろ親征は当たり前のことだが、中国では王朝の創設期を除けば、きわめてめずらしい。親征すれば軍隊の士気は上がるだろうが、万が一負けて捕虜になったり戦死したりすればただちに王朝は存亡の瀬戸際に立たされることになる。このときの劉邦は、国内統一を成し遂げた直後で、自信に満ち溢れていたのであろうか。とにかくここに、遊牧民集団を統合した草原の覇者と中国統一王朝の初代皇帝との直接対決が実現することになったのである。

あっけない幕切れ

漢軍の多くは歩兵であった。劉邦が馬に乗っていたか車に乗っていたかはわからないが（おそらく車だろう）、いずれにしても歩兵よりは速い。そのため劉邦が平城に達したとき、歩兵はまだ全員が到着していたわけではなかった。さらに晋陽から平城に到着するまでの間に大寒波に見舞われ、雪も降ったために、兵士のうち二、三割は凍傷にかかって指を失う羽目に陥ってしまった。これでは弓を引くことができない。決戦が始まる前に、漢軍は相当のハンデを背負っていたことになる。

その機を見計らっていたように、冒頓は精鋭四〇万騎を動員し、劉邦を平城郊外の白登山《はくとうざん》に囲んだ。匈奴の騎馬軍団は、西方が白馬、東方が白面の黒馬、北方が黒馬、南方が赤黄色の馬であった。四〇万騎もの大騎馬軍団をよく隠し通せたものだといぶかしくもなるが、ここでは司馬遷の言うことを信じるしかない。

遅れてたどり着いた包囲の外側の部隊は、包囲された劉邦の本隊に食糧を送ることも援軍を送り込むこともできなかった。そのような状態が、七日間続いた。このとき巷ではやった歌が、『漢書』匈奴伝に記録されている。「平城のあたりは本当に苦しそう。七日も食べないので、弩《いしゆみ》も引けない」。進退窮まった劉邦は、知謀の策士、陳平《ちんぺい》の「秘計」を採用し、たくさんの贈り物を持たせて使者を閼氏のもとに派遣した。冒頓単于は遠征に閼氏を連れてきていたのである。

閼氏は冒頓に向かって、次のように述べて撤収を勧めた。「両国の君主たる者が、お互いに苦しめ合うというのは、いかがなものでしょうか。いま漢の土地を得たとしても、単于がいつまでもそこに住まうことができるわけではありません。また漢の君主にも神の助けがあるかもしれません。その辺を推察してください」。

冒頓の側にも、やや不安の種があった。冒頓は韓王信の配下の趙利らと落ち合う約束をしていたのに、その期日になっても趙利らの部隊が到着しなかった。彼らが再び寝返って、漢の側についたのではないかと疑い始めていたのである。そこで閼氏の助言も入れて、囲みの一角を解いた。たまたま深く霧が立ち込めていたこともあって、包囲の内と外とで使者が往来していることに匈奴も気がつかなかった。陳平は全員に一つの弩に二本の矢をつがえさせたまま解かれた一角から全速力で脱出し、ついに外側にいた大軍と合流することができた。かくそうなると匈奴軍もうかつに仕掛けるわけにはゆかなくなり、撤収して去っていった。

して、南北両勢力の一大決戦となるはずだった戦いは、さしたる戦闘もないまま、匈奴軍優勢のうちに、両軍とも撤収と相成った。この段階で第一回目の和親条約が結ばれた可能性があるが、くわしい内容はわからない。

ところで陳平の「秘計」とは、単に閼氏に贈り物をするというだけの単純なものではあるまい。早くも前漢末頃から、うがった見方が取りざたされてきた。それによると、陳平は画工に美女の絵を描かせ、それを使いに持たせて閼氏に見せ、漢にはこのような美女がいるが、皇帝はいま困っているので美女を単于に献上しようと考えていると言わせた。閼氏は、このような美女が来ては自分への寵愛が奪われると心配になり、先に紹介したように単于に助言をした。その結果、冒頓は軍を撤収した。この策略は品性の卑しいものなので公にすることをはばかり、「秘計」と称したというのである。

はたしてこの当時、従軍画家がいたのか、またモデルになるような美女が遠征に同行していたのか、興味は尽きないが、確かなところはわからない。またこれまで妻をいとも簡単に殺したり相手を油断させるための贈り物としたりしていた冒頓が、なぜ急に閼氏に弱くなったのかも不思議である。あるいはこの閼氏は東胡王に贈られた当人で、冒頓は彼女に借りがあったので、従わざるを得なかったのであろうか。いずれにしても単于に対してこれだけの発言力を持つ閼氏は、劉邦の妻である呂后《りょこう》と好一対ということができよう（呂后は、則天武后《そくてんぶこう》と並んで中国史上最強の皇后であった。『史記』は、高祖本紀に続いて呂后本紀を置き、呂后を皇帝と同格に扱っている）。

義渠戎や東胡が中国側の策謀に騙され続けてきたのに対し、匈奴は逆に漢軍をわなに陥れかけたが、詰めの段階でまたしても中国側にしてやられたというべきだろうか。

和親条約の中身

冒頓自身は引き上げたが、その配下の一部はなお付近にとどまり、一二月には平城から東へ一一〇キロあまりの代《だい》を攻めた。代には劉邦の兄の劉仲《ちゅう》が代王として赴任していたが、仲は恐れをなして任地を捨て、洛陽に逃げ帰ってしまった。翌年も韓王信らの侵寇が続いていたようだ。

苦悩の色を深めた劉邦は、冒頓の伏兵作戦を見抜いていた劉敬を呼び出し、策を問うた。劉敬が薦めたのは、政略結婚と贈り物によって匈奴を懐柔する策であった。劉邦と呂后との間に生まれた一人娘、長公主《ちょうこうしゅ》を冒頓に嫁がせて閼氏となせば、冒頓は劉邦の娘婿ということになる。さらに子供が生まれて新しい単于となれば、その単于は劉邦の孫ということになる。そうなれば母親や祖母の実家を脅かすようなことはしなくなるだろうという読みである。

劉邦はすぐに了承したが、呂后は「一人娘をどうして匈奴などに捨てられようか」と言って、日夜泣いた。呂后に泣かれると、劉邦は弱い。やむを得ず一族の中から子女を選び、長公主と名づけて冒頓単于に閼氏として嫁がせることとし、劉敬を使者として遣わして和親の約を結ばせた（前一九八年かその翌年）。

条約の中身は、彼我の軍事バランスを反映して、漢にとって相当厳しいものとなった。漢は匈奴に毎年一定数量の真綿、絹織物、酒、米、食物を献上し、兄弟となるというものであった。このときには具体的にどれくらいの数量だったのか記載がないが、これから一〇〇年あまり後の前八九年に匈奴の単于が送ってきた書簡の中にヒントがある。

そこには、「歳ごとに糵酒《げつ》（麹で造った甘い酒）万石、稷米《しょく》（高粱《コウリャン》）五〇〇〇斛《こく》（石と同じ）、雑繒（絹織物）万匹を供給せよ」とある。一万石は一〇万斗であり、漢代の一斗は現代日本の一升強にあたるので、酒一万石とは一升瓶にして一〇万本強、一斗樽ならば一万樽ということになる。もし一人が年間に一〇〇本飲んだとしたら一〇〇〇人分、五〇本飲んだとしたら二〇〇〇人分ということになる。これを多いと見るか、少ないと見るかは人によって異なるだろうが、一万樽分の酒を運ぶのはさぞかし大変だったろう（なお当時の中国には木製の樽はまだ存在しなかったと思われるが、南シベリアのトゥバでは紀元前後ころの墓から木製の小さめの樽が発見されている。ただしこれは乳製品を入れるための容器と考えられているが）。絹一匹は長さ四〇尺、約九メートルに相当する（幅は約五〇センチ）。

ともかく、この条約が結ばれた結果、冒頓は侵寇を「少しやめた」。つまりまったくやめたわけではなく、少し控えたのである。条約が結ばれたのにもかかわらず、なぜ匈奴は侵寇を続けたのか、侵寇の目的、対象は何だったのかという問題については、第八章でくわしく論じる。

このような和親政策あるいは懐柔政策は、漢以後の歴代王朝でもしばしば採用されることになる。漢では、武帝が方針転換する前一三〇年ころまで続けられ、公主も何人か送られた。匈奴の侵寇がやむことはなかったが、それに対して漢が大規模な遠征軍を派遣することはなく、もっぱら防御に主眼を置いていた。

はたしてこの和親政策は漢にとって成功だったのか、失敗だったのか。これは議論の分かれるところである。毎年一定量の贈り物をする財政的負担と、侵寇によって北方辺境地帯がこうむる人的・経済的損失は、たしかに大きい。また戎狄に頭を下げるのは、中国にとって不名誉なことではある。しかし大規模な遠征を行っても、必ずしも勝てるとは限らない。運よく勝てたとしても、対外遠征を続けるには相当な費用がかかる。どちらが得か、よく考えてみなければならない。武帝の宮廷では、この問題に関して大議論が展開された。武帝はもとより現状に不満だったので政策を転換することになるが、その結果について述べる前に、劉邦が死んでから武帝が即位するまでの匈奴と漢との関係をもう少し眺めておくことにしよう。

冒頓の呂太后セクハラ事件

白登山の戦いから五年後の前一九五年、劉邦は前年に反乱鎮圧の際に当たった流れ矢の傷がもとで発病し、亡くなった。これ以後、高祖と呼ばれることになる。すぐに太子が即位して恵帝となったが、実際には母親の呂太后がすべてを仕切ることになった（皇帝が死んで子供が即位すると、その母親は太后と呼ばれる）。

前一九二年、冒頓が呂太后に書簡を送ってきた。ところがその内容がはなはだ無礼であったので呂太后は大いに怒り、匈奴を攻撃しようといきりたった。しかし将軍たちの多くは、

「賢明にして勇敢なあの高祖様ですら、平城で苦しまれたのですから」といってなだめた。呂太后もやがて正気を取り戻し、再び和親の約を確認することになった。

その無礼な書簡の内容を『史記』は記していないが、幸いにして『漢書』が書きとどめてくれている。それによると、「自分（冒頓）はいま、ひとり身です。……辺境まではしばしば行ったことがありますが、ぜひ中国国内を遊覧したいと願っています。陛下（呂太后）も、ひとり身だそうですが、両国の君主がともに楽しみを持たないというのは、いかがなものでしょうか。お互いに持っているもので、無いものと換えてみませんか」というものであった。現代ならばセクハラで訴えられるかもしれない、きわどい内容である。呂太后が怒るのも無理はない。

将軍たちのとりなしで、何とか隠忍自重した呂太后は、次のような返書を冒頓に送った。「単于がわたくしめのことを忘れずに書簡を送ってこられたので、恐縮しております。ゆっくりと考えてみましたが、寄る年波には勝てず、気は衰え、髪や歯は抜け落ち、歩行もままなりません。単于の聞き違いでしょう。とても単于のおそば近くをけがす資格はありません。わたくしめには罪はありませんので、どうか見逃してください。四頭立ての馬車を二台、馬もつけて差し上げますので、普段の車としてお使いください」。

こわもてで知られる呂太后にしては随分とへりくだったものだが、このこともまた軍事力のバランスが匈奴の側に大きく傾いていたことを示している。しかしこの返書を受け取ると、冒頓は意外と素直に謝り、「自分の方が礼儀知らずであった。許されたい」といって、馬を献上してきた。そこで再び和親の約を結び、さらに劉氏一族の子女を公主として、単于に嫁がせた。呂太后の代わりということであろうか。

冒頓がこのとき「ひとり身」であったということは、にわかには信じがたい。平城攻囲戦に同行した閼氏は死んでしまったのであろうか。たとえそうだとしても、漢から閼氏として送られた偽の「長公主」がいたはずである。それも死んでしまったのであろうか。もしそうだとすれば、冒頓の妻はみな薄命であったということになる。

ところでこのような書簡は、何語で書かれていたのだろうか。漢が送った書簡はもちろん中国語で書かれていただろうが、匈奴の送った書簡はどうであろうか。これも中国語で書かれ、形式も中国のものと同じであったと思われる。書簡を書くことのできる漢人が、当時の匈奴には大勢いたからである。これら匈奴領内の漢人の役割については、第八章でくわしく述べる。

冒頓単于から老上・軍臣単于へ

漢で呂太后が死に、文帝が即位すると（前一八〇年）、また和親が確認されたが、前一七七年には右賢王が黄河の南に侵入して、長城を守備していた蛮夷を殺したり略奪したりして引き上げていった。この蛮夷というのは、戦国時代の林胡とか義渠のような非漢人で、この時期には漢に属していたのだろう。

このときの侵入について冒頓は、漢に送ってきた書簡の中で次のように言い訳している。

「和親条約を結んだのに、漢の辺境の役人が右賢王を侮辱したので、右賢王は自分に相談もせずに漢の役人と争ってしまったのである。しかし条約を破ったことは事実であるので、罰として右賢王には月氏遠征を命じた」という。前節で述べた右賢王の月氏遠征は、このような事情で行われたものであった。

このとき冒頓は同時に駱駝《ラクダ》一頭、騎馬二頭、馬車を牽《ひ》く馬八頭を献上した。これに対し、文帝は返書とともに、皇帝が着用する豪華な衣装一式、黄金の帯飾金具とバックル、さらにさまざまな絹織物計一六〇匹を届けさせた。遊牧国家側からは馬が、中国側からは絹が贈られるという図式は、このあと両者の経済交流の一般的形式となる。

それからまもなくして冒頓は死亡し、老上単于《ろうじょうぜんう》が立った（前一七四年）。文帝はまた一族の子女を公主に仕立てて新単于の閼氏として送り込んだ。このとき公主のおもり役として同行していったのが中行説《ちゅうこうえつ》（中行が姓）である。この中行説が匈奴において果たした重要な役割についても、第八章で述べる。老上単于のもとでもやはり匈奴の侵寇がやむことはなかった。

老上単于が死んで（前一六一年）、軍臣単于《ぐんしんぜんう》が立っても、状況は同じで、和親条約と公主の降嫁、条約破りの侵寇の繰り返しであった。また軍臣のときには、中国国内で反乱を企てた勢力と結託する動きも見られた。このような策謀は、漢の皇帝についに和親政策の見直しを迫ることになる。武帝の登場により、匈奴と漢との関係は新たな段階に突入することになるが、それについて述べる前に、次章では匈奴の風俗習慣、経済、社会構造など、匈奴国家内部のさまざまな問題について述べておくことにしよう。

第六章　司馬遷の描く匈奴像

匈奴の社会

単于とそれに続く支配階層

匈奴《きょうど》は、独自の文字を持っていなかった。いや、持っていたのだとする説も一部にはあるが（特にモンゴルやトルコなどの民族主義的傾向の強い研究者）、証拠はまったくない。漢との外交交渉などには漢文文書が使われたが、彼ら自身が自分たちのことを語った史料も、中国側の史料の中に引用されたものしか残されていない。そこで匈奴内部の事情を探る際にも中国史料に依拠せざるを得ないが、若干の考古学資料も参考にする。

『漢書《かんじょ》』匈奴伝は単于《ぜんう》の姓を攣鞮《れんてい》氏としているが、『後漢書』南匈奴伝は単于の姓を「虚連《きょれん》題《だい》」としている（匈奴の南北分裂については第七章で述べる）。「きょ」を除けば音が似ているので、同じ匈奴語を別の漢字で表記したものと考えられる。また『漢書』は、単于の正式名称を「撐犂孤塗《とうりこと》単于」としている。匈奴語では天を「撐犂」、子を「孤塗」といい、単于とは広大なさまを意味するという。

このうち、撐犂が古テュルク語やモンゴル語で「天」を意味するテングリを漢字で表記したものであることはまず間違いない。前一七四年に冒頓《ぼくとつ》単于が漢に送ってきた書簡の冒頭には、「天が立てたところの匈奴大単于がつつしんで問う、ご無事で居られようか」とある。単于がなぜ単于であるかといえば、それは天が認めてくれたからだというわけである。このような考え方は、六〜八世紀にモンゴル高原を支配した突厥《とっくつ》にも見られる。一方、孤塗と単于の原語については、まだ定説はない。

攣鞮氏のほかに、『史記』によれば、最初は呼衍《こえん》氏と蘭氏、その後、須卜《すぼく》氏が加わった三姓が、高貴な氏族とされた。『後漢書』はさらに、丘林《きゅうりん》氏を加えて、この四姓と常に単于は婚姻関係を結んだという。つまりこれらは、単于の姻戚氏族であった。ただし第五章で見たように、漢から嫁いできた公主も閼氏《えんし》とされた。

単于以下の支配構造についての記述は、『史記』、『漢書』とその後の『後漢書』などとの間に異なる点があるが、ここでは原則として冒頓時代から一〇〇年間くらいの状況を記した『史記』に基づいて述べてゆくことにしよう。

単于に次いで大きな勢力を持っていたのは、左屠耆《しょき》王と右屠耆王、左谷蠡《ろくり》王と右谷蠡王である。屠耆とは匈奴語で「賢い」を意味する言葉なので、中国史料では普通「左賢王、右賢王」と称する。この方がわかりやすいので、本書でもすでに第五章で使っている。「賢い」ということは、遊牧国家の支配者にとって重要な資質であった。もちろんどんな組織でもリーダーは賢いに越したことはないが、官僚機構がそれほど複雑でなく、トップの判断がその運命を左右する傾向の強い遊牧国家にあっては、とりわけ重要であった。突厥以後のテュルク系遊牧国家では、可汗《カガン》の長い正式名称の中にしばしば「ビルゲ（賢い）」という言葉が含まれる。残念ながら、谷蠡の意味はわからない。

左賢王には常に太子、すなわち単于の後継者が就任するため、左賢王がナンバーツーということになる。『後漢書』はその次に左谷蠡王、その次に右賢王、そして右谷蠡王という序列であったとするが、冒頓の頃もそうであったかどうかはわからない。

十進法に基づく軍事組織

これら四王につづいて、左右大将、左右大都尉《だいとい》、左右大当戸《だいとうこ》、左右骨都侯《こっとこう》が置かれていた。中国では大将という言葉はすでに春秋戦国時代から使われており、都尉は漢の景帝（在位前一五七〜前一四一年）のときに武官の名称として登場している。何らかの匈奴の言葉を、それに相当する中国語に置き換えたのであろう。

一方、当戸と骨都侯は中国にはない官名であり、匈奴語の音を表記した当て字であろう。前三者については説明がないが、骨都侯は、「輔政」するという。おそらく、単于を直接に輔佐（補佐）する宰相のような役職だったのだろう。『後漢書』はこの骨都侯を「異姓大臣」、すなわち攣鞮氏以外の氏族出身であったとする。たしかに加藤謙一が調べたように『後漢書』では実際に名前のわかる骨都侯を調べると、前記の姻戚氏族であったことがわかる。護雅夫《もりまさお》は、単于の正式名称に含まれる「孤塗」とこの「骨都」は、ともに古代テュルク語で「天の恵み、幸運」を意味する「クト」を漢字で表記したものではないかと推測しているが、『史記』の言う「子」という意味と食い違っているため、やや説得力に欠ける。左右賢王から左右大当戸にいたるまで（ということは、最後の骨都侯は入らない）、全部で二四人の長がいる。そのうち勢力の大きい者は一万騎を擁し、やや小さい者は数千騎であるが、すべて「一万騎」と称するという。そうすると、匈奴の騎兵は総計で二〇万騎くらいということになる。ところが白登山《はくとうざん》の戦いに出陣した匈奴兵は、四〇万騎と記されていた。それでは四〇万は、やはり誇張なのだろうか。だがそうとばかりも言い切れない。匈奴に征服された東胡《とうこ》や楼煩《ろうはん》の騎兵も参加していたのかもしれない。

もう一つ、数が合わないのは、「二十四長」である。左右賢王から左右大当戸まで、どう数えても一〇人しかいない。山田信夫は、左右賢王、左右谷蠡王、左右骨都侯を筆頭の王将クラスとみなし、この六人の配下にそれぞれ大将、大都尉、大当戸がいたと考えた。そうすれば六×四＝二四になるというわけである。しかし『史記』の記述を素直に読めば骨都侯は入らないので、この説はやや苦しいと言わざるを得ない。

また四王は一人ずつだが、左右大将以下は複数（たとえば四～五名）存在して、合計で二四名くらいいたとする説もある。ただしこれを裏づける史料があるわけではない。というわけで、二四の数合わせに関する妙案は、今のところない。

ともかくこの「二十四長」の下にはそれぞれ、「千長、百長、什長」がいた。つまり、「万騎」を率いる二十四長にはそれぞれ数人から一〇人までの「千長」がおり、一人の「千長」の下には一〇人の「百長」がおり、一人の「百長」の下には一〇人の「什長」がいたということになる。とすると、千長はおそらく二〇〇人くらい、百長はその一〇倍で約二〇〇〇人、什長は約二万人となる。

このような十進法による軍制は、モンゴル帝国にも知られている。ちなみに現在のトルコ共和国の軍制にも、これら三階級は組み込まれている。現代トルコ語で千長を意味するビンバシは少佐、ユズバシ（百長）は大尉、オンバシ（什長）は伍長に相当する。

左は東、右は西

二十四長の下には、さらに裨小王、相、封（あるいは将）、都尉、当戸、且渠《しょきょ》という属官がいた。これらは十進法の軍制からは外れているので、少なくともその一部は文官であった可能性もある。

王将の名称にはすべて左右がついているが、これはそれぞれ東西を指す。すなわち左の王将は東方におり、右の王将は西方にいた。そして単于は、その中間にいた。前記のように骨都侯は単于の政治の補佐をしたというので、これは中央にいたのかもしれない。

なぜ左が東、右が西になるのだろうか。匈奴の目は、常に南方の中国に向いている。北から南を見ると、左手は東、右手は西ということになるのである。現代のモンゴル語でも、左を意味するズーンは同時に東をも意味し、右を意味するバローンは西をも意味する。

二十四長はそれぞれ「分地」を所有し、その中で水と草を求めて移動していた。「分地」とは領地のことであろう。おそらく単于から認められていたのであろう。

二十四長のもとに組み込まれた軍事組織がそのまま社会組織、つまり一般遊牧民を支配統合する組織になっていたかどうかについては、議論は大きく二つに分かれる。匈奴を複数の氏族がゆるやかにまとまって部族を構成している社会とみなす立場に立つと、軍事組織は戦いのときだけに編制されるもので、平時の社会を統合するような全体的な統治機構は存在しなかったということになる。

一方、軍事組織がそのまま社会を統合する組織であったとみなす説によれば、匈奴社会はかなり整然としたピラミッド型の統治機構を持つ「国家」の段階に達していたということになる。

私自身は、匈奴が漢と対等の外交関係を結んでいたこと、流入した漢人の官僚層の存在が想定できること、租税徴収制度が存在したこと、簡素ながら法律・裁判制度が存在したこと、経済・防衛政策に国家的意思が看取されること、漢との間に境界線が存在することが双方に意識され、北側の人民は匈奴の支配に属することが漢にも認められていたことなどから、匈奴は「国家」と呼べる水準に達していたと判定している。それらの詳細については、このあと随時触れてゆくことにする。

祭祀――聖的集会と俗的集会

続いて『史記』は、匈奴の宮廷の祭祀《さいし》、刑法、単于の葬儀などについて記している。毎年正月には「諸長が単于の庭に小会」して、祭祀を行う。「小（集）会」と言うからには、あまり大勢集まったとは思われない。二十四長に千長クラスが加わった程度の規模であろうか。「庭」とは「朝廷、宮廷」のことだが、遊牧民匈奴のことであるから、特定の建物があったわけではなく、単于用のテントのある場所のことであろう。正月に祭りを行うのは、中国からの影響とする見方もある。

一方、五月になると、「龍城《ろうじよう》（『漢書』では龍城）に大会し、先祖・天と地・鬼神を祭る」。秋、馬が肥えた頃には、「蹛林《たいりん》に大会し、人畜の計を課校する」。

龍城と蹛林については、中国で古くからさまざまな解釈がある。どちらも特定の地名とする説、龍城は龍神を祭った祠《ほこら》とする説、蹛林は林の立ち木をぐるぐる回る儀礼とする説などである。最後の説は、東胡の末裔《まつえい》とされる鮮卑《せんぴ》に似たような祭りがあって、補強することができる。それによると、鮮卑の秋祭りでは、林の立ち木かそれがなければ柳の枝を立て、大勢が馬に乗って三回その周りを回るという（『漢書』匈奴伝につけられた唐代初めの顔師古《がんしこ》の注）。

この鮮卑の秋祭りに着目したのが、江上波夫である。モンゴル人は今でも泉や、峠、山頂など、特徴的な場所に石を積み上げてケルンのようなものを作り、それに大きな枝を立てて、それをオボーと称する。大木そのものがオボーとなることもある。モンゴル人は移動中にオボーを通りかかると、必ずその周りを三回、時計回りに回って敬意を表し、その土地の人々は年に一回供え物を捧げてお祭りをする。江上は龍城をオボーのような祭祀施設とみなし、蹛林とはその周りを回ることと考えた。

モンゴル西北部の峠道にあるオボー　積石の上に樹幹を組み合わせ、祈願をこめた絹布が結びつけられ、祠の中には酒瓶や紙幣が奉納されている。著者撮影

たしかに似たような儀礼はシベリアや中央アジアの狩猟遊牧民に多く見られ、蹛林の解釈としては成り立つだろうが、龍城をその場所とするにはいささか論拠が弱く、最終的な決着がついたとは言えない。

祭られる対象のうち、「先祖」とは、匈奴の始祖とされるような神話上の人物であろう。それに対し、「鬼神」は中国では「死者の霊魂」を意味するので、単于の父や祖父などのことであろう。「天と地」はもちろん、「天の神」と「地の神」のことであろう。

龍城が聖的・精神的色彩の濃い祭祀集会であるのに対し、蹛林は俗的・現実的性格を持つ大集会である。「課校」とは「調べる」という意味だが、何のために人間と家畜の数を調べるのかと言えば、それは労役・租税を課すためであろう。男子何人につき一人を兵士として出すようにとか（前漢文帝の文官であった賈誼《かぎ》の著作『新書《しんじょ》』匈奴篇によれば、匈奴では五人につき一人の甲冑《かっちゅう》を着けた兵士を出したという）、家畜何頭につき一頭を差し出すようにとかいうような制度があったのであろう。

労役・課税のために集まれといっても、人はなかなか集まらないだろう。『後漢書』は、年に三回の祭りでは国事を議し、馬や駱駝《ラクダ》を競走させて楽しみとしたという。これは、モンゴルで年に一回開かれるナーダムを連想させる。ナーダムでは競馬や相撲、弓の競技大会のようなアトラクションが開催され、大勢の人をひきつけている。

刑法、風俗習慣

匈奴の刑法は、簡単で厳格である点に特徴がある。何しろ、刀を一尺（二二～二三センチ）抜けば死罪というのであるから。これはいかに何でも厳しすぎるように思われるが、沢田勲は、刀剣は匈奴にとって神聖なものであったので、平時にむやみに抜くことを禁じていたのであると解釈している。

盗みをはたらいた者に対しては、その家産を没収する。罪が小さい者は軋刑《あつけい》（くるぶしをつぶす刑罰）、大きい者は死刑に処する。このように刑罰が厳しくて簡単であるため、獄に留置されても一〇日以内であり、国内の囚人は数人に過ぎないという。

匈奴の人口については、『史記』その他の前漢代の諸書に、「漢の一大県に及ばない」とか、「漢の一郡（あるいは巨郡）にあたらない」、「戸口三十万」などと記されている。大県の人口は約三〇万、大きな郡は五〇万～六〇万である。これらの記述に従えば、匈奴の人口はせいぜい三〇万～四〇万人ということになる。しかしこれでは兵数とほぼ同じになってしまう。するとこの人口というのは、成年男子だけのことなのであろう。とすれば、総人口はその数倍ということになり、一五〇万～二〇〇万人くらいということになる。この中には、匈奴に従属する諸部族は含まれていないだろう。ちなみに社会主義時代末の一九八九年のモンゴル国の人口は約二〇四万である（ただし、モンゴル人は中国領やロシア領にも相当住んでいるが）。

単于は毎朝テントを出ると、日の出を拝み、夕方には月を拝むという。日の出はともかく、月は必ずしも夕方に出ているとは限らないので、出ていないときにはどうやって拝むのか、疑問が残る。

座るときには左側をたっとび、北を向く。現在のモンゴルではテントの南側に入口を設け、入って左側が男性の区画、右側が女性の区画とされている。匈奴ではテントの入口をどこに設けるか記載がないが、後世の突厥では東に入口をつけた。もし匈奴でも東に入口があったとすると、入って左側に座れば、北を向くことになる。

日は、戊《つちのえ》と己《つちのと》の日をたっとぶ。戊と己はそれぞれ、十干《じっかん》の五番目と六番目にあたるので、五と六の日を吉日とするということであろう。『漢書』は、匈奴には中国の正朔《せいさく》（暦）は伝わらなかったという。独自の暦があったのかもしれないが、判断する材料がない。ちなみに、突厥では一年を一二ヵ月、一ヵ月を約三〇日で計算し、年は十二支（十干は使わない）によって呼称していたことが知られている。

重大なことを決行するときには、常に月の満ち欠けに従う。月が満ちてくれば攻撃し、月が欠けてくれば退却する。兵士は戦場で敵の首を斬るかあるいは敵を捕虜にすると、一杯の酒を賜った。スキタイにも同じ風習がある。敵を殺した者だけが酒を飲むことができ、大勢殺した者は二杯飲むことができる（『歴史』巻四、66）。

戦利品は、それを奪った者に与えられ、人間を獲得すれば奴婢《ぬひ》にすることができる。そのため、戦場では誰もが利益獲得に走る傾向がある。敵を欺いておびき寄せ、包囲する作戦をしばしば用いる。従って、利益が得られそうだと見ればどっと集まり、逆に苦戦すれば一挙に雲散してしまう。戦友が戦死した場合、その死体を持ち帰ると、死者の家財をすべて手に入れることができる。この最後の習慣は、次節で述べる戦死者の寡婦《かふ》対策とも関連していると思われる。

遊牧社会と農耕社会

匈奴に寝返った宦官、中行説

前一七四年のおそらく冬に、冒頓は死んだ。単于位にあること足掛け三六年、享年は不明だがおそらく六〇代前半だったろう。その子の稽粥《けいいく》が継いで立ち、老上単于《ろうじょう》と名乗った。

漢の文帝はまた劉氏《りゅう》一族の女子を公主に仕立てて、新単于の閼氏にしようとした。そのさい、公主の付き添いとして、燕《えん》地方出身の宦官中行説《かんがんちゅうこうえつ》を同行させることにした。説は同行することを渋ったが、漢は無理に行かせることにした。すると説は「自分を行かせると、きっと漢の禍《わざわい》になるだろう」と予言めいた捨て台詞《ぜりふ》を残して、公主とともに匈奴に旅立った。匈奴にいたると、はたして説は単于に忠誠を誓い、単于も説を傍において重用するようになった。

中行説は、単于にさまざまな助言・提言を行っている。匈奴が漢の絹織物や食物を愛好することに対して、次のように意見を述べた。

匈奴の人口が漢の一郡にもあたらないのになぜ強いのかといえば、衣食が漢と異なり、漢から供給を受ける必要がないからです。いま単于が習俗を変えて漢の産物を好むならば、漢の産物が一〇分の二を過ぎないうちに、匈奴は漢化してしまうでしょう。漢の絹織物を着て（草原に多い硬い葉の）草やいばらの中を馬で走りまわったら、衣服や袴《はかま》はみな裂けて破れてしまうでしょう。ですからフェルト地や革衣の方がはるかに優れていることを人々にお示しになり、また漢の食物を得てもみな捨てて、乳飲料や乳製品の方が便利で美味であることをお示しください。

このほかに、中行説は行政・外交の分野で大きく貢献した。まず彼は、人間や家畜の数を調べるために、単于の側近くにいる者に箇条書きに記すことを教えた。また漢が匈奴に送る書簡の木札の長さは一尺一寸であったが、匈奴が漢に送る木札は一尺二寸に長くし、封印も大きくした。書き出しの言葉も、漢は「皇帝がつつしんで問う、匈奴の大単于はご無事で居られようか」というのに対し、匈奴は「天地の生むところ、日月の置くところの匈奴大単于がつつしんで問う、漢の皇帝はご無事で居られようか」と、大単于にかかる修飾語を尊大にした。

このように完全に匈奴側についた中行説に対して、漢から来た使者は匈奴の「野蛮さ」をあげつらって、せめて言葉の上だけでもやり込めようとしたが、中行説はことごとく反論して匈奴の価値観の相違を正当化している。

たとえば、匈奴では老人が卑しめられているという非難に対しては、匈奴では軍事が国家の重要な活動であるので壮健な年代の者を厚く遇し、戦士が活躍することによって老人も生活をまっとうすることができるのだと反論する。

また父と子が同じテントに眠り、父や兄が死ぬとその子や弟が継母や兄嫁を娶《めと》ったり、衣冠束帯の装飾の差で身分を明確にしたりすることがなく、宮廷の中に礼儀がないという批判に対しては、次のように反論する。継母や兄嫁を娶るのは家系が絶えるのを恐れるからであり、法制は簡易で実行しやすく、君臣の間も気軽であるので、一国の政治もまるで体を動かすように自在であり、中国のようにうわべだけを飾って無意味な礼儀に縛られることはない。むしろ中国の方が親族同士で殺しあったり、主人を殺して主家を乗っ取ったりしていると反批判している。

さらに議論を吹っかけようとする漢の使者に対して、中行説はもう取り合わない。漢が毎年送ってくる絹織物や米などの質量が十分であればよいが、そうでなければ秋の収穫期に侵寇して荒らしまわるだけだと脅して、議論を封じている。このディベートの中で、漢の現状に対する中行説の批判の舌鋒は鋭い。彼の口を借りて、司馬遷《しばせん》自身が思いのたけをほとばしらせているのではないかとさえ思えてくる。

中行説の発言から見えてくるもの

次に、中行説の発言の内容を、個別に検討してみよう。説は、漢の産物が匈奴社会に浸透することによって匈奴が漢化してしまうことを恐れた。彼は、中国の衣服が草原地帯には適していないという理由で絹織物の使用を止めるよう説いているが、一方で漢が毎年送ってくる絹織物は質量ともに十分でなければならないと釘を差している。この矛盾はどう解釈したらよいであろうか。獲得した絹は国内消費に充てるのではなく、西方に転売したのであろう。当時西アジアやローマでは、絹の製法は知られておらず、絹は黄金に匹敵するほど珍重されていたのである。

衣食に限らず、一般的に遊牧国家にとって中国文化をどのように受け入れるかあるいは排除するかという問題は、この後も中国南北朝時代の北族系王朝や、突厥、ウイグル、契丹《きったん》（遼《りょう》）などで、大きなテーマとなる。

箇条書きの表記法を教えたことは、何を意味するであろうか。これまでにも触れてきたように、『史記』匈奴列伝はその冒頭で、匈奴には「文書はなく、言葉で約束をする」とあるので、匈奴には独自の文字はなかったとするのが通説である。

のちの突厥については「兵馬を徴発し雑畜に課税するには、木に刻み目をつけて数を示ていた。

す」（『周書』巻五〇、異域伝下）とあるので、匈奴にも課税の際には同じような表記法があった可能性がある。実際に、スキタイ時代のトゥバのアルジャン二号墳やアルタイのパジリク古墳群では、積み重ねた木槨《もっかく》の丸太に、下から一つずつ刻み目を増やして順番がつけられていた。

しかし先に一部引用した漢の宮廷宛の書簡からわかるように、漢との外交文書には漢字を用いていたことが明らかである。また、匈奴には多数の漢人（王侯・将軍クラスを含む）が在住し、それぞれの職務で活動していたことを考慮すると、一部（とくに上層部）では漢字が使われていた可能性も否定できない。

前節で述べたように、蹛林《たいりん》の大集会では労役と租税を課すために人間と家畜の数が調査された。そのさい、簡単な漢字や数字を知っていれば、木簡（このころはまだ紙はない）に書き記して記録に残すことができる。中行説は、支配・管理の基礎資料を作成する技術を教えたのである。

書簡の書き出しからは、匈奴が漢と対等あるいはそれ以上の強国であることを誇示しようとする意識が感じられる。それと同時に表現そのものにも注目したい。すでに指摘したことだが、匈奴の単于がなぜ単于となったのか、単于の権威は何によって正当化されるのかと言えば、それは単于が天（神）と地（神）から生まれ、日（神）と月（神）によって単于位に置かれたからにほかならない。これと同じ考え方は、のちの突厥やウイグルにも見られる。

印を漢のものより大きくしたことも、漢に対する対抗意識の現れである。漢では、官印の大きさは一寸（約二・三センチ）四方と決められていた。ところが前漢の前半期に南方で独立状態にあった南越《なんえつ》国の文帝が使っていた印は一辺が三・一センチもあり、また鈕《ちゅう》の形も、本来皇帝しか使うことのできない龍の形をしていたことから見て、南越で独自に製作されたと考えられる。匈奴の印もこれくらい大きかったのであろうか。

「レヴィレート婚」と実力主義

壮者をたっとび、寡婦となった継母や兄嫁を娶る風習には、軍事体制を優先する騎馬遊牧民社会特有の合理性がみとめられる。匈奴は平生から牧畜と並んで狩猟にいそしんでいたが、これは軍事訓練の役割をも果たしていた。匈奴列伝冒頭には、「小児でも上手に羊に乗り、弓を引いて鳥や鼠を射る。少し成長すると、狐や兎を射て、食用とする。男子は力強く弓を引くことができ、全員が甲冑《かっちゅう》を着けて騎兵となる」とある。すなわち匈奴は、幼少期から訓練を積んだ一種の国民皆兵制度を施行していたことになる。だからこそ人口が漢の一郡以下でも軍事的に対抗できたのである。

寡婦となった兄嫁を娶る風習は、文化人類学の用語ではレヴィレート婚（嫂婚《そうこん》制）と呼ばれ、比較的多くの民族に見られるが、継母まで娶るというのは少ないようだ。匈奴のように普段から戦闘の多い社会では、当然のことながら寡婦が発生しやすい。ちょうどイスラーム勃興期に戦闘に明け暮れるムハンマド（マホメット）が戦死した戦友の寡婦を抱え込んで、結果として最晩年には八人もの妻を持つことになってしまったのと同様に、この風習は寡婦対策の現れと見ることができよう。

最後に、衣冠束帯の制度や宮廷に礼儀がないという点については、匈奴国家の管理体制の貧弱さ、未熟さを示すものと見ることもできようが、同時に身分・出身による規制の希薄さ、慣習に縛られない社会の自由さ、能力・実力主義を表しているとも言えよう。

漢人でもこれと見込まれた人物は、匈奴側につくようにしつこく勧誘された。第七章で触れるが、李陵《りりょう》はついに折れて匈奴の「右校王」となり、蘇武《そぶ》は一九年にわたって勧誘を断り続け、中国に帰った。匈奴にとってきわめて危険な任務を帯びた張騫《ちょうけん》に対してすら匈奴の単于は妻を与え、気長に（一〇年あまり）彼の気が変わるのを待った。

蘇武や張騫は、その志操堅固さ、中国王朝に対する忠誠心を示す例としてよく引き合いに出されるが、それはあくまでも中国側からの見方で、逆の見方をすれば、遊牧国家の寛容さ、能力があれば漢人でも高位で登用する柔軟さを示すものと見ることもできるのである。

匈奴の大侵寇の裏に考えられること

ところで、中行説は、日夜、単于に中国に侵入する際に有利な地点と不利な地点を偵察するよう教えていたという。その下工作の成果は、前一六六年に現れた。匈奴が「謀《はかりごと》」をめぐらし（文帝本紀）、単于が自ら一四万騎という大軍を率いて長城を越え、漢のふところ深くにまで侵入してきたのである（匈奴列伝）。冒頓の治世中もしばしば侵入はあり、老上単于が即位してからも前一六九年に狄道《てきどう》（今日の甘粛《かんしゅく》省中心部、蘭州の少し南）に侵入した。しかし今回の侵入は、都、長安をも脅かすものであった。

それは冬のことであった。侵入した地点は、長安から北西に直線で二七〇キロほどの、朝那にある蕭関《しょうかん》であった。蕭関は帝国の心臓部、関中を守る四つの関所の一つである。そこを破ると、北地郡の都尉（郡の将軍）を殺し、人間と家畜をはなはだ多く捕獲して、ついに彭《ほう》陽《よう》にいたった。

さらに奇襲部隊を放って回中道にある宮殿を焼き、斥候《せっこう》の騎兵は甘泉宮《かんせんきゅう》にまでいたった。甘泉宮から長安までは直線で約八〇キロしかなく、長安を望見することができたという（遊牧民は今でも視力がとてもよく、五・〇くらいある人もまれではない）。漢の文帝は一〇〇〇台の車と一〇万騎を集めると、長安の対岸、渭水《いすい》の北側に布陣して、匈奴の侵寇に備えた。まさに背水の陣である。文帝自らが軍をねぎらい、号令を発するという、臨戦態勢に入っていた。そしてそのまま出陣しようとしたので、並み居る臣下たちはいさめたが、文帝は聞き入れなかった。母親の皇太后に固く引き止められてようやく思いとどまり、配下の将軍たちに匈奴を攻撃させた。

本紀では、この攻撃によって「匈奴は遁走した」とあるが、匈奴列伝の記述は異なる。単于は一ヵ月あまり長城内に留まった後、去っていった。漢軍はそのあとを追って長城を出て行ったが、すぐに帰還し、敵を殺すことはできなかったという。つまり、匈奴列伝を信用する限り、単于が長安の近くで一ヵ月あまりものうのうとしていたのに対し、漢軍は防御を固めるだけで攻撃を仕掛けず、単于が去るとようやく追撃の姿勢を見せたものの、手ぶらで帰

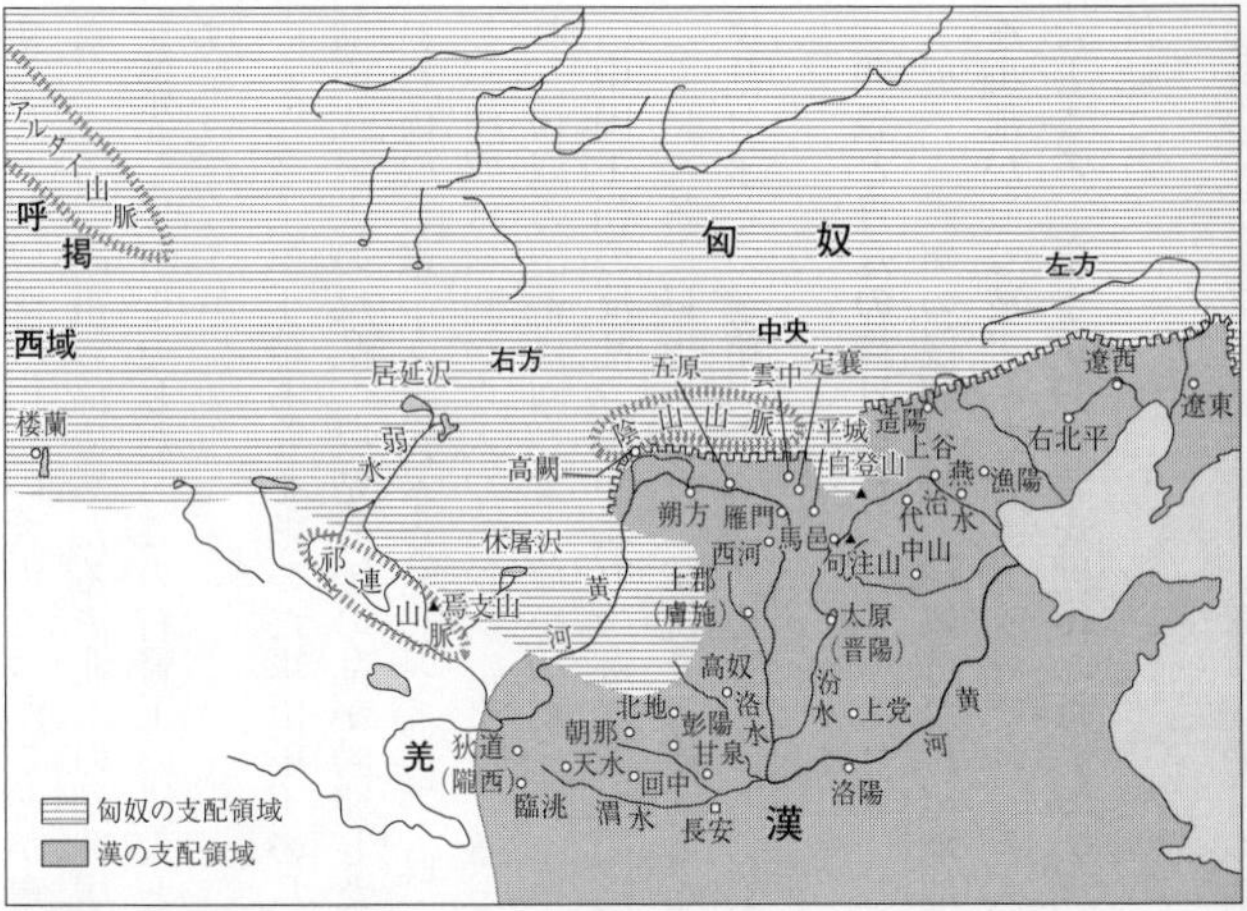

紀元前２世紀前半の匈奴と漢 海岸線と黄河の流路は当時の状況を示す

ってきたというのである。

結局、匈奴一四万騎と漢の車一〇〇〇台・一〇万騎との正面衝突は起こらなかった。それでは、この侵寇はいったい何だったのだろうか。この問いに対するヒントの一つは、本項の冒頭に引用した「謀」という一語にあると思う。侵入する前の「謀」とは何か。それは、中国国内の反乱分子との「謀」だったのではないだろうか。

前章で触れたように、この侵寇をさかのぼること一〇年前、冒頓単于の晩年にあたる前一七七年の夏五月に、右賢王の率いる大軍が北地・上郡に来寇し、城塞を守っていた蛮夷を殺略（殺すか、あるいは略奪する）した。これに対し、文帝は八万五〇〇〇騎を差し向けたところ、匈奴は去っていった。漢軍の規模から察すると、匈奴側も相当の大軍だったことが窺《うかが》われる。文帝自身もさらに追撃しようとしていたところ、高祖の孫にあたる済北王《せいほく》の劉興居《りゅうこうきょ》が東方で反乱を起こしたため、文帝は反乱鎮圧を優先して引き返した。この右賢王の侵入と済北王の反乱とは、ひそかに連絡があったのではないだろうか。

また老上単于のあとを継いだ軍臣《ぐんしん》単于の八年目、漢の景帝三年目にあたる前一五四年に、前漢代最大の反乱、呉楚七国の乱が勃発したときには、反乱側の燕王と趙王が、胡王、すなわち匈奴の単于と密約を交わしていた。呉と楚が反乱を起こしたら、燕は代と雲中《うんちゅう》を平定し、匈奴は蕭関から入って長安に直行するというものであった。しかし反乱は途中で鎮圧され、匈奴の出番は回ってこなかった。

中国王朝の反乱分子が北方の遊牧国家に援助を仰ぐことは、漢代以降もしばしば見られることになる。以上のような状況を考慮すると、前一六六年の中途半端な大侵寇は、中国内部の反乱分子との連絡・交渉がはかばかしくいかなかったことを示しているのではないだろうか。

和親と侵寇の繰り返し

前一六六年の侵寇以後、匈奴は毎年辺境地帯に侵入し、人間と家畜を殺略した。雲中郡と遼東郡《りょうとう》が最も被害がひどく、それぞれ一万人余りにのぼった。困った漢は匈奴に書簡を送ったところ、単于から和親を回復したいという返書が来たため、前一六二年に再び和親条約が確認された。

文帝が匈奴に送った書簡によれば、「長城以北の弓を引く（民の）国は単于の命令を受け、長城以内の衣冠束帯の室（国）は朕がこれを制する。……漢と匈奴は隣り合う匹敵する国であるが、匈奴の地は寒く、恐ろしい寒気が早く到来するので、役人に命じて毎年一定量の秫《もちあわ》、麴《こうじ》、金、絹織物、絹糸、その他を送る。……」とある。

この記述から、漢は長城を国境として北側を匈奴の勢力範囲と認め、匈奴を対等の国とみなしていたことがわかる。毎年贈り物をする理由を、侵入しない代償としてとは言わずに、気候風土が厳しいから同情しているのだと言い訳しているところに、せめてものプライドが感じられる。

前一六一年に老上単于が死ぬと、前記のように子の軍臣が立って単于となった。中行説は、この単于にも仕えた。文帝はまた新単于と和親を確認したが、前一五八年、匈奴はまた和親を絶ち、上郡と雲中にそれぞれ三万騎で入寇し、多くの人間を殺略して去っていった。

呉楚七国の乱の時の経過はすでに述べたが、その後、景帝はまた匈奴と和親を結んだ。そして「関市《かんし》」を通じさせ、匈奴に毎年贈り物をし、公主を送ることも、従来の約束どおりであった。

関市とは、ここにはじめて出てきた用語である。意味は、国境の関所で開く民間の市（交易）のことである。中国は地大物博であり、すべて自給自足できるという前提に立っているので、歴代王朝は原則として外国との貿易は必要ないという立場をとっている。例外は朝貢で、これは諸外国が中国の徳を慕って貢物を持ってくるのであるから、断る理由はない。むしろ中国の度量の広さを示すために、たいした貢物でなくとも、遠路はるばるご機嫌伺いにやってきたことに対して、貢物の何倍もの価値のあるようなものを、下賜した。

しかし民間貿易は必要ないという立場なので、中国側から積極的に国境で市場を開くことはしなかった。ただし、諸外国が朝貢以外にどうしても貿易させてくれと懇願してきた場合には、日ごろの行い次第で認めることもあった。この場合も、長城を越えて侵入しないと約束したので、関市を認めたのである。

関市では何が取引されたのであろうか。最も一般的だったのは、絹と馬である。中国側の商人が絹を持ち寄り、匈奴側が馬を出したのである。馬は中国にもいるが、戦乱や外征が打ち続くと馬は不足し、高値となったのである。

ともかく和親条約がそれなりに機能して、景帝の治世（前一五七～前一四一年）には、小規模な侵入はあったものの、大規模な侵寇はなかった。武帝が即位して（前一四一年）、再び和親を明らかにし、関市を開き、贈り物も十分だったので、単于以下みな漢に親しみ、長城付近に往来した。平和は続くかに思えた。しかしこのあと、状況は一変する。漢が一転して攻勢に出たのである。

匈奴と漢、全面戦争へ

武帝の策略――その①同盟作戦

中国の皇帝の名前は、死んでからその皇帝にふさわしい名前がつけられる。これを諡号《しごう》（おくりな）という。武断政治ではなく文治によって政治を行った皇帝は「文帝」と名づけられ、王朝末期でほとんど権限もなく若くして死んだ皇帝には、「哀帝」などというかわいそうな名前がつけられる。「武」という一字がつけられる皇帝は、当然軍事面で大活躍をしたことが窺われる。後漢の光武帝や南朝宋の武帝のように、王朝草創期の皇帝に多い。その意味で、前漢の武帝はやや特異な例と言える。武帝の治世に、北アジアと中央アジアの情勢は大きく変化することになる。

武帝が即位して（時に一六歳）まだ間もない頃、匈奴からの投降者たちを尋問したところ、みな次のように言った。「匈奴が月氏の王を破り、その頭蓋骨を酒杯にしてしまいました。月氏は逃走し、常に匈奴を仇と恨んでいますが、共同で攻撃してくれる相手がいません」。

匈奴を攻撃したいものの、まだ単独で勝てる見込みのなかった武帝は、渡りに船とばかりに、月氏と同盟を結んで匈奴を挟み撃ちにしようと考えた。さっそく、月氏まで行く使者を募集した。しかし月氏へ行くためには、途中匈奴の領内を通らなければならない。なかなか応募者がいない中で手を上げたのが、張騫《ちょうけん》であった。

前一三九年か前一三八年、張騫は匈奴人の甘父《かんぽ》という者とともに一〇〇人あまりの従者を従えて、当時、漢の領域の西端であった隴西《ろうせい》を出発した。匈奴領内に入ると、おそらく祁連《きれん》山脈の手前あたりであろうが、すぐに匈奴に捕らえられ、単于のもとに護送された。

従者の誰かが漏らしてしまったのだろうか、一行の目的はすぐに単于に知られてしまった。単于は「月氏は我々の北方に居る。漢がどうしてそこに使者を派遣することができようか。もし我々が越に使者を送ろうとしたら、漢がそれを許すだろうか」と、巧みな比喩を使って張騫をやり込めた。

越とは、前節で触れた南越国のことで、今日の広東《カントン》、広西《こうせい》、ヴェトナム北部の地域を占め、漢からほぼ独立状態にあった。ひょっとしたら、匈奴は本気で南越と同盟を結ぶつもりだったのかもしれない。匈奴は、今日の青海《せいかい》省あたりにいた羌《きょう》と直接、領土を接しており、交渉があったようだ。さらに羌から当時の漢の領域の外側を南下すれば、南越にたどり着くことができる。漢から月氏にまで行くよりも、ずっと容易なことだったのである。

ところで、単于が月氏のことを「我々の北方」と言っている点が、少し気にかかる。この時期、月氏はすでに二度匈奴に敗れて西走し、匈奴の西方に居たはずだからである。南越との対比で「北」と言ったのか、匈奴の勢力が及んでいた天山の北方に月氏の勢力範囲が及んでいたのか、それとも単なる言い間違えだろうか。

ともかく、その度胸のよさが気に入ったのか、単于は拘留はしたものの、張騫に妻を与えた。そして約一〇年の歳月が流れ、子供まで生まれた。そのうち張騫に対する監視の目が、だんだん緩やかになってきた。そこで機を見て彼は部下とともに、月氏に向かって逃走した。徒歩ではすぐに捕まってしまうから、馬を盗んで脱走したのであろう。西に向かって走ること数十日、大宛《だいえん》にいたった。

張騫がもたらしたもの

大宛とは、中央アジアのフェルガナ地方に栄えていた王国のことである。大宛はかねてより漢が豊かな財物を誇る国であることを聞き知っていたので通好したいと考えていたが、果たせないでいた。そこへ張騫が舞いこんできたので、彼を厚遇した。張騫もここぞとばかりに売り込んだ。

「月氏へいたる道案内をしていただければ、漢は多大の贈り物をして報います」と言って、大宛王の歓心を買った。両者の利害は一致し、大宛王は通訳をつけて張騫一行をまず康居《こうきょ》へ送り届けた。康居はフェルガナからシル＝ダリヤ沿いに下った地方にあった遊牧民主体の国家である。康居はさらに彼らを大月氏のもとへ送り届けた。

大月氏はこのとき、中央アジア南部、今日のウズベキスタン南部とタジキスタンのあたりに本拠を置き、さらに南方の大夏《たいか》（バクトリア地方、今日のタジキスタン南部、アフガニスタン北部）を支配下に入れていた。バクトリアには、前四世紀末にマケドニアのアレクサンドロス大王が引き連れてきたギリシア人を中心とした国家、いわゆるグレコ＝バクトリア王国が存在した。この王国が前二世紀中頃に北方から侵入してきた遊牧民によって征服されたことは、第五章の月氏の項で触れた。

さて、大月氏では王が匈奴に殺されたあと、その太子（版本によっては夫人）が立って王となっていた。第二章で紹介した中央アジアの遊牧民マッサゲタイには、ヘロドトスによればトミュリスという女王がいたことが知られている。とすれば、同じ中央アジアの遊牧国家大月氏に、「女王」がいてもおかしくはない。

この王か女王に張騫は同盟の提案をしたが、色よい返事はもらえなかった。新たに得た土地が肥沃で、侵攻してくる敵も少なく、安楽に暮らせて、さらに漢から遠く離れていることもあり、いまさら匈奴に報復しようなどという気持ちはすでに失せていたのである。

一年あまり滞在した後、結局張騫は手ぶらで帰還することになった。帰りはなるべく匈奴に捕まらないように南よりのコースを選び、羌の領内を通ったが、それでもまた捕まってしまった。おそらく羌は、匈奴と密接な連絡を保っていたのだろう。しかし一年あまり留められたところで軍臣単于が死に（前一二六年）、その後継者をめぐって争いが起こり、国内が混乱した。その隙を見て、張騫は匈奴人の妻、忠実な部下の甘父とともに、漢に逃げ帰ることができた。前後一三年をかけて、帰り着くことができたのは張騫と甘父だけであった。

張騫は本来の使命を果たすことはできなかったが、それ以外の大きな副産物を漢にもたらした。それは、それまで漢にはまったく知られていなかった中央アジアから部分的に西アジアにかけての地域の情勢、兵力、産物、地理に関する貴重な情報である。すでに指摘したように、大月氏が大夏を従属させていたという情報も、その一つである。大宛に血の汗をかく良馬（汗血馬《かんけつば》）がいるという情報は、匈奴に勝てる軍馬の欲しい武帝に、大宛への遠征を決意させることになる。また張騫は、匈奴に対抗して烏孫《うそん》と同盟関係を結ぶ策を提案し、自ら使者として実行することになる。

さらに張騫は、大夏にいたときに、蜀《しょく》の布と邛《きょう》（いずれも今日の四川《しせん》省）の竹杖を見かけ

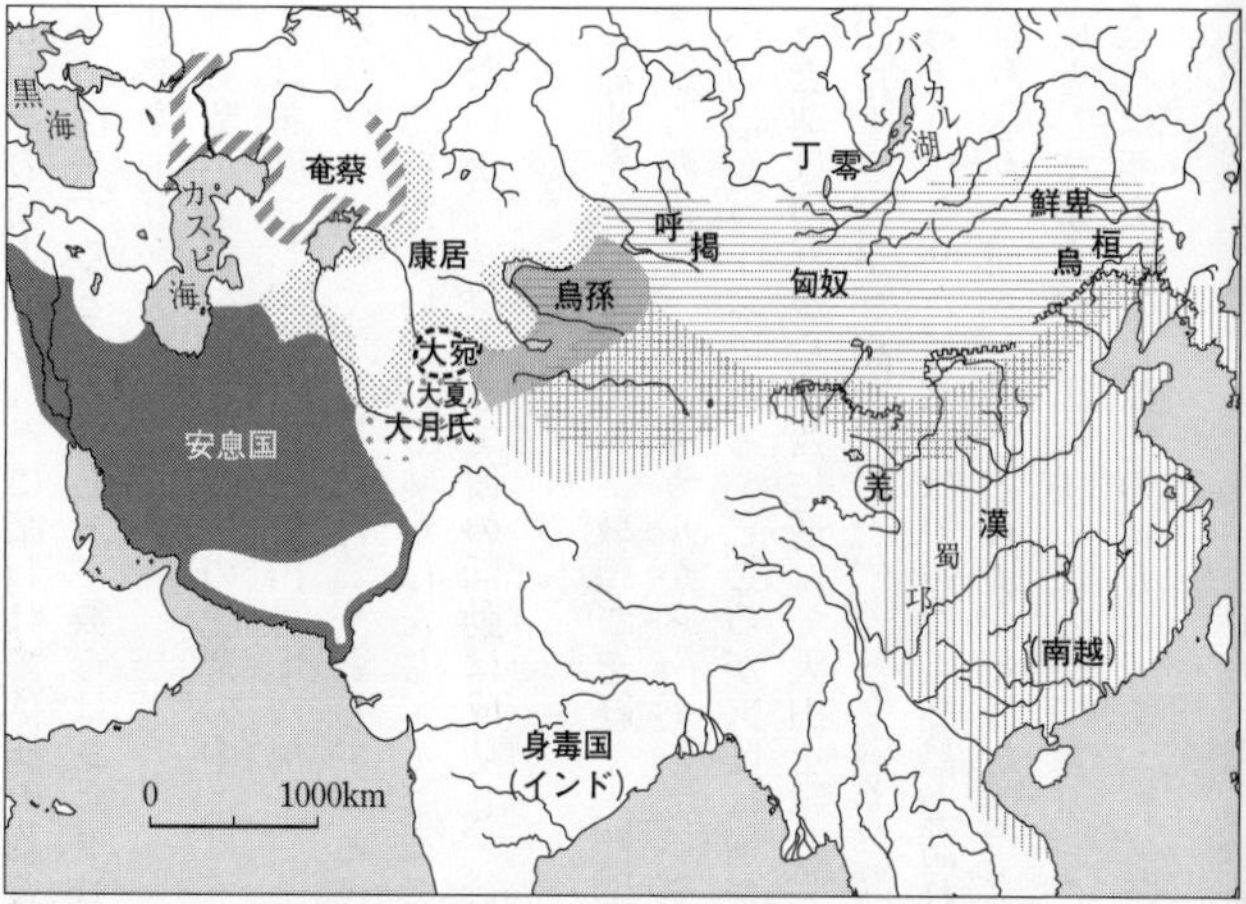

紀元前１世紀のユーラシア大陸

たことがあった。その入手先を尋ねると、東南の身毒国（インド）からもたらされたものだと聞いたことから、蜀から身毒国経由で大夏にいたるルートがあるはずだと推測し、実際に使節を派遣したが、さすがにこれは成功しなかった。

張騫と玄奘

古代に中国から中央アジアに旅行した有名人としては、張騫と玄奘《げんじょう》が双璧であろう。唐代の玄奘は単身ひそかに国境を越え、宗教的情熱を持って艱難辛苦の末に天竺《てんじく》に到達したと、一般に思われているようだが、実はそうではない。

玄奘は六二七年（六二九年説もあるが、私は採らない）八月に長安を発つと、蘭州を経て西に進み、涼州（武威）に至った。涼州には一ヵ月あまり滞在し、その間土地の人々に請われて仏典の講義を行った。涼州一帯は中央アジア出身の商人が多く往来するところである。彼らはシルクロード沿いに拠点を持ち、故郷の中央アジアとも連絡を取り合っていた。

玄奘が講義をすると、その聴衆の中にはそのような中央アジア出身の商人たちもいた。彼らは布施をし、それぞれの出身地に帰るやその首長に玄奘のすばらしさをほめたたえ、玄奘が仏法を求めてインドに行こうとしていると報告したので、中央アジア諸都市はみな喜んで待っていたという。玄奘がはたしてそこまで期待してこの地で講義をしたのかどうかはわからないが、結果として彼の活動は成功し、行く先々にあらかじめ宣伝することができたのである。

涼州を発つと、瓜州（敦煌《とんこう》）を経て玉門関を出た。彼より一〇〇年あまり前の法顕《ほっけん》らはここから西行し、カシュガルから南下してパミールを越え、ガンダーラに出た。これがインドへの最短コースである。ところが玄奘は逆に北上し、伊吾《いご》（今日のハミ）に至った。玄奘は伊吾から北西に進んで天山を越え、天山北路を通って西突厥の可汗に会うつもりだったようだが、高昌《トウルファン》の王が玄奘の高名を聞きつけ、従属下の伊吾王に命じて高昌に立ち寄るようにさせた。玄奘はやむなく高昌を訪れた。六二八年正月のことであった。王は玄奘にほれ込んで何とか引きとめようとしたが、玄奘はインドからの帰路にまた立ち寄るという約束をしてようやく出発することができた。ここで玄奘は王から何よりの贈り物をもらった。それは西突厥の可汗宛の紹介状であった。それには、可汗の本拠から西方の諸国、すなわち中央アジア西部のオアシス諸国に駅伝馬の発給を命じて国境を出られるようにしてほしいと書かれていたのである。実は高昌王は自分の妹を可汗の長子に嫁入りさせ、その長子はトハリスタンの活国《かっこく》（現アフガニスタン東北部）に駐在しており、そこで玄奘は彼に会うことになる。

玄奘は高昌から亀茲《クチャ》に至り、そこで二ヵ月あまり雪解けを待ち、天山を北に越えて西突厥の可汗に会うことができた。可汗は玄奘のために中国語と中央アジア諸国の言葉のわかる通訳をつけてくれ、さらに行く先々の諸国宛に書状を書き、カーピシー国（現アフガニスタンのカーブル付近）まで送るよう、手筈を整えてくれた。かくして玄奘はインドまで無事に旅を続けることができたのである。このように、玄奘は講義で路銀を稼ぎながら、当時の国際情勢をよく理解してルートを選び、そのルート上の政治権力をうまく利用していたことがわかる。

これに対し、張騫はほとんど情報のない敵中に飛び込んでいったのである。匈奴の中に一〇年もいて、しかも匈奴人の妻も持っていたのであるから、おそらく匈奴の言葉は理解できるようになっていたであろう。しかしそこから先の西域諸国や大宛、大月氏では、どうやって意思を疎通させたのであろうか。西域諸国には匈奴語を理解する通訳がいたと思われる（第七章も参照）。『史記』によれば、張騫は意志が堅固で忍耐強く、寛大な心を持って人を信用したので、蕃夷《ばんい》からも愛されたという。そうなればこそ、無事に帰って来られたのであろう。ともかく張騫の旅行は、玄奘のそれとは比べ物にならないほど危険で、見通しの立たないものだったのである。

武帝の策略――その②おびき出し作戦

張騫が出発したものの、まったくなしのつぶてであったときに、武帝はもう一つの作戦を採用した。それは、単于のおびき出し作戦であった。

前一三五年に匈奴から使者が来て、和親を求めた。それに答えるべきかどうか、武帝は群臣に議論をさせることにした。議論は二つに分かれた。燕の出身でしばしば辺境の役人となって匈奴のことを熟知しているという王恢《おうかい》は、「匈奴は和親しても数年経たずに約束を破り、とても許せないから撃つべきだ」と主張した。

一方、官僚の中でもトップクラスにあった韓安国《かんあんこく》は、「匈奴は移動するので捕らえがたく、行軍の距離が長くなると、兵士は疲れきって、戦闘能力がなくなってしまう」などの理由で反論した。議論する者の多くは韓安国に同調したため、武帝も和親を許すことにした。このとき武帝はまだ二一～二二歳であり、群臣の大勢に反してまで主戦論を支持するわけにはいかなかったのだろう。

ところがその翌年、武帝の食指を動かす情報がもたらされた。馬邑《ばゆう》に住む豪族の聶壱《じょういつ》という老人が、王恢を通して、次のように言上してきたのである。「匈奴は和親を結んだ直後で辺境の情勢を信用しているので、うまい話を持ちかけて誘い出し、伏兵に襲撃させれば、必ずや破ることができましょう」。戦国時代以来、中国側がしばしば採用した「だまし作戦」

である。この作戦の発案者は聶壱老人ではなく、おそらく王恢であろう。論争に負けた王恢が、かつての人脈をたよって、聶壱に話を持ちかけたのではないだろうか。

この情報を得た武帝は、再び群臣を集め、「朕はいま兵を挙げて攻めたいが、どうか」と問いかけた。韓安国はもちろん反対の論陣を張ったが、王恢は「匈奴領内深くに入り込まず、単于をおびき寄せる作戦なので、確実に単于を捕虜にできる」と大見得を切った。そこで武帝は王恢の議論に従うことにした。

作戦は早速実行に移された。聶壱はわざと匈奴に亡命して入り、単于に、「私が馬邑の県の上層部を斬って、城ごと降伏しますから、財物はすべて手に入れることができるでしょう」とささやいた。単于はこの老人を愛し、信用していたので、そのとおりだと思い、その策に許可を与えた。老人は帰るや、死刑囚を斬り、その首を城壁にかけ、単于の使者に証拠として示した。そこで単于は長城線を突破し、一〇万騎あまりを率いて武州の城塞（雁門《がんもん》のすぐ東で、馬邑の北）に入った。

このとき漢は、戦車兵や騎兵など、三〇万あまりを馬邑近くの谷の中に潜ませていた。相当数の馬と三〇万人もの兵隊を隠したというのは本当かなと疑いたくなるが、確かめようがない。

単于は途中で略奪しながら、馬邑の手前、一〇〇里あまり（約四〇キロ）のところまで来た。ところが野には家畜が散見されるのに、牧人の姿がまったく見えないことに疑問を抱いた。そこで近くのごく小さい砦を攻め、そこにこもっていた尉史《いし》（士官）を捕らえて脅すと、尉史は漢側の計画を白状してしまった。

単于は左右にいる者を振り返って、「あやうく漢に売られるところだった」と言うと、兵を引いて帰っていった。長城線を出ると、「自分が尉史を得たのは、天の賜物だ」と言って、尉史を「天王」と呼ぶことにした。単于の遊牧民的カンが、すんでのところでその身を救ったと言うべきであろう。一方、王恢は失敗の責任を取らされて、誅殺された（一説では自殺）。

武帝の策略――その③正攻法作戦

馬邑の事件のあと、匈奴は和親を絶ち、しばしば侵入してくるようになったが、同時に関市での交易も活発に行われていた。

武帝が次に採った作戦は、正面からの真剣勝負であった。文帝、景帝以来の比較的平穏な時期に、漢の財力は蓄えられ、軍事力も強化されていたのである。

前一二九年春、匈奴が上谷《じょうこく》（北京のすぐ西）に侵入し、役人と民衆を殺略していった。これに対し、満を持していた武帝は、四人の将軍にそれぞれ一万騎を与えて匈奴を攻撃させた。上谷から出陣した車騎将軍衛青《えいせい》は、龍城にまでいたり、匈奴の首級・捕虜七〇〇を獲た。これはまずまず成功というところか。

ところが、雲中を出た軽車将軍の公孫賀《こうそんが》は戦果を上げられずに帰り、代を出た騎将軍の公孫敖《ごう》は匈奴に敗れて七〇〇〇人を失い、雁門を出た驍騎《ぎょうき》将軍李広《りこう》（李陵の祖父）は捕虜になってしまった。

李広は文帝の頃から勇将として知られ、その名は匈奴にも鳴り響いていた。そこで単于は何とか李広を生け捕りにして、匈奴側の将軍としたいと考えていた。そのため匈奴兵たちは傷ついた李広を二頭の馬の間にわたした担架のようなものの上に寝かして、連行しようとした。李広は死んだふりをしていたが、たまたまかたわらを見ると、匈奴の子供が駿馬に乗っていた。李広はやにわに起き上がってその子供の馬に飛び乗り、子供の持っていた弓を取り上げるや子供を突き落とし、馬に鞭打って南に逃走した。追ってくる匈奴兵を子供の弓で射殺し、何とか漢に帰りつくことができた（『史記』巻一〇九、李将軍列伝）。勇将にしてはかなり恥ずかしい、なりふり構わぬ脱走劇であった。ともかく初戦は、漢から見て、一勝二敗一引き分けといったところだろう。

匈奴も反撃に出て、この年の秋には数千人の匈奴が漁陽《ぎよよう》に侵入した。そして前一二八年の秋には、二万騎が侵入して遼西《りようせい》の太守を殺し、二〇〇〇人をさらっていった。また雁門にも侵入して一〇〇〇人を殺略していった。これに対し、漢では衛青が三万騎を率いて雁門を出、首級・捕虜数千を獲た。

前一二七年には衛青が、今度は雲中を出て黄河沿いに隴西に到達し、黄河の南にいた匈奴の白羊王《はくようおう》と楼煩王《ろうはん》を破り、首級・捕虜数千と、牛羊一〇〇万頭を獲た。この結果、黄河の南側をすべて取り、かつて秦《しん》の蒙恬《もうてん》が築いた長城を修復した。一方で、上谷の北に突出していた造陽《ぞうよう》は放棄して匈奴側に与えた。これは大戦果と言うべきであろう。

前一二六年に軍臣単于が死ぬと、その弟であった左谷蠡王の伊稚斜《いちさ》が軍臣の太子であった於単《おたん》を攻めて破り、自ら立って単于となった。負けた於単は、漢に亡命して投降した。内輪もめが起こったのである。この頃から、形勢は徐々に漢に傾き始める。

匈奴の劣勢が明白に

前一二五年には匈奴が攻勢をかけ、代、定襄《ていじょう》、上郡に各三万騎で侵入し、数千人を殺略していった。また右賢王は、本来自分の領地だった黄河の南にしばしば侵入して、多くの役人や民衆を殺略していった。しかしこの頃から、匈奴の有力者で漢に降伏する者が出始めた。

前一二四年春には、漢が大攻勢に出た。衛青が大将軍となって六将軍・一〇万人を率い、朔方《さくほう》と高闕《こうけつ》などから出撃した。匈奴の右賢王は長城から六〇〇〜七〇〇里（二四〇〜二八〇キロ）のところに幕営を張り、漢軍はここまで到達できないだろうとタカをくくって、ある夜、酒を飲み酔っ払っていた。そこに漢軍は夜襲を仕掛け、包囲した。右賢王はあわてて愛妾一人と精鋭の数百騎とともに、身一つで脱走した。しかし漢軍は右賢王配下の男女一万五〇〇〇人、裨小王十余人を捕らえ、さらに家畜を数十万から一〇〇万頭も手に入れた。匈奴も秋になって代に侵入し、千余人をさらっていった。

前一二三年にも再び衛青が六将軍・一〇万騎を率いて定襄から出撃し、匈奴の首級・捕虜を一万九〇〇〇も獲たが、漢もまた二人の将軍と三〇〇〇騎を失った。前将軍の趙信は戦況が不利になり、匈奴に降伏した。趙信はもともと匈奴の小王であったが、漢に降り、前将軍となっていたのであるが、ここに再び匈奴に戻ることになったわけである。単于は彼を重用し、自次王という称号を与え、自分の姉を妻として嫁がせた。趙信の助言で、単于は本拠を北に移し、漢軍が到達するまでに疲労させる作戦をとることにした。

前一二三年には、匈奴の一万騎が上谷に侵入し、数百人を殺した。

前一二一年の春、弱冠二〇歳の驃騎《ひょうき》将軍霍去病《かくきょへい》が一万騎を率いて隴西を出、焉支山《えんしざん》を経由して匈奴領内に入り、匈奴の首級・捕虜一万八〇〇〇を獲た。さらに、休屠王《きゅうしょおう》が天を祭る際に使用する「金人」を得た。「金人」とは、金属製かあるいは黄金製の人間の形をした神像と思われる。残念ながらそのような神像は、まだ出土したことがない。

「馬踏匈奴」の石像　陝西省興平市の茂陵の霍去病の墓に立てられた。仰向けになったひげ面の匈奴を、馬が踏みつけている。著者撮影

その年の夏に、霍去病は再び出撃し、居延《きょえん》を通って祁連山を攻め、首級・捕虜三万、裨小王以下七十余人を獲た。祁連山と焉支山を失ったとき、匈奴では次のような歌がはやったという、「祁連山を失ったので、我らは六種の家畜を繁殖させることができなくなった。焉支山を失ったので我らの婦女は顔色を失った」。祁連山は水と草に富んだ良好な牧地であり、一方、焉支山では顔に塗る紅がとれたのである。

匈奴も反撃に出たが、左賢王の軍と李広軍はともに数千人を失い、痛み分けとなった。

この年の秋には、匈奴の西方にいた渾邪王《こんやおう》と休屠王が配下の兵を数万人も漢軍に殺されたことを単于が怒り、両王を召喚して処刑しようとした。両王はそれを恐れ、四万人を率いて漢に降伏してしまった（その途中で渾邪王は休屠王を殺した）。西部の離脱は、匈奴にとって大打撃であった。

それでも前一二〇年に、匈奴は右北平と定襄に各数万騎が侵入し、千余人を殺略していった。

前一一九年春に、漢軍は総攻撃をかけた。単于の本拠が北方に後退したため、長距離遠征にそなえて糧食や運搬用の馬も十分に準備して出発した。漢軍は単于の本営に肉薄し、単于はわずか数百騎とともに西北方向に落ちのびた。一時単于の生死が不明となり、右谷蠡王が自立して単于を称したが、本当の単于が現れたため右谷蠡王は単于位を返上してもとの王に戻るというくらい、混乱状態となった。

この戦いで、匈奴は八万〜九万人を失ったが、漢もまた数万人と馬一〇万頭を失い、ひとまず矛を収めざるをえなかった。しかし漢は黄河の北まで領土を確実に広げ、そこに大々的に植民事業を展開してゆくこととなった。

第七章　匈奴の衰退と分裂

河西と西域をめぐる攻防

漢と烏孫の同盟

前一一九年の大混戦のあと、双方とも大規模な攻撃にはしばらく出られなくなった。とりわけ漢の側では、連戦の疲れからか、前一一七年に霍去病《かくきょへい》がわずか二四歳で死に、武帝の落ちこみようは並大抵ではなかった。

あいつぐ外征は、また漢の国家財政を破綻寸前に追い込んでいた。そこで歳入を増やすため、前一一九年には塩と鉄が専売制とされた。塩と鉄を国家が独占的に販売して、その収益を国家財政に入れたのである。さらに前一一五年には均輸法、前一一〇年には平準法が施行され、武帝政権は大商人の利潤を抑制してその分を国家財政に回そうとした。もちろん増税も行われた。これらの施策によって人民の生活は苦しくなったが、漢軍は再び攻勢に出ることができた。

これ以降の漢の進出方向は、北よりもむしろ西に向かっていた。直接匈奴《きょうど》を攻めるよりも、匈奴と連絡を取りあっている羌《きょう》や、匈奴に従属している西域《さいいき》や烏孫《うそん》を、匈奴から引き離すことを目標としていた。また、西域に向かう祁連《きれん》山脈沿いのオアシス地帯、いわゆる河西回廊（今日の甘粛省《かんしゅくしょう》）に、大規模に植民を行った。国家の税収を増やすとともに、西方に派遣する遠征軍や現地の駐屯軍に食糧を供給する役割が期待されたのである。

西方作戦を進言したのは、張騫《ちょうけん》であった。彼は前一二二年に、李広《りこう》との共同作戦に遅れた罪で斬罪にあたるところを、金を払って罪を免れ、庶民の身分に落とされていた。何とかもとの侯の位を回復しようと考えていた張騫は、前一一五年、武帝に烏孫との同盟を提案した。烏孫を味方に引き入れて、降伏した渾邪王《こんやおう》の旧地に移住させれば、「匈奴の右臂《みぎうで》を絶つことになりますし、またその西に連なる諸国もみな漢になびきましょう」という言葉は、武帝の気持ちを大きく動かした。

さっそく張騫を中郎将という役職に任じ、三〇〇人の兵士をつけて、烏孫王のもとに派遣した。兵一人につき馬二頭が割りあてられ、途中食糧にする牛や羊は何万頭にものぼった。烏孫王を抱きこむために、巨万の黄金と絹を持たせ、さらにその他の国々にも派遣するために大勢の副使も随行させた。

烏孫では、王号を昆莫《こんばく》あるいは昆彌《こんび》という。張騫は贈り物を差し出しただけでなく、昆莫の夫人として漢から公主を送ってもよいという提案をした。しかしこのとき昆莫は年老いており、その後継者をめぐって国内は三つの勢力に分かれていた。また久しく匈奴に服属していたこともあって匈奴を恐れる気持ちも強く、昆莫だけの判断で、そう簡単に漢と同盟を結ぶという大事を決定することはできなかった。

結局、張騫はさきの大月氏《だいげつし》に派遣されたときと同様に、今回も色よい返事をもらうことができずに、烏孫の使者数十人と馬数十頭を伴って帰途に着いた。そして漢に帰ってから一年後に、張騫は死んだ。しかし彼の努力は、その後しばらくして実を結ぶことになる。漢の富裕さを見せるために彼が連れてきた烏孫の使者たちは、本国に帰ると、漢の領域が広大で人口が多く、富裕であると報告した。その結果、烏孫は徐々に漢の存在の大きさを認識し、ついに前一〇五年には漢から公主を娶《めと》って右夫人と称した（ただし同時に匈奴からも妻を迎えて左夫人と称し、バランスを取った）。なおこのとき漢から送られた細君《さいくん》という公主はなかなか烏孫での生活になじめず、漢を恋しがって詠んだ詩が今に伝わっている。

また張騫が烏孫からさらに先の西方の諸国に派遣した副使たちが、それぞれの国の答礼使節を伴って続々と帰国した。かくして烏孫だけでなく、中央アジアのほとんどすべての国と漢は国交を結ぶことになった。張騫の思惑どおり、匈奴の右腕は絶たれようとしていた。

西域への使節団

当初、漢の領域の西端は黄河を渡ってすぐの令居《れいきょ》であったが、まず武威《ぶい》郡と酒泉《しゅせん》郡が設置され、人口が増えるに連れてそこから張掖《ちょうえき》郡と敦煌《とんこう》郡が分置された。これらの郡の設置の年代については『漢書』の本紀と地理志で違いがあるが、前二世紀の末から前一世紀の初めにかけてのことであった。これらをつなぐ細長い地帯は、黄河の西に位置するため、河西回廊（あるいは通廊）と呼ばれる。漢は、河西回廊の北側に長城あるいは烽燧《ほうすい》台（のろし台）と城塞の列を設けて、匈奴の侵入に備えた。その結果、匈奴は良好な牧地を奪われただけでなく、羌と直接連絡を取ることがきわめて難しくなった。

　西域へいたる通路が確保され、西域に良馬や珍奇なものが多く産するという情報がもたらされると、武帝はしきりに西域へ使節団を派遣するようになった。一回の使節団は、大きければ数百人、小さくても一〇〇人あまりからなり、一年に多ければ一〇回あまり、少なくても五～六回に達した。遠い地域へ旅立ったものは往復に八～九年、近いところでも数年はかかった。これらの使節はすべて張騫と同じものを携えていったというから、黄金と絹を持っていったのであろう。これだけの使節が出かけたのであるから、西域には漢の品物があふれ、もはやそれらを貴重なものとみなすこともなくなってしまった。

　さらに問題だったのは、使節団員の質である。一攫千金をもくろむ山師のような連中や、無頼の徒、貧困層の出身者も多かった。団長には、大言壮語を吐く者が充てられた。西域へもたらすものを途中でネコババしたり、安く売り飛ばしたりする者も現れた。このようないい加減な使節であったから、使節によって言うことが異なり、受け入れる諸国でも戸惑いを隠せなかった。ついに漢の使節に食物を供給しなくなったため、使節同士の間で攻撃しあうというような羽目に陥ってしまった。

　このような状況の中で、西域の中では最も東に位置し、漢から西域以西に赴く際に必ず通らなければならない楼蘭《ろうらん》と姑師《こし》（前漢の後半頃から車師と表記されるようになる。車の古代音は「キョ」で、姑の古代音「クオ」に近かった）が、漢の使節を攻撃した。これとおそら

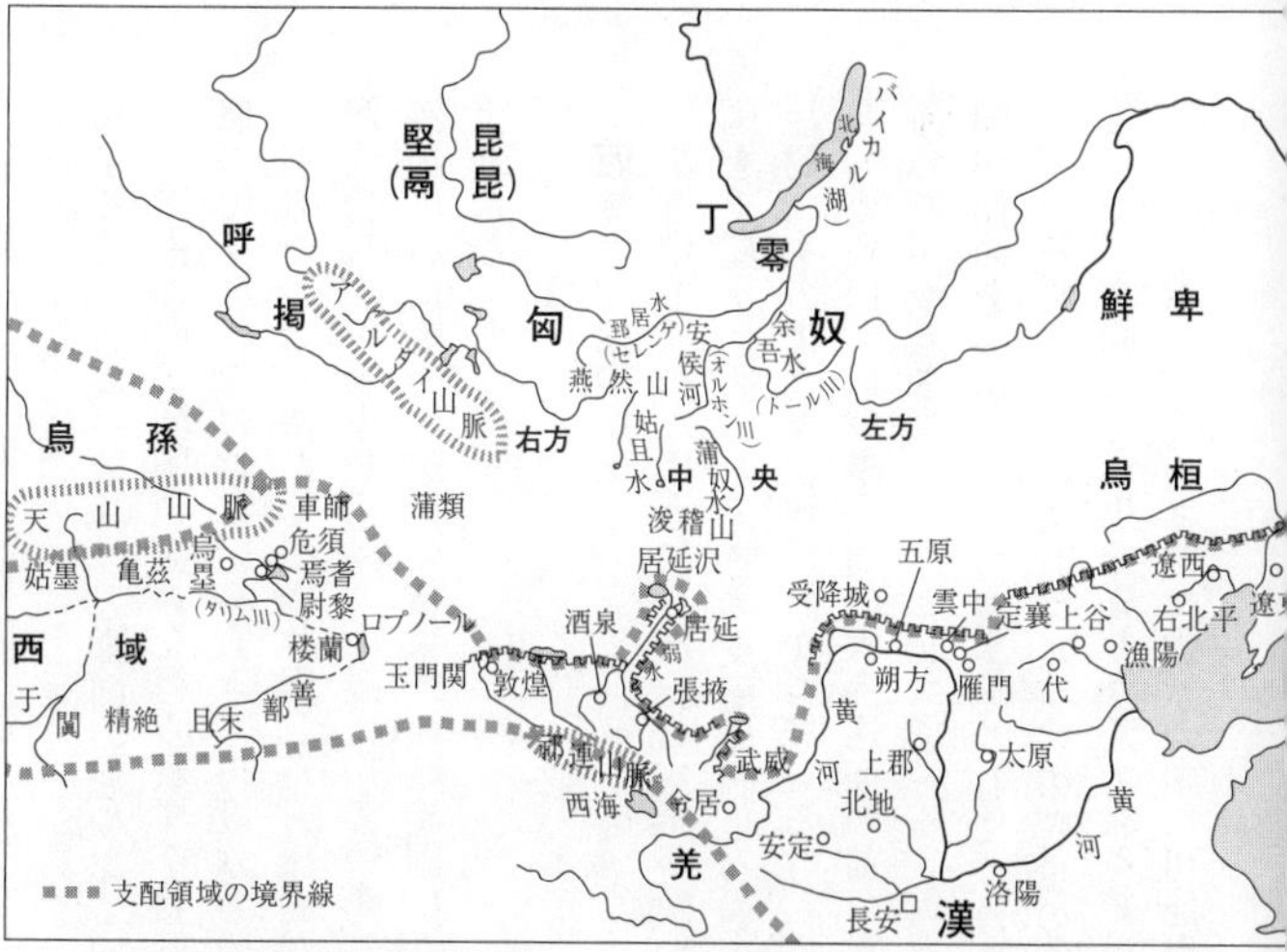

紀元前1世紀前半の匈奴と漢

く呼応してであろうが、匈奴の奇襲部隊もときどき漢の使節の往来をさえぎって攻撃した。そこで前一〇八年、漢は将軍趙破奴《ちょうはど》を派遣して姑師と楼蘭を撃ち、楼蘭王を捕虜にした。

しかしそれでもまだ西域では匈奴を恐れて、漢の使節は軽んじられていた。また大《だい》宛《えん》より西、つまりパミールより西方の諸国は漢から遠く離れていることもあって、漢の意のままにはならなかった。とくに大宛は善馬をたくさん持っているのに弐師《じし》城に隠して、漢の使節には与えようとしなかった。善馬がどうしても欲しい武帝は、前一〇四年、大宛に遠征軍を派遣した。弐師城の馬を得るために弐師将軍に任じられたのは、当時武帝に寵愛されていた李《り》夫人の兄にあたる李広利《こうり》であった。

李広利は「属国の騎兵（おそらく漢に服

属する北方諸族の騎兵）と郡国の悪少年（国内各地の無頼の若者）」を率いて勇躍旅立ったが、途中の西域諸国の協力を得られず、目的地の手前で引き返さざるを得なかった。武帝は怒って李広利を敦煌に留め置き、再度六万の兵（これも囚人や無頼の若者が中心）に武器や食糧もたっぷり持たせて送り出した。康居が大宛を救援に来る構えを見せたが、今度は何とか成功し、善馬を数十頭、中馬（中級の馬）以下三〇〇〇頭を連れ帰ることができた。前後四年にわたるこの遠征の結果、西域諸国にもようやく漢との交流を重視する動きが見られるようになった。

西域と匈奴の関係

第五章で述べたように、前一七六年か前一七四年、匈奴は第二次月氏攻撃により、西域諸国を支配下に置いた。その支配体制について、『史記』はほとんど何も語っていないが、断片的に次のような状況はわかっている。

「大宛列伝」は、李広利の大宛遠征の前の状況について、西域では漢の使節よりも匈奴の使節の方が優遇されていたと語っている。匈奴の使節は、単于の「一信」を持っていれば、諸国が使節を「伝送」して食事も給してくれたという。「一信」とは、単于の発行する信用状で、おそらく後世のモンゴル時代の牌子《パイズ》のようなものだろう。「伝送」とは明らかに駅伝のことで、宿駅ごとに馬を乗り換えて旅を続けられる制度のことである。

これは本来、統一された国家の中で可能な制度である。匈奴がこの地域を支配するようになってから駅伝が創設されたのか、それともそれ以前の月氏支配時代から存在したのか、はたまたそれらの支配とは関係なく、西域諸国にはもともとそのような横の連携があったのか、今のところ判断する証拠はない。

とにかく匈奴の使節はこの制度を十分に利用することができた。ところがそれに対して、漢の使節は絹を売らなければ食物を得ることができず、家畜も買わなければ乗ることができなかったという。

また楼蘭が前一〇八年に漢に降伏すると、匈奴は楼蘭に兵を派遣した。そこでやむをえず楼蘭は王子の一人を匈奴に、もう一人を漢に人質として差し出した。匈奴の一元的支配の時期には、匈奴にだけ人質を出していたのであろう。西域の小国は、両大国の狭間にあって、両にらみの苦しい外交を展開せざるをえなかったのである。このあと漢による西域支配が徐々に強固になっていっても、楼蘭と車師は常に一定の匈奴の影響を受けている。匈奴の本拠に近かったせいであろう。

匈奴の日逐王と僮僕都尉による西域統治

『漢書』には、もう少しくわしく匈奴の西域統治の仕組みが記されている。匈奴では軍臣単于のあと単于が比較的短期間で死亡したため長男を単于に立てることができず、単于の弟が即位することもあり、継承関係に乱れが生じていた。『漢書』「西域伝」によれば、前九六年に狐鹿姑《ころくこ》単于が即位する前に、一時的に弟の左大将が単于になりかけたことがあった。兄の左賢王が現れたために弟はすぐに単于位を譲り、左賢王となったが、自分が死んだら長男に左賢王の位を継がせるという条件をつけた。はたして数年後にその左賢王が病死したため、その子の先賢撣《せんけんてん》が左賢王になるはずであったが、狐鹿姑単于は自分の息子を左賢王とし、先賢撣は日逐王《にっちくおう》とした。

日逐王という称号は『史記』の本文には現れず（後世の注には見られる）、ここで初めて登場する。『漢書』「匈奴伝」には、日逐王は左賢王よりランクが低いとある。左賢王は単于に次ぐナンバーツーであるから、それより低いのはあたり前である。『漢書』がわざわざそう断っているのは、日逐王に関する記述がこれまでなかったので、その上下関係を示すために、「日逐王の位はかなり高いが、左賢王よりは低い」と言いたかったのであろう。

そして「西域伝」は、日逐王の活動を次のように記している。「匈奴の西辺の日逐王は、僮僕《どうぼく》都尉を置いて西域を治めさせ、常に焉耆《えんき》、危須《きしゅ》、尉黎《いり》の間に居て、諸国に賦税し、富みゆたかなものを取っていた」。焉耆、危須、尉黎はいずれも車師の南西にあたり、ボスタン＝ノール湖（バグラシュ＝クル）の北岸に並ぶオアシス都市である。ここは、車師から来る道と楼蘭から来る道とが交わり、さらに西方へ向かう拠点となる、当時の西域交通の要にあたっていた。その後西域を支配することになる漢も、このすぐ西に位置する烏塁《うるい》に西域都護府を置いた。

日逐王と僮僕都尉による西域統治は、これ以前の匈奴の全盛期から機能していたとする解釈もある（加藤謙一『匈奴「帝国」』第一書房、一九九八年）。しかしそれらが『史記』に登場せず、先賢撣の処遇のために設けられた新しいポストであるかのように『漢書』が記しているることを考慮すると、このとき初めて置かれたとみなすべきであろう（護雅夫「『匈奴』の国家」『古代トルコ民族史研究Ⅲ』山川出版社、一九九七年）。それ以前にも何らかの統治機構は存在したであろうが、漢が西域に進出してきたこの時期、統治体制の再構築と強化を目指して設けられたと考えるのが自然であろう。

匈奴が西域から何を取っていったのかは、『漢書』には書かれていない。匈奴が漢から毎年得ていたものを考慮すると、その中に穀物と酒が入っていたことは当然考えられる（酒は葡萄酒が造られていた。なお絹はこの当時、中央アジアでは生産されていなかった）。また僮僕都尉という名称に注目すると、僮僕（めしつかい、しもべ）、すなわち奴隷を集めて匈奴領内で労働させたという可能性も考えられる。この問題については、次章でくわしく述べる。

楼蘭と車師の苦悩

先に触れたように、楼蘭は匈奴と漢の双方に人質を出していた。前九二年に楼蘭王が死ぬと、その国の人々は漢に送られていた人質の王子を王に立てたいと願い出た。ところがその王子は何らかの違法行為に連座して、宮刑（去勢の刑）に処されてしまっていた。去勢された王子を王として国に帰すわけにはゆかない。そこで漢は「天子（武帝）が王子を寵愛しているので、帰せないから、次の者を王に立てるように」と言い訳して、ごまかした。

楼蘭はあらためて王を立て、再び王の長男（名は安帰《あんき》）を匈奴に、次男（名は尉屠耆《いとき》）を漢に人質として出した。しばらくしてその王も死ぬと、その情報を得た匈奴はいち早く人質の安帰を楼蘭に帰して王とした。漢も新王を承認して入朝させ、たっぷりと賜り物を与えようとした。しかし新王の後妻（匈奴と同じ婚姻習慣により、もとの継母でもある）は、「先王は二人も子供を送ったのに一人も帰ってきませんでした。だからお前は行ってはなりません」と、漢への入朝に反対した。王ももっともと思い、「まだ王として立ったばかりですので、しばらくしてから天子にお会いします」と、入朝を断った。

楼蘭は西域の中では最も東に位置し、漢に近いため、漢使の通訳としてガイド役を務め、乾燥地帯であるので水や食糧も負担しているのに、漢の役人や兵士がしばしば暴力行為を働くので、嫌気が差していた。そこで再び匈奴側につき、しばしば漢使をさえぎって殺した。これに対し、漢は前七七年、刺客集団を使節として楼蘭に送り込んだ。使節団長が黄金や絹織物を王の前に並べて見せ、王を酒に酔わせ、王と密談したいとそばに寄ると、二人の刺客が背後から忍び寄って王を刺し殺してしまった。そして漢にいた弟の尉屠耆を楼蘭に帰して王としたが、尉屠耆は地元に支持基盤がなくて王城には入れず、別の小城に漢の部隊とこもって屯田し、食糧を得るという始末であった。ここまで一連の流れを見てくると、漢が大国として横暴に振る舞い、小国の運命を翻弄しているさまがよくわかる。

匈奴を制する上で楼蘭以上に重要なのは、車師であった。車師は長く匈奴と同盟関係にあり、また天山の南北にまたがっていて、戦略上の拠点を占めていたのである。前九九年に匈奴からの投降者の介和王《かいわおう》（職務は不明）をリーダーとして楼蘭の兵を派遣し、車師を攻撃させたときには、匈奴の右賢王が救援に来たため、漢軍は引き下がらざるをえなかった。前八九年には再び介和王に西域の六ヵ国の兵を率いて車師を撃たせ、今度は車師を降伏させることができた。しかし昭帝（在位前八七〜前七四年）の時には、匈奴が車師に四〇〇〇騎を屯田させて、車師は匈奴側に戻った。宣帝（在位前七四〜前四九年）が即位し、派兵して車師に屯田していた匈奴兵を駆逐すると、車師は再び漢の側についた。ところがあらたに烏貴《うき》という者が王位に即くと、匈奴と婚姻を結び、漢使が烏孫に通行する道を匈奴に教えた。

前六八（あるいは前六七）年に、漢は刑を免除した罪人を渠犂《きょり》（尉黎の西隣）に屯田兵として派遣し、秋に収穫してから西域諸国の兵一万余人と屯田兵一五〇〇人に車師を撃たせ、車師前国の都のある交河城を陥落させた。ここにようやく漢は車師を確保することに成功したが、その後もしばしば匈奴の騎兵が車師の近辺には出没した。匈奴がここまで車師の支配に固執したのは、匈奴からの投降者によれば、「車師の地が肥沃で、また匈奴に近いため、漢にこの地を与えて穀物を増産されては、わが国に害が及ぶ」と単于や大臣たちが考えているからだという。言い換えると、匈奴にとっても車師の地は穀物生産供給地として重要だったということになろう。

内輪もめ、投降、飢饉、反乱

しばしの休戦と戦闘再開

前一一九年の漢の大攻勢以降、しばらく両軍が干戈《かんか》を交えることはなかった。伊稚斜《いちさ》単于は漢に使者を派遣して再び和親を結ぼうとしたが、漢が外臣となるように迫ると、単于は怒って交渉は中断してしまった。前一一四年に単于が死に、あらたに烏維《うい》単于が立っても、大規模な衝突は起こらなかった。わずかに前一一二年に匈奴が五原《ごげん》に侵入して太守を殺したことが記録されている程度である。漢もまたこのころは南方の南越《なんえつ》遠征に力を注いでいたため、匈奴に軍を振り向ける余裕はなかった。その後も使者の往来はあったが、漢は匈奴に人質を要求するなど高圧的態度を変えず、一方匈奴も旧来の貢納条件に固執したため、交渉にはかばかしい進展はなかった。

前一〇五年に烏維単于が死に、子の烏師廬《うしろ》あるいは詹師廬《せんしろ》が立ったが、年が若かったため、児《じ》単于と呼ばれた。この頃から匈奴は本拠を北西方向に移動した。そのため左方の軍は雲中の北方にあたり、右方の軍は酒泉、敦煌の北方にあたることになった。漢の攻撃で匈奴のとりわけ左方が被害を受け、空白となったところへ、漢の差し金で、匈奴の支配下にあった烏桓《うがん》（鮮卑とともに、東胡の末裔《まつえい》と言われている）が進出してきたためと思われる。

児単于が立つと、前一〇四年、漢は二人の使者を派遣した。一人は単于を弔問し、もう一人は右賢王を弔問して、両者の仲を裂こうと考えたのである。ところがどちらの使節も単于の下に連れて行かれたために目論見が露見し、単于は怒って漢使を拘留してしまった。これ以前の不調に終わった交渉でも、漢の高圧的態度に怒った先の単于が漢使を拘留していたため、前後一〇回あまりの使節団がすべて拘留されたままとなっていた。漢もそれに対抗して、匈奴からの使節をすべて拘留した。トップが頑固だと、全権を委任されていない使節は大変である。

この年は年初の冬に匈奴では大雪が降り、家畜が多数飢えと寒さで死んだ。モンゴルでは冬の天候災害をゾドという。ゾドには、白いゾドと黒いゾドがある。白いゾドとは、家畜が足で雪をかき分けて下の草を食べることができなくなるほど大雪が降ったために起こる家畜の飢え死にの災害である。黒いゾドとは、逆に雪がまったく降らず、寒気のために草が完全に枯死して黒くなり、食用にならなくなるために生ずる災害である。この冬は、白いゾドが来襲したということになる。

天災だけでなく、匈奴の民衆は人災にも見舞われていた。児単于が、人を殺すことを好む性格だったのである。そのため国内には不安が広がった。民心を察知した左大都尉がひそかに漢に通謀し、「単于を殺して漢に投降したいが、漢には遠いので、近くまで兵をよこして欲しい」と言ってきた。そこで投降者を受け入れるために、長城の北側に受降城という名の城塞を築いた。しかしそれでもまだ遠いため、趙破奴《ちょうはど》に二万騎を率いて北上させ、迎え入れようとした。

ところがこの計画は事前に発覚し、単于は左大都尉を殺すと、北上した漢軍を八万騎で包囲した。結局、趙破奴は奮戦むなしく、全軍で匈奴に降伏してしまった。単于はさらに受降城も攻めさせたが、これは成功しなかった。この事件をきっかけに、両軍の戦闘は再開されることになる。

ご難続きの使節団

児単于は、在位わずか三年で病死した。子供がまだ幼かったので、おじの右賢王呴犂湖《こうりこ》が単于となった。前一〇二年に、匈奴は雲中、定襄、五原、朔方に侵入し、数千人を殺略した。単于はさらに右賢王を酒泉、張掖《ちょうえき》に侵入させ、数千人を略奪させたが、これは漢軍に奪い返された。翌年、呴犂湖単于は、大宛遠征から凱旋する李広利をさえぎろうとしたが、接触することはできなかった。

その冬、新単于もわずか一年で病死し、その弟の左大都尉且鞮侯《しょていこう》が単于となった。なお、司馬遷《しばせん》の記述はこの頃で終わり、このあとはもっぱら班固《はんこ》の『漢書』に頼ることになる。司馬遷は一部で「蛮夷びいき」と評されるくらい、匈奴に一定程度の理解を示しつつ叙述しているが、班固は儒教の影響を強く受けたせいか、匈奴に対する態度が若干異なっている。

且鞮侯単于は即位するとすぐに、それまで拘留していた漢使のうち、匈奴に投降しなかった者を全員漢に返還した（ということは、投降して匈奴側の人間になった者もいたということになる）。そしてへりくだった調子で「漢の天子は自分の父と同じ世代の年長者です」と言ってきた。且鞮侯の伯父にあたる軍臣は景帝から公主（名目上は景帝の娘）をもらっているが、武帝は景帝の子供であるので、軍臣と武帝は名目上義理の兄弟ということになり、従って且鞮侯単于は武帝の義理の甥ということになるのである（単于の系図参照）。

そこで漢も拘留していた匈奴の使節を返すこととし、蘇武《そぶ》を使節団長としてたくさんの贈

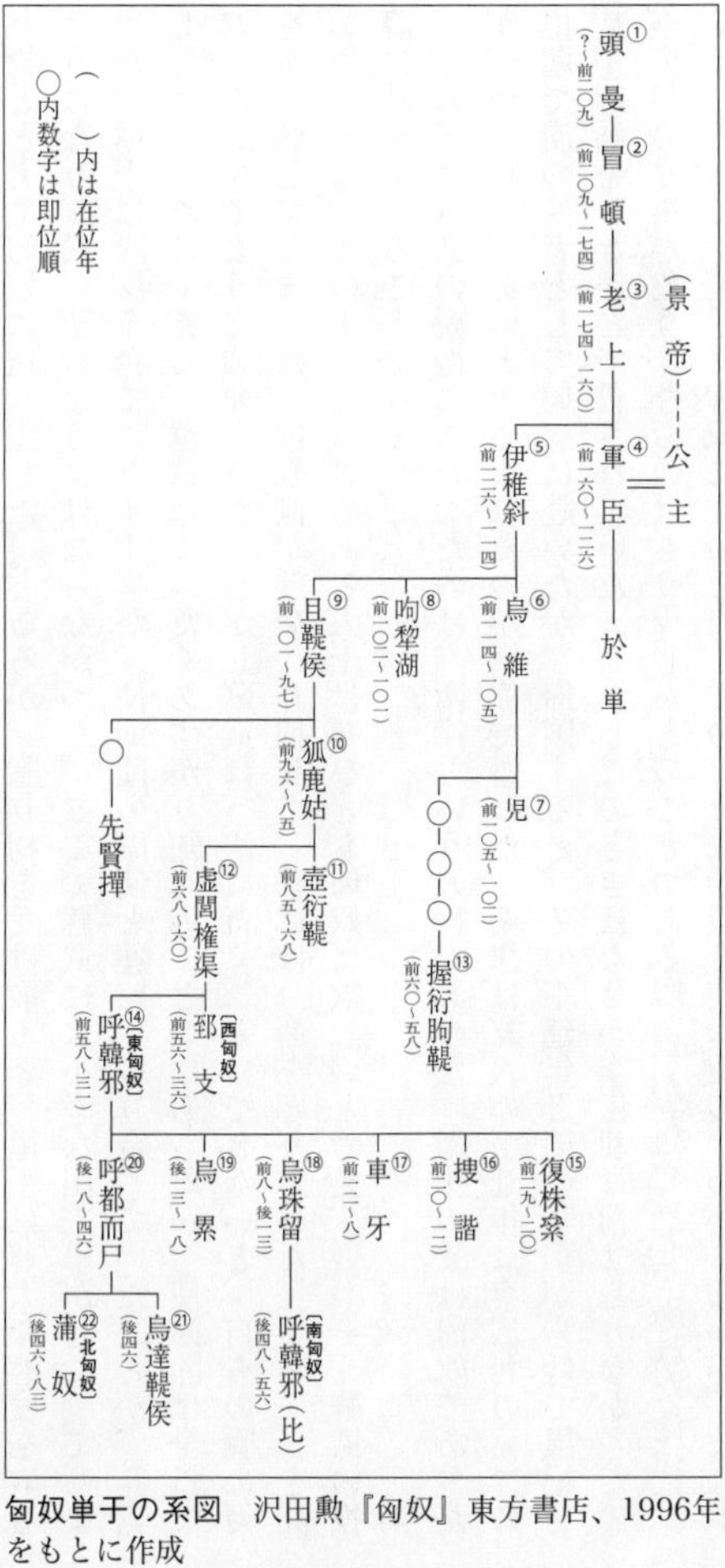

匈奴単于の系図　沢田勲『匈奴』東方書店、1996年をもとに作成

り物とともに匈奴に送り出した。ところが、贈り物を受け取ると、単于は尊大な態度を取るようになり、漢の望むようにはならなかった。ここで蘇武には不幸な出来事が起こってしまった。単于に謀反を企てたグループが、使節団の副使と連絡を取り合っていたことが、発覚してしまったのである。蘇武はまったくあずかり知らぬことではあったが、使節団は全員匈奴に投降するように強要された。しかし蘇武は、漢に背くことはできないと、自らの胸に刀を突き刺してしまった。匈奴側が懸命に介抱して、蘇武は一命をとりとめた。このことを聞いた単于は、そのような気骨のある人士はぜひとも匈奴に欲しいと考え、いっそう蘇武の投降に熱を上げることになる。

このとき蘇武の説得にあたったのは、衛律《えいりつ》という人物であった。衛律の父は匈奴であったが、漢に降り、そのとき生まれたのが衛律であった。衛律は友人の李延年《えんねん》（李広利の兄）の推薦で漢の使者として匈奴に赴いたが、帰国すると、その李延年と弟の李季が宮廷で風紀を乱す行為をしたかどで殺されていた（しかしこのときはなぜか李広利は罰せられなかった。李広利の立場が危うくなるのはもう少しあとのことである）。累が及ぶことを恐れた衛律は、すぐにとってかえして匈奴に亡命した。どのような手段を使ったのかわからないが、彼は単于に寵愛されるところとなり、国政に参画し、丁零王《ていれいおう》という称号をもらった。衛律が亡命した年は史書に記載がないが、おそらく前述した漢使送還の直後のことであろう。そうすると、蘇武の説得にあたったときは、まだ亡命して間がない頃ということになる。あるいは、その前の拘留期間中に、彼と且鞮侯との間に交流があったのかもしれない。さて、蘇武はその後も帰順させるためのさまざまな脅し、すかし、嫌がらせを受けたが、節を曲げず、一九年後にようやく帰ることができた。

李陵と李広利の投降

且鞮侯単于と武帝がともに原則を譲らず、また漢使の不手際もあって、交渉が手詰まりとなったところで、漢は再び大攻勢をかけた。前九九年の夏、五月、武帝の命令で弐師将軍李広利が三万騎を率いて酒泉を出発し、天山（のおそらく東端）で右賢王を攻撃した。首級と捕虜合わせて一万余を得たが、帰る途中で匈奴の大軍に包囲され、食糧が乏しくなって死傷者が増えた。何とか包囲の一角を破って、李広利は脱出したが、漢軍の死者は六〜七割にのぼった。

時を同じくして、名将李広（李広利とはまったく関係ない）の孫にあたる李陵《りりょう》が、騎兵ではなく歩兵五〇〇〇を率いて居延の北方に出たが、ここで単于の本隊八万騎とぶつかってしまった。圧倒的に優勢な敵に対して李陵軍はよく抵抗しつつ漢の防御線の近くまで後退したが、ついに衆寡敵せず、李陵は捕虜となってしまった。降伏した振りをして、単于と刺し違えるつもりだったようだ。

単于は李陵の奮戦振りを目のあたりにして、ぜひとも自軍の将軍に迎えたいと考えた。もとより李陵にはそのつもりはなかったのだが、ちょっとした行き違いから都に残る李陵一族を武帝が皆殺しにするという事態に発展してしまった。こと、ここにいたっては、李陵も漢に戻るわけにはいかなくなった。単于は娘を李陵に娶《めあ》わせ、右校王という称号を与えた。右校王の職務についてくわしいことは不明だが、衛律が常に単于のそばにいて顧問役を務めたのに対し、李陵は重大な案件の場合にのみ議論に参加したという。

この間の李陵の心の葛藤、帰順後の蘇武との交流、衛律との駆け引きなどは、歴史家だけでなく作家の創作意欲をもかき立てるようで、数多くの作品が生み出されている。李陵を取り巻く人間模様についてはそれらの作品に譲り（中島敦、佐川美代太郎、護雅夫、冨谷至）、本書では先を急ぐことにしよう。

前九八年の秋、匈奴が雁門に入寇した。太守（郡の長官）は敵を恐れて臆病であったかどで公開処刑されたというから、匈奴側が圧倒的に優勢だったのだろう。

この入寇に報復する意図があったのか、翌年の春には、李広利が騎兵六万、歩兵七万を率いて朔方から出撃し、ほかに三人の将軍が合わせて騎兵一万、歩兵七万を率いて、朔方、雁門、五原を出た。この大軍の進攻に対して、匈奴は家族や財産を余吾水（今日のトール川か）の北に移し、単于は一〇万の兵を擁して川の南で李広利の軍を待ち構えていた。両軍の激突は一〇日あまりに及んだが、決着はつかなかった。左賢王の軍と戦った将軍は、劣勢となって引き返した。

且鞮侯単于は前九七年に病死し、先に日逐王のところで触れたように、狐鹿姑《ころくこ》単于が即位した。その後しばらく両陣営に動きはなかったが、前九一年九月、匈奴が上谷、五原に入寇し、官吏と人民を殺略した。前九〇年の春正月にも五原と酒泉に入寇し、両郡の都尉（軍司令官）を殺した。これに対し、三月に、李広利が七万人を率いて五原を出、ほかに二人の将軍がそれぞれ二万人と四万騎を率いて西河と酒泉を出て、匈奴に向かった。

この報を受けると、匈奴は再び家族や財産を余吾水の北方や、郅居水《しっきょ》（今日のセレンゲ川か）の北にある趙信城に移し、迎撃能勢を固めた。この戦いでは李陵も匈奴の大将とともに三万騎を率いて参戦し、浚稽山《しゅんけい》で同じく三万の漢軍と戦ったが、『漢書』によれば李陵はそれほどの戦果も挙げられずに北に後退したようだ。

李広利の本隊は、衛律の待ち伏せ攻撃をしのいで北上した。このとき、李広利の妻子が、武帝の帝位継承者争いに絡んで武帝を呪い殺そうとした事件に連座し、収監されたという情報が届いた。李広利は罪を免れるために功を焦り、郅居水の北にまで進出したが、長途の遠征で兵士は疲労の極みに達していた。燕然山《えんねんざん》まで引き返したところで匈奴軍に大敗し、ついに李広利は降伏せざるをえなくなった。単于はもとより李広利が漢の大将軍で貴臣であることを知っていたので、自分の娘を娶わせ、衛律よりも上位に置いたという。

指導層の内部分裂と人心の離反

前八九年に、単于は漢に使者を派遣し、公主との縁組みや酒・米・絹などを供給するかつてと同じ和親条約を結び、お互いに辺境で盗みをすることはやめようと言ってきた。それに答える漢の使者がやって来ると、単于は左右の者に、「漢は礼儀の国というのに、弐師将軍の話では、前の太子が反乱を起こしたというではないか」と言わせて、漢を非難した。すると漢使は、それを認めたうえで、「太子が宰相との争いで兵を動かしただけのことで、たいした問題ではない。それよりも冒頓が父を殺したり、子供が継母を娶ったりする行為は、鳥や獣のすることだ」と言い返したため、単于は怒って交渉は決裂し、漢使は三年間拘留されることになってしまった。

武帝が死んだ前八七年の冬に、匈奴は朔方に侵入し、官吏と人民を殺略した。しかし長年にわたる戦《いくさ》続きで疲弊し、人も家畜も妊娠しても流産してしまうという苦境に陥ってしまった。そこで、単于以下、みな何とか和親を結ぼうと考えていたようだが、単于は前八五年に病死した。

単于には、左大都尉になった異母弟がいた。この弟は賢かったため、国内の人望を集めていた。閼氏《えんし》は単于が自分の子を立てずに弟を立てるのではないかと疑い、ひそかに刺客を送って左大都尉を殺してしまった。おさまらないのは左大都尉と同じ母から生まれた兄であった。その兄は単于の本営で開かれる年次集会に出席しなくなってしまった。

単于は臨終の床で貴人らに「わが子はまだ年少で国を治める能力がないから、自分の弟の右谷蠡《ろくり》王を立てるように」と言い残して死んだ。ところが衛律と顓渠《せんきょ》閼氏（これはここで初めて出てくる言葉だが、これが単于の第一夫人で、大閼氏と呼ばれる閼氏が第二夫人であったらしい）は共謀して単于の死を隠し、偽って単于の命令を変更してしまった。そして臨終の場にいた貴人らと酒を飲み合って盟約を交わし（酒を飲む盟約については、二八三頁参照）、閼氏の子供の左谷蠡王を立てて、壺衍鞮《こえんてい》単于とした。

左賢王と右谷蠡王は単于になれなかったことを恨みに思い、配下の部衆を率いて漢に帰順しようかとも考えたが、うまく運ぶかどうか自信が持てなかった。そこで盧屠王《ろと》（役職不明）を脅して一緒に西進し、烏孫に降伏してから、匈奴を攻撃するという謀略をめぐらした。烏孫の力を借りて、単于を倒そうという計画である。ところが盧屠王がその計画を単于に告げたため、単于は人を派遣して尋問させた。しかし右谷蠡王はかえってその罪を盧屠王になすりつけたが、人々はみなそれが冤罪だとわかっていた。それ以来、左賢王と右谷蠡王は自分の領地に留まって、龍城の大会に出席しなくなってしまったという。

その後、単于が年少であることをいいことに、実権を握った母親の閼氏が不正な行為（史書には具体的にどのような行為であったか記述はない）をはたらいたために、人心が離反し、漢に総攻撃されたらひとたまりもない状況に陥ってしまった。このような状況下では和親を提案しても漢に足元を見られるし、かといって辺境に侵入しても成功はおぼつかない。そのため匈奴の入寇はまれになった。

烏桓、烏孫、丁零との抗争

前七八年に、匈奴の三〇〇〇騎が五原に入寇し、数千人を殺略した。さらに数万騎が長城付近で狩猟をしながら機会を窺《うかが》い、長城の外にある小さな城塞を攻めて、官吏や人民を奪って去った。しかしこのころには、漢ののろし台がうまく機能して、匈奴は入寇しても得るものが少なく、入寇はますます少なくなった。

そのころ、匈奴の投降者から、「烏桓がかつて単于の墓を発《あば》いたのを匈奴は恨みに思い、今まさに二万騎で烏桓を攻撃しようとしている」という情報が得られた。そこで漢は、匈奴が烏桓を攻撃するときに合わせて匈奴を攻撃しようと、二万騎が出陣した。しかし匈奴は烏桓を攻めたあと、漢軍がやってきたことを知ると、すみやかに撤兵してしまった。漢軍は手ぶらで帰るわけにもゆかず、匈奴の襲撃で弱っていた烏桓を攻めて六〇〇〇人の首を斬り、三人の王を捕らえた。これでは、烏桓こそいい面の皮である。

一方、匈奴は矛先を西に向けて、烏孫を攻撃し、車延《しやえん》と悪師《あくし》の地を取って、人民を連行していった。車延と悪師を内田吟風《ぎんぷう》は今日の庫車《クチャ》と阿克蘇《アクス》にあてているが、これは天山南麓のオアシス都市ではなく、烏孫領内のどこかであろう。さらに漢から烏孫に嫁いだ公主をよこせと言ってきた。そこで烏孫の王にあたる昆彌《こんび》と公主は、前七二年、昭帝に代わって即位したばかりの宣帝に、援軍依頼の書状を送った。

それに応えて、前七一年の正月、漢は五人の将軍に一五万騎を与えて出撃させ、烏孫も五万騎を出し、総勢二〇万騎で匈奴に総攻撃をかけた。この報に接すると、匈奴は老弱者と家畜を遠く北方に逃がした。そのため将軍の中には、首を斬り、捕らえた敵が一九人、捕獲した牛・馬・羊が一〇〇頭あまりという、貧弱な戦果を誇る者もいた。しかし全体として見ると、匈奴の損害は高位の者も含めて四万人、奪われた家畜は全部で七〇万頭にのぼった。家畜はすべて烏孫が取ったという。匈奴にとって、このダメージは大きかった。

その年の冬、単于は数万騎を率いて烏孫に報復攻撃を仕掛けた。老人や弱者を捕らえて帰還しようとしたところ、大雪に遭遇し、人間も家畜も凍死し、帰り着くことができた者は一〇人に一人もいなかったという。この窮状につけ込んで、北からは丁零が、東からは烏桓が、西からは烏孫が攻め立てた。三ヵ国で合わせて数万人を殺した。家畜の損害も大きかった。それに追い討ちをかけるように飢饉も重なり、人間は三割、家畜は五割が死んだ。漢はさらに三〇〇〇騎を出して匈奴の捕虜数千人を得て帰った。もはや、匈奴に反撃する余力は残されていなかった。

前六八年に壺衍鞮単于は死に、弟の左賢王が立って、虚閭権渠《きょろけんきょ》単于となった。政権内部では和親派よりも強硬派の方が強く、しきりに入寇の機会を窺ったが、うまくゆかなかった。さらに飢饉と丁零の侵入が続き、回復の兆しは見えなかった。

前項でも述べたように、前六八（あるいは前六七）年には、最後まで匈奴側についていた車師に対して西域諸国が漢と共同して攻撃を仕掛け、車師は降伏した。そして前六〇年に虚閭権渠単于が死ぬと、後継者選びのもつれから、西域を統治する匈奴の日逐王であった先賢撣が、数万騎を率いて西域で漢に投降した。漢が烏塁に西域都護府を置いたのは、このときであった。匈奴の最後の頼みの綱であった西域も、断ち切られたのである。

漢の属国となるか、それとも……

兄弟単于の対立

新たに立った握衍朐《あくえんく》鞮《てい》単于は、漢とは和親を修復しようとしたが、国内では残忍な性格を発揮したため、内部からも離反が相次いだ。前五八年、まず匈奴の左地、つまり東部で、先代の虚閭権渠単于の子の稽侯狦《けいこうさん》が推されて呼韓邪《こかんや》単于となった。呼韓邪は左地の兵四万〜五万人を率いて西進し、握衍朐鞮を攻撃するために姑且水《こしょすい》の北に至った。するとまだ戦わないうちに、握衍朐鞮の兵は敗走してしまった。彼は弟の右賢王に助けを求めたが、弟は「汝は人を愛さず、兄弟や貴人たちを殺した。汝もその居る場所で死ぬがよい」と、引導をわたされてしまった。万策尽きた握衍朐鞮は、その言葉通り、自殺した。

　呼韓邪単于は「民間」にいた兄の呼屠吾斯《ことごし》を呼び出して、左谷蠡王とした。「民間」にいたという意味がよくわからないが、何か罪があって身分を剥奪されていたのかもしれない。その後、呼韓邪はこの兄と死闘を演ずることになる。

　内紛は収まる気配を見せなかった。握衍朐鞮の従兄弟たちや漢に投降した日逐王の兄、さらに呼屠吾斯までが単于を称して自立したのである。これらの間で戦いが繰り返され、ある単于は殺されるか投降し、また漢に帰順する単于もあった。結局、勝ち残ったのは呼韓邪単于とその兄の郅支《しつし》単于（呼屠吾斯）であった。

前五四年に両者による決戦が行われ、郅支単于が勝利を収めて、単于が本来いるべき場所に本営を立てた。敗れた呼韓邪は、重臣の進言で漢の臣下となって援助を仰ぐことを決めた。もちろん配下には反対する意見も強かったが、呼韓邪は方針を貫いた。そして南下して長城に近づき、前五三年に子の右賢王を漢の朝廷に入れて、仕えさせた。一方、郅支単于も子の右大将を漢の朝廷に入れた。

単于が「藩臣」と称する

前五二年、呼韓邪単于は五原城塞の城門を叩き、翌年正月に朝廷に参内したいと願い出た。さて、正月になると漢は五原から長安にいたる街道沿いの各郡に、騎兵二〇〇〇を配置して出迎えた。漢の宣帝はこのころ毎年のように正月には甘泉宮《かんせんきゅう》に行幸していた。かつて老上単于はこのすぐ手前まで入寇し、その斥候騎兵は甘泉宮にいたったことがあった。呼韓邪単于は、宣帝に拝謁するために甘泉宮に来たのである。

単于を迎えるにあたって、朝廷ではどのように遇するべきか、議論があった。またこのときの議論を載せている『漢書』にもやや矛盾する記述があり、単于が臣下となったのかならなかったのかという点について、日本の学界ではさまざまな解釈がある（堀敏一『東アジア世界の形成』汲古書院、二〇〇六年）。朝廷で採用された蕭望之《しょうぼうし》の発言の大意を酌めば、次のような解釈が妥当と思われる。匈奴は漢の暦を使わない敵国（匹敵する国）であるので、臣下の礼ではなく客分の礼で応対し、単于が藩臣と称しても、漢は謙譲の気持ちを見せて臣下扱いせず、諸侯王よりも上に置くという、破格の待遇を与えることにした、ということではないだろうか。

暦に何の問題があるのかと思われるかもしれないが、中国の暦を使うということは、中国の権威を認めることになるのである。実際の拝謁の場面では、単于は「藩臣」と称したが、名前を名乗ることはしなかった。事前のリハーサルで、「藩臣」という中国語をしっかりと覚えこまされたのであろう。

呼韓邪単于が持参した土産品については「珍宝」とあるだけで具体的な記述がないが、単于に下賜された物についてはくわしいリストが伝えられている。それによると、冠・帯・衣裳、黄金の璽《じ》（金印）とそれにつける草色の綬《じゅ》（組紐）、柄や鍔《つば》に玉を象嵌《ぞうがん》した剣と腰に帯びる刀、弓一張り、矢四発（一発は一二本）、絹の飾りのついた戟《ほこ》一〇、安車（座席のある車）一乗、鞍《くら》と轡《くつわ》一具、馬一五匹、黄金二〇斤（一斤＝二五七グラム）、銅銭二〇万、衣服七七襲《かさね》、さまざまな絹織物八〇〇〇匹（一匹＝四〇尺＝九メートル）、絮《まわた》八〇〇〇斤が贈られた。単于は長安の邸宅に一ヵ月あまり滞在したのち、帰る際には辺境で米と糒《ほしいい》を合わせて三万四〇〇〇石供給された。

この年には郅支単于も使者を遣わして貢物を献上してきたが、漢はこちらにも手厚くもてなしをした。翌年にも両単于が使いを遣わして献上してきたが、このときは呼韓邪の方に、より多くの物が下賜された。呼韓邪単于は、またその翌年（前四九年）にもみずから入朝した。このときにも、漢は初回と同じ礼式で応対し、賜り物も同じであった。さらに衣服一一

○襲、錦の絹九〇〇〇四、絮八〇〇〇〇斤を追加した。元帝が即位した直後の前四八年にも呼韓邪が民衆の困窮を訴えてきたので、雲中と五原の穀物二万石を供給した。

郅支単于の西走

郅支単于は、南下して漢に降った呼韓邪がすぐに戻ることはあるまいと考え、西方と北方に勢力を集中した。まず烏孫と連合して、その力を借りようとしたが、烏孫は郅支よりも漢の意向を考慮し、逆に郅支に兵を差し向けた。郅支はこれを迎え撃って破り、さらに北方の三ヵ国、烏掲《うけつ》（アルタイ辺りにいた呼掲と同じ）、堅昆《けんこん》（イェニセイ川上流域）、丁零《ていれい》（バイカル湖の西南）を併合し、堅昆の地に本営を置いた。このように郅支の本営が遠く西に移ったため、郅支の率いるグループを西匈奴、呼韓邪のグループを東匈奴と呼ぶことがある。しかし西匈奴の命運は、早くも尽きようとしていた。

漢が呼韓邪ばかりを厚遇し、また本営が漢から遠くなったことから、郅支は漢に入朝させていた子を返して欲しいと言ってきた。漢の宮廷では返すべきかどうか議論があったが、漢の天子の恩情を示すべきだという谷吉《こくきつ》を使者として同行させ、人質の子を返すことにした（前四四年）。しかし、あにはからんや、郅支ははるばるやって来た谷吉らを殺してしまった。これで郅支と漢との関係は決定的に断絶することになった。

呼韓邪と漢との共同作戦を恐れていた郅支のところに、渡りに船の同盟話が舞い込んできた。烏孫の侵寇に苦しんでいた康居が、烏孫の旧主であった匈奴の単于を招いて烏孫に対抗させようと、使者を堅昆の地にいる郅支のもとに派遣してきたのである。郅支は大いに喜び、西に向けて旅立ったが、途中で大寒波に遭遇して多くの者が凍死し、康居に到達することができたのは、わずかに三〇〇〇人だった（前四四年か前四三年）。ともかくも同盟は成立し、康居王は娘を郅支の妻とし、郅支もまた娘を康居王に与えた。

康居は郅支の名前を借りて諸国に勢威を示そうとし、郅支は康居の兵を借りて烏孫を攻撃した。郅支の軍は烏孫の王がいる赤谷城《せきこく》にまで侵入し、人民を殺略して家畜を奪っていった。赤谷城は、天山西部の山中で、現クルグズ領のイッシク湖の少し南方を流れるナリン川の流域にあったのではないかと考えられている。郅支は勝利におごって尊大となり、康居王が自分に礼を尽くさないと感じると、怒って康居王の娘や貴人、人民数百を殺し、死体をばらばらにして都頼水《とらい》の中に投げ込んだ。都頼水とは、タラス川のことである。ちなみに、これから約八〇〇年後には、ここで唐とアッバース朝の軍隊が戦うことになる。

郅支は民を徴発して、タラス川のほとりに城を作らせた。毎日五〇〇人を使い、二年間かかったという。そして西方の大宛や闔蘇《こうそ》などに貢物を要求し、これらの国々はやむを得ず納めたという。大宛は先に指摘したように今日のフェルガナ盆地にあった国であるが、闔蘇については奄蔡《えんさい》とする説があるものの、確かなことはわからない。奄蔡だとすれば、カスピ海と黒海北方のアランと同じという可能性が出てくる。アランについては、第九章で触れることにする。

郅支単于の最期

郅支が勢力を拡大しつつあることに脅威を感じた漢の西域都護府の副校尉であった陳湯《ちんとう》は、都護の甘延寿《かんえんじゅ》を説得して、漢の宮廷の許可を得ずに独断で四万の兵（主に西域出身の兵）を集め、郅支のいる城に迫った（前三六年）。城の手前三里（一キロ強）のところから城を望見すると、城には五色に彩った旗や幟がひるがえり、数百人の鎧を着た兵や、騎兵、歩兵各一〇〇人あまりが見えた。

城の上にいる人々は漢軍を差し招いて、口々に「闘うつもりならかかって来い」と叫んだというが、はたして何語で叫んだのか。まず漢の百余騎が馳せてゆくと、匈奴の陣営はみな弩《いしゆみ》を張りいまにも引き金を引きそうであったので、騎兵隊は引き返した。次に多くの兵を派遣して、城門のところにいる騎兵と歩兵に矢を射掛けたところ、みな中に入ってしまった。

甘延寿と陳湯は、「鼓の音が聞こえたら、みな城壁の下に肉薄して四面から城を囲み、穴を掘って上をふさぎ、大形の盾を前面に、戟と弩を後ろにして、仰ぎ見て城の楼上にいる人を射よ」と命じた。この作戦を実行すると、楼上の人は下りて逃げた。土城の外に二重の木城（木の柵か）があり、木城の中から射て、外にいる漢兵を多く殺傷した。そこで外にいる漢兵は火をつけた薪を発射して木城を焼いた。夜になると、数百騎が外に出ようとしたが、迎え射てこれを殺した。

単于は漢軍が来たことを聞いたとき、退去しようと考えたが、康居がすでに漢と内応しているのではないかと疑い、また烏孫や諸国の兵もみな出発したと聞くと、もはや行き場所はないことを悟り、城に戻って籠城の覚悟を決めていた。単于自身は鎧兜に身を固めて楼上に居り、閼氏や夫人たち数十人もみな弓で外にいる人を射た。外から射た矢が単于の鼻に命中し、夫人たちは多くが死んだ。

単于は楼を下りて馬に乗り、本丸の中を転戦した。夜半過ぎ、木城に穴があけられたため、木城の中にいた人は土城の中に退却して城に登った。そのとき康居の兵一万余騎が城を取り囲み、漢軍と呼応することになった。夜になり、しばしば陣営を逃げ出そうとする者がいたが、不利を悟り、すぐに退いた。夜が明ける頃、四面から火の手が上がるや、漢兵は喜んで大声を上げ、鉦《かね》や鼓を打ち鳴らした。康居の兵は引き下がり、漢兵が四面から大盾を押し立てて土城の中に突入すると、単于配下の男女一〇〇人あまりは本丸に逃げ込んだ。漢兵はそこに火を放ち、争って中に入った。単于は傷を負って死んだ。漢軍は、単于のほかに閼氏や太子など一五一八の首級をあげ、一四五人を生け捕りにし、投降者は一〇〇〇人あまりにのぼった（『漢書』巻七〇、陳湯伝）。西匈奴はここに短い生涯を閉じたのである。

従順になった匈奴

一方、呼韓邪単于の側はますます人口が増え、隆盛に向かいつつあった。前四三年、呼韓邪の人質の子を送り返すときに派遣された二人の役人、韓昌と張猛は、勢力を蓄えた単于が北へ帰り、和親の約束を固めなおすことが難しくなるのではないかと憂慮した。そこで、単于と匈奴風に盟約を交わすことにした。二人と単于および大臣たちは、諾水（雲中の北方と思われる）の東山に登り、白馬を犠牲に捧げ、単于は径路刀《けいろとう》でもって（体に傷をつけて血を流し）、黄金のしゃもじで酒に（混ぜて）かき回し、老上単于が月氏王を破ったときに作った髑髏《どくろ》杯で、一緒に飲んで血盟した。

馬を犠牲に捧げる儀式は、第一章でも紹介したように、古くから草原地帯に存在する。興味深いのは、そのあとの手順である。径路刀は、スキタイのアキナケス型短剣と同じタイプと考えられている。（　）内は私が補ったもので、原文にはない。『漢書』に注釈をつけた後漢末の応劭《おうしょう》は、この部分を「金を刻んでしゃもじで酒に入れ、かき混ぜた」と解釈している。金箔入りの日本酒のようなものが連想される。しかしヘロドトスによれば、スキタイが誰かと誓約を交わすときには、当事者が錐か小刀で体に小さい傷をつけ、その血を杯に満たした酒に混ぜ、それを飲み合うという（『歴史』巻四、70）。このような儀式であってこそ、「血盟」の意味が明確になる。

しかし漢の期待もむなしく、このあと呼韓邪はついに北へ帰り、民衆も徐々に戻ってきて、国内は安定した。郅支が殺されたことを聞くと呼韓邪は大いに喜び、また入朝を願い出た。前三三年に入朝したときには、衣服や絹織物を、初回のときの二倍に増やした。さらに単于は、より親しくなるために漢の帝室の娘婿になりたいと願い出た。このとき呼韓邪のもとに嫁がされたのが、かの有名な王昭君《おうしょうくん》である。

王昭君をもらって大喜びした呼韓邪単于は、東は上谷から西は敦煌に至るまで、長城の警備はすべて我が方にお任せくださいと申し出た。この申し出に対して朝廷では議論があったが、結局この申し出は受けないことに決めた。その受けない理由については、次章でくわしく触れる。

王昭君は寧胡閼氏《ねいこえんし》という称号を与えられ、男子を一人産んだ。前三一年に呼韓邪が死ぬと、第二夫人の大閼氏との間に生まれた長子が立って復株絫若鞮単于《ふくしゅるいじゃくていぜんう》となった。若鞮とは匈奴語で「孝」を意味するが、漢の皇帝が正式にはみな名前の前に「孝」をつける（武帝も正式には孝武帝という）のにならったのだという。王昭君は匈奴の制度にならって新単于の閼氏となり、二人の娘を産んだ。

このあとに立った単于たちも、おおむね従来の約束を守り、両国の関係は順調だった。前五年には、烏孫王の庶子が配下を率いて匈奴の西辺に侵入し、牛と家畜を盗み、民衆を多く殺すという事件が起きた。そのときの烏珠留若鞮単于《うしゅる》はこれを聞くと五〇〇〇騎を派遣して烏孫を撃ち、数百人を殺し、一〇〇〇人あまりと牛などの家畜を連れ去った。烏孫王の庶子は恐れて、子を匈奴に人質として出した。この件を単于が漢の宮廷に報告してくると、漢は単于を非難し、人質を返させた。

王莽の蛮族視政策と匈奴の復興

両国の間に暗雲が漂いだしたのは、王莽《おうもう》が実権を握った頃からである。後二年、西域の車師後国と婼羌国《じきよう》（楼蘭の南方）の王二人が、漢の西域都護と戊己校尉《ぼき》（車師を監督する長官）のつれない仕打ちを恨んで、妻子と人民を率いて匈奴に亡命した。単于はこれを受け入れたが、漢は、「西域は漢に内属しているから、受け入れてはならない」と伝えた。単于は「外国人だからいいのではないか」と反論したが、漢使が「恩義を施したことを忘れたのか」と詰め寄ると、単于も謝罪し、返還に応じた。単于は使者を送って西域との境まで送り届け、二人の王の赦免を願ったが、王莽は聞き入れず、見せしめのために斬ってしまった。そして、中国人、烏孫、烏桓、さらに西域諸国人で中国の印綬を受けた者の投降を受け入れてはならないという条項を匈奴に認めさせた。

また王莽は、中国では二字の名は一字にするようにと奏上し、単于にもそれとなく伝えた

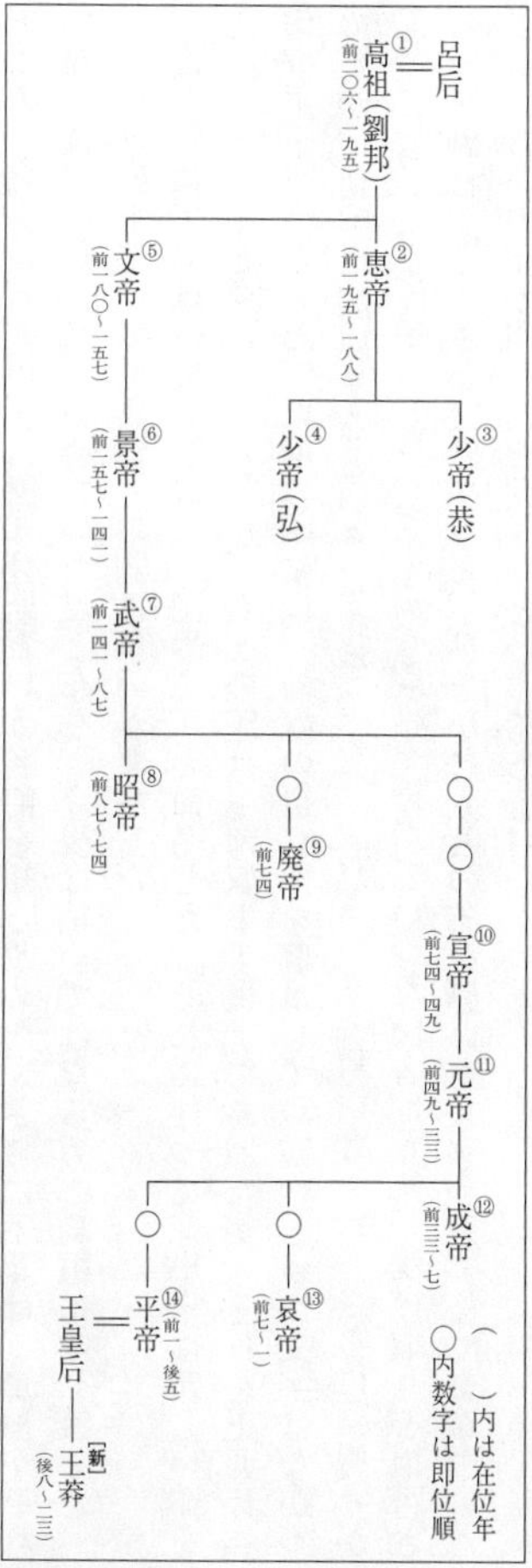

前漢皇帝系図

ところ、烏珠留若鞮単于は囊知牙斯《のうちがし》という名前を知と改めた。さらに王莽は、烏桓がそれまで毎年匈奴に税として納めていた皮と布を、今後は納めてはならぬと烏桓に申し渡した。これには匈奴も怒って、烏桓との間に争いが発生した。

後九年に王莽は帝位を簒奪《さんだつ》し、国号を新《しん》と命名した。それに伴って、単于に新しい印を与え、もとの印と換えようとした。もとの印は「匈奴単于璽」であったが、それを王莽は「新匈奴単于章」とした。以前の印には、匈奴の自立性を尊重して「漢」という文字はなかったのだが、新国に服属するという意味をこめて、わざわざ「新」と入れ、さらに「璽」から「章」にランクを落としたのである。これを持っていった使者たちは、受け取りを拒否されるのを恐れ、さっさと交換すると、ひそかにもとの印を砕いてしまった。後で気がついた単于が、もとの印と同じ物を欲しいといっても応じなかった。

このような一連の王莽の政策に不満を感じた単于は、後一〇年に西域から投降者や亡命者を続々と受け入れ始めた。これに対し、王莽は匈奴を分裂させようと、一五人もの単于を任命しようとした。ここにいたって、ついに両者は決裂した。この後匈奴はしばしば辺境に侵入し、人間や家畜を殺略するようになった。王莽の蛮族視政策は西域にも及んだため、西域諸国は中国との関係を絶って、匈奴に従属する道を選んだ（ただし匈奴の課税も重いので、その後は自立を図る国、再興した漢に内属を希望する国なども現れる）。

一八年に即位した呼都而尸《ことじし》若鞮単于（在位一八〜四六年）の時期には、王莽が混乱の中に殺され（二三年）、後漢もまだ政権が安定していなかったこともあって、匈奴は次第に強盛となった。呼都而尸単于は、自らを冒頓単于になぞらえていたという。まさに彼の治世は、「匈奴の最後の黄金時代」（沢田勲『匈奴』東方書店、一九九六年）であった。

単于は、中国の政治状況にも積極的に介入した。王莽を殺してとりあえず漢を再興した更始帝に対しては、王莽政権崩壊に貢献したのは匈奴であると主張して、匈奴を上位に置こうとした。各地に割拠した群雄の中から、とくに盧芳をかつぎあげて、劉秀（後漢の光武帝）に対抗させようとした。そして盧芳とともに、しばしば侵入した。前漢期にも少し見られたが、北方の遊牧集団が中国国内の一部の勢力を支援し、さらに遊牧集団自身が中国に入ってゆく動きは、このあと中国の歴史上、しばしば見られることになる。

匈奴の南北分裂

しかし「最後の黄金時代」は長くは続かなかった。呼都而尸単于には、王昭君が産んだ腹違いの弟がいた。本来ならばこの弟が左賢王となるべきであったが、単于は自分の子に位を継がせようと考え、その弟を殺してしまった。単于が四六年に死ぬと、長男が即位したがすぐに死に、次男の蒲奴《ほど》が単于となった。ところが、先の烏珠留若鞮単于の長男である比《ひ》は、自分こそが単于になるべきだと考えていた。

その頃匈奴では旱魃《かんばつ》と蝗《いなご》による被害が連年続き、草木が枯れて大地は赤裸になり、人間も家畜も飢えて多数が死んだ。そのため単于は漢がこの機に乗じて攻めてくるのではないかと恐れ、漢に和親を求めた。一方、比もひそかに漢人を使者として漢に派遣し、帰順する証として匈奴の「地図」を奉った。どのような「地図」であったのか、ぜひ見てみたいものだが、残念ながら伝わっていない。

比の策動を察知した単于は、討伐軍を派遣したが、比の軍勢の方が優勢であるのを見ると、引き返してしまった。大勢はもはや比の方に傾いていた。四八年の冬、諸部族長と漢の後押しで、比は呼韓邪単于を名乗ることになった。祖父の呼韓邪の再現を目指したのである。これ以降、呼韓邪単于の率いる側を南匈奴、蒲奴の側を北匈奴と呼ぶ。

四九年に呼韓邪は蒲奴の弟を生け捕りにし、さらに蒲奴を攻めて一万人あまり、馬七〇〇〇頭、牛と羊をそれぞれ一万頭奪った。北単于（蒲奴）は一〇〇〇里あまりも後退せざるを得なかった。一方、南単于（呼韓邪）は、五〇年に漢に臣礼をとり、以後、毎年入朝するようになった。

五九〜六〇年になると、北匈奴は西域に進出し、亀茲《きゆうじ》（今日の庫車《クチヤ》）を含む西域の北部を支配するようになる。しかし東方では北匈奴の中から南に投降するものが相次ぎ、また天候不順などのせいもあって衰えていった。八九年には漢軍八〇〇〇騎と南匈奴軍三万騎が北匈奴を攻めて敗走させ、翌年にも斬首八〇〇〇級、捕虜数千人という大勝利を博した。九一年には閼氏をはじめとして諸王が斬られ、単于だけが数騎とともに逃走するという惨状を呈するに至った。それでも単于の弟が自立して新単于となり、まだ八部族、二万人あまりを率いていたという。

一二三年には、敦煌太守が朝廷に、北匈奴を攻撃したいという策略を上表してきた。それによると、「北虜」の呼衍王《こえんおう》が常に「蒲類」と「秦海」の間を行ったり来たりして西域を制圧し、(西域の中でも特に車師と) ともに河西 (今日の甘粛省) に入寇してくるという。「北虜」が北匈奴をさし、「蒲類」が今日のバルクル (巴里坤) 湖であることは間違いないが、「秦海」については議論がある。内田吟風は「秦」は「大秦」、すなわちローマを意味するから、「秦海」は黒海であると主張する。しかしいくらなんでも黒海は遠すぎる。西域 (この場合はタリム盆地) を制圧するのに、黒海まで行ったり来たりする必要はない。もっとずっと西域に近いどこかの湖であろう。それはともかく、北匈奴の中心が西域の北方に移ってきたことは間違いないだろう。

これから後の南匈奴の動静は、鮮卑の各部族の勃興や中国の三国時代、魏晋《ぎしん》南北朝との関連で叙述する方がふさわしく、本書のテーマから外れるので、省略する。ただし北匈奴のその後については、第九章で触れることにする。

第八章　考古学からみた匈奴時代

匈奴の王墓

史書に記録された単于の墓

ヘロドトスはスキタイ王の埋葬儀礼について、かなり詳細な記述を残してくれた（第四章参照）。これに対して、匈奴の王侯の埋葬に関する司馬遷《しばせん》の記述は、かなり簡素なものである。

『史記』匈奴列伝によれば、「死者を送るときには、棺と槨《かく》（棺の外側の箱）に、金銀、衣裘《いきゅう》（かわごろも）を入れるが、封《もりつち》をしたり、樹木を植えたりすることはなく、また喪服もない」という。「金銀」を入れるというからには、これは一般遊牧民ではなく、王侯貴族クラスの葬送儀礼に関する記述であろう。たしかにこのすぐ後には、「側近の臣下や寵愛された妾（第二夫人以下）で殉死する者が、多ければ数千百人にのぼる」という記述が続く。しかしいくらなんでも「数千」というのは多すぎるので、後世の書写者が「数十」を書き写し間違えたのであろうと考えられている。

「もりつち」がないということは、古墳ではないことになる。スキタイ時代には競って墳丘を大きくしたのに、本当に匈奴の王侯は墳丘を築かなかったのであろうか。それでも単于の墓がどこにあるかは、外部の人間にもわかっていた。前章で触れたように、『漢書』匈奴伝には、烏桓《うがん》が単于の墓を発《あば》いたという事件が記録されている。

烏桓が墓を発いた理由について、『漢書』は何も記していない。匈奴の過酷な支配（皮布税徴収など）を恨んでの行為という可能性もあるが、それと同時に副葬品の金銀を狙うという実利的な盗掘であったとも考えられる。

現在まで、特定の単于の墓と証明できる墓は発見されていない。しかし匈奴時代の王侯貴族の墓と想定される大規模な墓は、主としてモンゴル高原の北部で、近年相次いで発見されている。以下に、二〇世紀前半に発掘されたものから最近のものまで、いくつかを紹介しよう。

ノヨン＝オール古墳群の調査と日本の貢献

一九世紀末から二〇世紀初めにかけて活躍したロシアの探検家P・コズロフは、考古学の分野では西夏《せいか》の首都カラホトを発見したことで有名であるが、そのほかに忘れてはならないのが、ノヨン＝オール（旧名ノイン＝ウラ）遺跡の調査である。モンゴル語でノヨンは領主、オールは山を意味する。その名にふさわしい豊かな副葬品を伴うこの遺跡は、ウランバートルから北へ直線距離で八〇キロの山林中にある。

この遺跡は、大小多数（コズロフ隊によれば二一二基）の古墳から構成されている。すべてかなり古くに盗掘され、中央がそのためにくぼんでいる。一九一二年の夏に金鉱を探していた鉱山技師が、そのような盗掘坑を試掘し、金ではなく、琥珀《こはく》の飾り玉や銅製品を発見した。それが契機となり、一九二四年と二七年にコズロフの率いる調査団がいくつかの大きな古墳を発掘した。

その出土資料はエルミタージュに集められ、分析・研究が始められたが、資料の中には中国製品が多く、中国考古学に精通する専門家が参加することが期待された。たまたまそのとき、京都大学の若き考古学者、梅原末治《すえじ》がヨーロッパに留学中だった。梅原はソ連科学アカデミーの招待を受けて北欧経由でレニングラード（現サンクト＝ペテルブルグ）に入り、一九二七〜二八年と三〇年に、遺物を実際に観察し、ソ連の研究者との共同研究による報告書の刊行を目指した。

ところがその後、ソ連ではスターリンの粛清により研究者も多くが犠牲となり、また鉄のカーテンによって外部世界との交流も絶たれてしまった。遺跡の発掘報告書をまとめるのは、発掘当事者の責任であり、当事者だけがその資格を持っている。発掘に参加したわけではない梅原には、勝手に資料を公表する資格はない。しかしソ連の研究者とは連絡がつかないまま、時間は過ぎてゆく。この遺跡の重要性を誰よりも認識していた梅原は、一九四二年に独自に報告書を刊行する準備を整えた。だが第二次大戦のさなかのため、印刷が済まないうちに東京大空襲に遭い、草稿を残したのみですべて焼失してしまった。戦後再び草稿をもとに書き足し、一九六〇年に『蒙古ノイン・ウラ発見の遺物』（東洋文庫）を刊行した。これは、遺跡の章と遺物の章からなり、遺物はさらに用途別に細かく記述されている、純粋に報告書に近いものである。

その二年後、梅原とはまったく別個に、『匈奴の文化とノインウラ古墳群』という著作が、ソ連で刊行された（ドイツ語版は一九六九年刊）。著者は、アルタイのパジリクの調査も行ったS・ルデンコである。梅原の著作に対して、こちらはロシア（当時ソ連）領内のブリャーチヤ出土の資料も使って匈奴時代の文化全般を描こうとしているが、ノヨン＝オール遺跡の報告書的性格はやや薄れる。両書を合わせて書評した匈奴・フン文化の研究者O・メンヒエン＝ヘルフェンは、両書がお互いに補い合う関係にあると指摘している。

だが、ノヨン＝オールの全貌を知るためには、これだけでは不十分なのである。というのは、一九五〇年代にもモンゴル側によって大型古墳が一基発掘され、それらを含む出土資料に基づいたモンゴル人考古学者Ts・ドルジスレンの『北匈奴』が、両書のちょうど中間にあたる一九六一年に刊行されたからである。同書はその重要性にもかかわらず、モンゴル語で書かれていたためにあまり利用されることがなかった。しかし一九八〇年代末に志賀和子がその後の中国などでの報告も参照しつつ、くわしい訳注をつけた日本語訳を発表した。このおかげで、我々はノヨン＝オールの資料に最も近づきやすい立場にいるわけである。

張り出し付き方墳

古墳はほとんどが方墳で、南側に細長い張り出しが伸びている。多くの古墳の表面は、あ

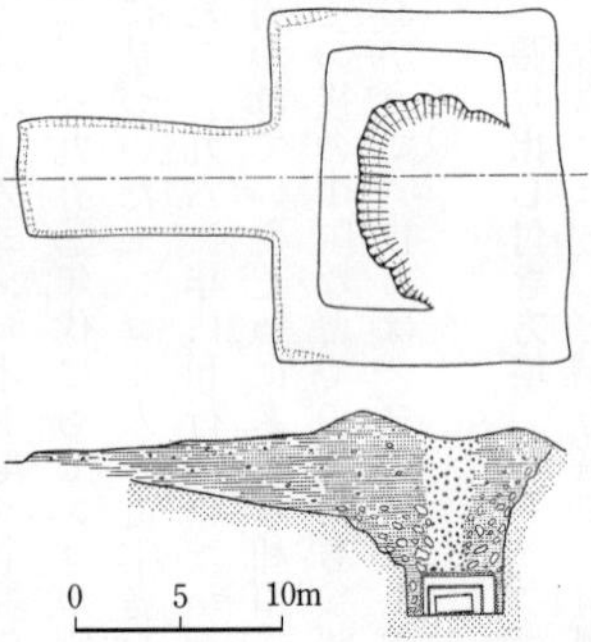

ノヨン＝オール24号墳の平面図と断面図　南側に細長い張り出しが伸びている。梅原末治『蒙古ノイン・ウラ発見の遺物』東洋文庫、1960年より

まり大きくない石で覆われていた。古墳の断面図が公表されているのは二四号墳だけで、平面図は梅原が調査団の報告に基づいて描いた推定図である（梅原が一二号墳としているのは誤り）。この推定図では張り出し部分は根元から先まで同じ幅に描かれているが、その他の発掘例を考慮すると、根元から先へ向かって狭くなっていた可能性がある。二四号墳の断面図は両書にあるが、ルデンコ本では墳丘表面の凹凸が、より大きくなっている。従って、これらの図面は正確な実測図というよりも、スケッチに近いものと思った方がよい。

方墳とはいっても上は平らで、横から見ると低い台形を呈していたようだ（考古学上の用語では截頭方錐形《せっとうほうすいけい》と称する）。台形の基部で測ると一五・七×一四メートルであった。高さは、地盤の低い南から測ると約一・五メートルだが、高みに続く北で測ると六〇センチに過ぎない。南方への張り出し部分は、幅四・八メートル、長さ一二メートルである。張り出しの下には、墓坑に下る傾斜路があった。この古墳は比較的小さい方で、最大のバロード古墳（最初にここを掘った鉱山技師の名前）では方墳の一辺が三五メートル、高さが三・二～

三・五メートル、南の張り出しの幅は根元で一〇・八メートル、八メートル離れたところで九・三五メートルあった（張り出しの先端は確認できなかった）。つまりこの張り出しは、徐々に幅が狭くなっていたことがわかる。

二四号墳の墓坑は一二×一三メートルと大きく、深さは九メートルであった。木槨《もっかく》は二重になっており、内槨の底に毛氈《もうせん》を敷き、その上に二個の四角い枕木を置いて、その上に木棺が載せられていた。木棺は長さ二・一六メートル、幅〇・七七メートル、高さ〇・八五メートルで、側板《がわいた》はいわゆる千切《ちぎ》りで締められ、釘は使われていなかった。蓋は盗掘者によって破壊され、副葬品は乏しかった。

一号墳の木棺には漆《うるし》が塗られ、それに彩画が描かれていた。鳥が描かれた断片が発見されている。また二三号墳の木棺の周りで発見された金箔片は、棺につけられていた飾りと考えられる。

24号墳墓坑の発掘状況　S.I. Rudenko. *Die Kultur der Hsiung-nu und die Hügelgräber von Noin Ula.* Rudolf Habelt: Bonn, 1969 より

ノヨン＝オール古墳群の出土品

次に、出土品を見てみよう。

六号墳の木棺の下に敷かれていた毛氈は比較的保存状態がよく、文様がはっきりとわかる。一番外側は中

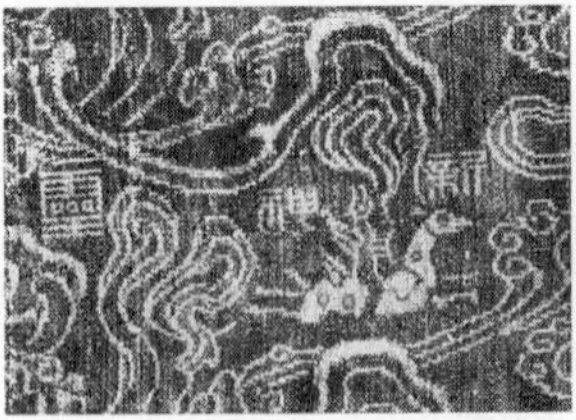

1号墳出土の錦　右から「新神靈……」の文字が読める。鳥人が馬に乗って雲気の漂う中を飛んでいる情景は「神霊」にふさわしい

6号墳出土の毛氈の部分　怪鳥がヘラジカを襲う場面。2図とも、梅原末治『蒙古ノイン・ウラ発見の遺物』より

国製の絹織物で縁取られているが、その内側の文様は後期スキタイの動物文様の伝統を受け継ぐものであった。文様はいずれも輪郭を撚《よ》り糸で縁取り、内部を色のついた糸で刺子《さしこ》地にして埋めてゆくという技法によって施されていた。

動物文様は二種類あり、一つは耳の生えた怪鳥がヘラジカを襲う場面、もう一つは狼のような怪獣がヤクのような動物に襲いかかる場面を表現したものである。後者の狼のような怪獣には枝角が生えており、その枝の先と尾の先はグリフィンの頭部になっている。これは、第五章で見た怪獣の表現と同じである。二つの場面の間には、象徴的な樹木が配されている。

ノヨン＝オール古墳群で最も注目される出土品は、紀年銘のある漆塗りの耳杯二点である。それらは五号墳と六号墳から出土したもので、銘文の内容は異なるが、いずれも底の低い立ち上がりの側面に「建平五年、……」とあり、漢の帝室の品として作られたことが記されている。建平は前漢末の哀帝の年号であり、その五年は前二年にあたり、その年のうちに改元が行われて年号は元寿《げんじゅ》となった。この時期、東匈奴は漢に服属し、毎年入朝しては多額の賜り物を受けていた。帝室御用の品々が匈奴の支配層に入ったことは、十分に考えられる。

絹織物もたくさん出土したが、その中に文字が織り込まれたものがある。一号墳出土の錦には、「新神靈廣成壽萬年」という文章が読み取れる。この文章をどう解釈するかについてはいくつかの説があるが、冒頭の「新」は王莽《おうもう》の建てた「新」（後八〜二三年）のことであろうとする説が有力である。従って、ノヨン＝オール古墳群は、後一世紀前半の匈奴の王侯の墓地だったのではないかと考えられる。

そのほかに興味深い出土品として、絹製の上着や下着、長靴下などの衣類、毛皮の帽子、ヤクや鹿の文様が打ち出された銀製飾板、漢鏡の断片、銅製の車馬具部品、木製の荷鞍部品、大形の甕《かめ》（漢代中国の灰陶《かいとう》とそっくり）と銅鍑《どうふく》の断片がある。銅鍑については第九章でくわしく検討する。

相次ぐ大型古墳の発見

ノヨン＝オールの調査後、モンゴル高原北部で同じような匈奴時代の大型古墳を含む古墳群が見つかっている。まず一つは、ノヨン＝オールから北へ約二〇〇キロ、国境をはさんで北側、ロシア領のブリャーチヤにあるイリモヴァヤ＝パヂ遺跡である。最大の古墳は高さが一・五メートル、方形の一辺が二五メートル、張り出しの長さが一七メートルと、ノヨン＝

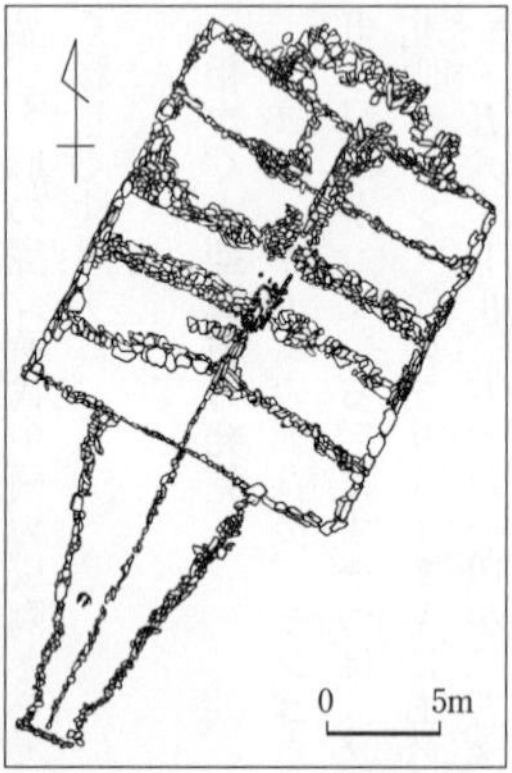

ブリャーチヤのイリモヴァヤ＝パヂ54号墳、地上の配石遺構　*Stepnaya polosa Aziatskoj chasti SSSR v skifo-sarmatskoe vremya*.Moskva: Nauka,1992をもとに作成

オールの最大の古墳よりひとまわり小さいが、墓坑の深さは二〇メートルにも達する。地上の墳丘は、大き目の石で輪郭を構成し、さらに内部を列石で小さな区画に仕切るという、ユニークなものとなっている。南への長い張り出しと反対の北側にもごく小さな区画が張り出している点もほかにない特徴である。やはり二重の木槨の中に木棺が置かれていた。

イリモヴァヤ＝パヂから西へ約五〇キロのツァラーム遺跡では、最大の古墳は墳丘の一辺が三二メートルに達する。平面図が発表されている七号墳は方形部分が二九×二八メートルで、墳丘の高さは一・五メートル、張り出しの長さは二〇メートルである。地上部分はイリモヴァヤ＝パヂと同じようにいくつかの小区画に分けられていたが、区画する材料は丸太であった。中の墓坑はまだ発掘が終了しておらず、詳細は不明だが、深さはすでに一一メートルに達しているという。

ツァラームで注目されるのは、この七号墳を挟んで東西に五基ずつの墓が並んでいることである。これらの墓にはすべて男子が木棺に入れて葬られていた。年齢は三五〜四〇歳の壮年から、四〜五歳の幼児までが含まれる。発掘したS・ミニャエフらは、これらの埋葬を、

「王」の葬儀に際して殉死させられた家来たちのものと考えている。幼児の殉死というのはやや解せないところもあるが、これらの配置はたしかに殉葬を思わせるものがある。これらの陪葬と思われる五基の墓の木棺を放射性炭素同位元素によって年代測定した結果、いずれも前一世紀から後一世紀の範囲内におさまったという。

モンゴル国内でも、大型古墳が最近、相次いで発見されている。首都のウランバートルから西へ直線距離で三七〇キロほどの、ゴル＝モド（「川の樹木」の意味）というところに、張り出しを持つ石積み大型方墳があることは、以前から知られていた。一九五六～五七年にはモンゴルの調査団が発掘を試みたが、墓坑の底まで到達することができず、断念した経緯がある。そして二〇〇〇年からは、フランスのギメ美術館を中心とする調査団が大型パワーシャベルを使ってその古墳を発掘している。この古墳は張り出しの先端までの長さが七〇メートルあるが、墳丘の高さは西側で一・四メートルにすぎない。

墓坑はきわめて深い。地表から深さ一七メートルのところに二重木槨の頭が顔を出し、墓坑の底は深さ二〇メートルに達した。これだけ深くても盗掘者の破壊を免れることはできなかったが、それでも若干の金製品と銀の壺の断片、青銅製の車馬具の部品、漢鏡の断片などが出土した。金製品は、ノヨン＝オール出土の金製品と同様に、木棺を飾っていた金箔である。

この遺跡からさらに西へ五〇キロほど離れた、同じくゴル＝モドというところで、同じような大型方墳が発見された。そこで、前記のゴル＝モドを「ゴル＝モド1」、こちらを「ゴル＝モド2」と呼んで区別している。ここでは二〇〇三年からアメリカのインディアナ大学を中心とする調査団が活動を開始したが、まだくわしい報告は出ていない。（あとがき参照）

残された謎

それでは、以上紹介してきた大型方墳は、匈奴の単于の墓と断定できるであろうか。『史記』の記述と比較してみると、「棺と槨、金銀、衣裘」という部分は、実際の出土品と合っていると言ってよいだろう。

「封《もりつち》」がないという記述については、どうだろうか。墳丘は低いが、一応あることはある。しかし周りの環境に注目してもらいたい。第一〜四章で見たように、スキタイ時代以前の古墳はすべて見通しのよい草原に造られていた。ところが、匈奴時代の大型古墳はすべて森林の中に造られているのである。これでは、一〜二メートルの高さの墳丘では目立たない。以前の古墳がわざと「目立つ」ように造られたのに対し、匈奴時代の古墳はむしろ「目立たない」ことを目指しているかのようである。モンゴルというと草原と砂漠の国というイメージが強いが、北部では山脈の北斜面を中心に森林が広がっている。北斜面は日あたりが悪いので雨や雪が蒸発しにくく、地面に湿り気がいつまでも残っているため、樹木が生育するのである。

匈奴時代の古墳がそれ以前と異なる点として、もう一つ、墳丘が方形であるということも指摘できる。それ以前、ユーラシア草原地帯では、古墳はすべて円墳であった。周りの石囲

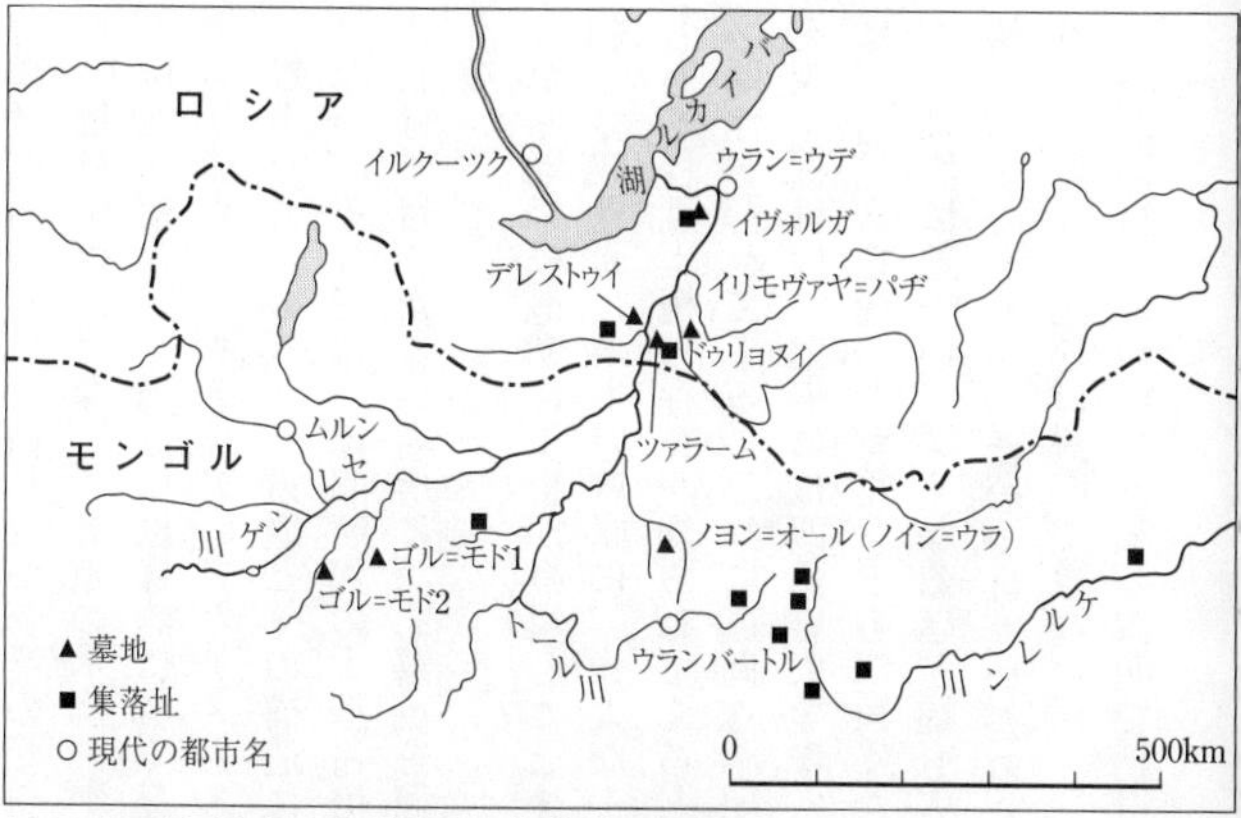

モンゴル高原北部の大型古墳と集落址分布図

いが方形であっても、墳丘は常に円形だった（例外的に、南シベリアのハカシア地方には、前四世紀頃に大型方墳が造られた）。それだけに、方墳の起源はどこにあるのかが問題となる。当然考えられるのは、中国からの影響である。中国では戦国時代から大型墳墓の造営が始まる。その墳形は、秦《しん》の始皇帝陵に見られるように方墳であり、それ以降も中国では方墳が主流であった。墳頂が平らにされていることもノヨン＝オールの古墳と同じであるが、ただその平らの部分は中国ではずっと狭く、頂上がちょっと削られているという程度である。それに対してノヨン＝オールの古墳は方「墳」というよりは、低いテーブル状の台形である。従って、古墳の平面形が方形である点では同じだが、横から見た形は相当異なると言わざるをえない。

　墓室を深くして長い傾斜路をつけるという

特徴は中国の古墳と同じだが、その傾斜路の上もやや盛り上げて、張り出し部分をつけるという例は中国にはない。二重の木槨の中に木棺を置くことは中国と共通するが、このような木槨と木棺という構造は世界的に広く見られるので、中国からの影響とばかりも言えない。千切り締めも、西アジアのアカイメネス朝などで確認されている。

以上をまとめると、古墳とその構造については、中国からの影響と言い切れるほどの証拠はない。それでは、匈奴時代の大型古墳は、なぜ低いテーブル状方墳になったのだろうか。それは、目立たない場所に深く墓坑を掘るようになったことと関係しているのではないだろうか。

草原地帯に最初に王権が登場したときには、その王権を広く知らしめるために王権の象徴として、見通しのよい草原に、強大な王ほどできるだけ高く大きく造ろうと努力した。しかしある程度王権の存在が知られてくると、わざわざ多大の労力を費やして巨大なものを造る必要性が薄れてくる。それに盗掘も心配だ。もともと木槨や墓坑は四角だった。四角い墓坑を深く掘れば、地表には四角い大きな穴が口を開けることになる。単純にそれを埋めてゆけば、当然穴を覆ったマウンドも四角くなる。そして傾斜路も、先端の浅いところでは幅が狭く、墓坑に近づいて深くなるほど幅も広くなる。その結果、先細りの張り出し付きテーブル状方墳ができあがったのではないだろうか。ただしこの解釈では、「樹木を植えない」という『史記』の記述は説明できない。

墳形の特徴については私の説明で納得してもらったとしても、まだ問題が残されている。

それは、これまでに発見された「王墓」、大型古墳が前一世紀〜後一世紀のものばかりで、前二世紀の匈奴の最盛期にまでさかのぼる「王墓」が一つもないことである。冒頓単于や老上単于の墓はどこにあるのか、どのような形をしているのか、まだまだ謎は尽きない。

遊牧国家の中の定住集落

匈奴に農耕と定住集落はあったか？

遊牧という生産形態が、定住的な牧場を持つ牧畜に比べて生産性が低く、また気象条件に左右されやすい不安定な経済であったことは、広く認められている事実である。従って、遊牧国家が経済的に発展するためには、遊牧以外の生産活動を展開せざるを得ない。松田壽男はそれを「遊牧＋x」と表現し、xとは農耕と交易であると解説した。農耕を大々的に行うには集落が必要であり、遠距離中継交易を永続的に発展させるためには、商品の集積拠点、さらに取引業者が集まれば都市が必要となる。これらは、司馬遷が匈奴には存在しないと断言したものである。はたしてそのようなものが匈奴に存在しただろうか。

交易については、第六章で触れたように、司馬遷も指摘している。農耕と定住者のいる拠点についても、その存在を暗示するような記述はある。第六章の末尾で触れた、前一一九年の漢の総攻撃の際、驃騎《ひょうき》将軍霍去病《かくきょへい》の軍は単于を追って匈奴領内に深く入り、「ついに窴顔《てんがん》山趙信城《ざんちょうしん》に至り、匈奴が蓄積していた粟（日本のアワではなく、穀物全般をさす）を漢軍に食べさせ、そこに一日留まり、帰還したが、城内の余った粟はことごとく焼いてから帰還した」（『史記』巻一一一、衛将軍・驃騎列伝）。

趙信とはもともと匈奴の人間であったが漢に降伏し、しばらくの間、漢の一将軍として従軍していたが、前一二三年に再び匈奴に投降し、それ以来単于の腹心として信頼の厚い側近であった（第六章参照）。趙信は、漢軍の侵攻に備えて食糧や装備を北方に移すことを進言し、単于はそれに従った。趙信城は、そのとき造られたものと思われる。とすると、趙信城は単なる物資の集積所であって、そこを拠点に定住民が農耕を行っていたとは考えにくい。またそこに蓄積されていた穀物も漢から取得したものであるかもしれず、匈奴領内で農耕が行われていたことの証明とはならない。

これに対し、『漢書』には明らかに農耕の存在を示す記述がある。前九〇年に匈奴に投降した弐師《じし》将軍李広利《りこうり》は、単于から娘を与えられ、衛律《えいりつ》よりも尊重されるようになった（第七章参照）。それをねたんでいた衛律は、何とか李広利を陥れようと機会を狙っていた。一年あまりのち、単于の母の閼氏《えんし》が病気になった。単于の母と衛律とは、ただならぬ関係にあったのではないかと私は憶測しているが、それはともかく、衛律はこの機会を利用した。巫師《シャマン》を抱き込んで、死んだ先の単于の霊を呼び出させ、閼氏が病気になった理由を、その霊に、次のように言わせたのである。「我々匈奴はかつて（御神体の）兵器を祭るときに、弐師を捕らえて（いけにえとして）兵器に供えようと言っていたのに、今どうして（いけにえに）用いないのか」。そこで単于が弐師を捕らえると、弐師はののしって、次のように言った。

「自分が死んだら、必ずや匈奴を滅ぼしてやるぞ」。しかし弐師は殺され、いけにえにされた。すると不思議なことに、雪が数ヵ月も降り続いて、家畜が死に、人民は疫病にかかり、「穀稼」が熟さなくなった。たたりを恐れた単于は、弐師を祭る祠堂を作ったという。

ここに登場する「穀稼」とは穀物のことであり、その穀物が熟さなくなったということは、匈奴で農耕が行われていたということを逆に証明することになる。昔の注釈者もこのことに気がつき、唐代初めの顔師古《がんしこ》は、「北方は寒くなるのが早く、禾稷《かしょく》（農耕）にはよくないが、匈奴の中でも黍穄《キビ》は植えられていたのであろう」と注をつけている。

誰が農耕に従事していたのか？

匈奴領内で農耕が行われていたとすると、いったい誰がそれに従事していたのだろうか。この問題に関して、示唆的な記事が『漢書』匈奴伝にある。第七章で触れたように、王莽の新の時代、その極端な国粋主義的政策に反発して、それまで漢に服属していた西域諸国が離反し始め、それに呼応して匈奴が再び西域に進出する構えを見せた。そのような状況下で、後一〇年、漢の西域支配を軍事面で支える戊己《ぼき》校尉の一部の部下たちが、王莽の新に見切りをつけて戊己校尉を殺し、匈奴軍を引き入れ、戊己校尉の配下の男女二〇〇〇人あまりを脅してともに匈奴の地に入った。首謀者の一部は単于の本営にまで行ったが、それ以外の人々は零吾《れいご》水《すい》のほとりで「田居」させられたという。残念ながら零吾水という川の所在地は不明であるが、田居とは農耕して住むという意味であるから、匈奴領内の西域に近い地点に強制移住させせられ、農耕に従事させせられていた人々がいたことがわかる。それらの人々の中には、漢人だけでなく西域人もいたことだろう。

第七章で述べたように、匈奴は西域に僮僕《どうぼく》都尉を置いて西域諸国から賦税を取り立てていたが、僮僕（めしつかい）という名称から判断して、奴隷も徴発していたのではないかと考えられる（松田壽男「匈奴の僮僕都尉と西域三十六国」）。そのような奴隷が匈奴領内でどのような労働に従事していたのかを考えるときに、前記の史料は一つの回答を与えてくれる。すなわち、もともと西域のオアシスで定住農耕民だった彼らは、匈奴領内でも農耕に従事させせられていたのだ。

匈奴領内にいた定住農耕地帯出身者は、西域人だけではない。それよりもむしろ漢人の方が多かったはずである。これまで再三にわたって言及してきたように、漢から匈奴に投降したりさらわれたりする人が多数いた。その中には韓王信《かんおうしん》や中行説《ちゆうこうえつ》、李陵《りりよう》といった有名人ばかりでなく、無名の一般庶民や兵士も大勢いたはずである。

ここで、匈奴の略奪の対象が何であったかを思い起こしてほしい。匈奴が金銀財宝を奪っていったとか、絹織物や穀物を奪っていったなどというような記事は、『史記』にも『漢書』にもまったく登場しない。史料に出てくる略奪の対象は、人間と家畜だけである。穀物などはあたり前すぎて記さなかったのだということも考えられる。しかしとにかく史料に忠実に従うならば、それは人間と家畜だけなのである。それも、千人とか万人という単位である。一つの村ごとごっそり連行していったのではないだろうか。王侯貴族が個人的に使う召使ならば、これだけの人数は要らない。彼らの生業が主として農耕であったことを考慮すれば、彼らは匈奴領内でも農耕に従事させられていたと考えるのが自然であろう。

自発的な逃亡者

千人とか万人という単位の人々が、本当に無理やり強制的に唯々諾々と連行されていったのだろうか。必ずしもそうではなかったようだ。というのは、自らの意思で匈奴の地に亡命、逃亡する人も多かったからである。たとえば、漢の高祖が政権を樹立したあと、劉氏以外の異姓諸侯王を取り潰しにかかり、功臣たちの多くは疑心暗鬼に駆られることになった。燕王に封じられていた盧綰《ろわん》は、強大な軍事力を持っていたためにすぐに目をつけられ、再三にわたって宮廷に参内するように通知を受けたが、首を切られることを恐れて、ついに前一九五年、一族郎党を率いて匈奴に亡命した。

そのような大物以外に、一般庶民の中にも匈奴に逃亡する者がいた。前章で触れたように、前漢末の前三三年、入朝した呼韓邪《こかんや》単于は、長城の警備を匈奴に任せてほしいと申し出た。漢兵による警備を廃止してもよいものかどうか、朝廷で議論が行われた。ほとんどの廷臣が賛意を表したのに対し、郎中の侯応《こうおう》だけは、一〇ヵ条の理由をあげて反対の弁を述べている（『漢書』匈奴伝）。

その六番目によれば、かつて従軍しながらそのまま匈奴領内に埋没し、帰ってこない者が多いが、その子や孫は貧困になるとたちまち逃げ出して、親戚を頼ろうとしたという。またその七番目によれば、辺境の人の奴婢《ぬひ》は悲しみ苦しんでいて、逃亡したいと思っている者が多く、彼らは「聞くところによると匈奴の中の方が安楽らしいが、長城の警備（この場合の警備とは北方からの侵入に備えての警備ではなく、漢人が北へ逃げることを防ぐ警備）が厳しいのでどうしようもない」と言っているが、それでも時には長城線を出て逃亡する者がいるという。八番目の理由には、盗賊団の国外逃亡の可能性を挙げている。

このようなさまざまな理由から、匈奴に警備を任せるべきではないと侯応は論じたのである。侯応は「辺境の事情に通じていた」と言われており、結局、漢の元帝は侯応の言に従うこととした。本当に匈奴の中の方が生活が楽だったかどうかは、判断が難しい。あるいは匈奴側が意図的に「こっちの方が楽だぞ」といううわさを流して、貧民の到来を歓迎していたのかもしれない。

城塞集落址の定住民的要素

匈奴時代に実際に北方で農耕が行われていたことは、考古学の発掘調査によって確認される。匈奴時代に属すると思われる集落址は、現在までに約二〇ヵ所発見されているが、そのほとんどはモンゴル高原北部に集中している。そのうち最もよく調査されているのが、ロシア領のブリャーチヤ共和国のイヴォルガ遺跡である。旧ソ連・ロシアの考古学者たちによって一九二〇年代に調査が開始され、一九五〇年代からは女性考古学者のA・ダヴィドヴァが発掘を指導してきた。

遺跡はセレンゲ（セレンガ）川の氾濫原の左岸にあり、北・西・南の三方は四重の土塁で囲まれている。東にも土塁があったであろうが、川の浸食によって削られている。土塁は、溝を掘ってその掘り出した土を盛り上げて造られている。現在、溝の底から土塁の頂上までの高さは、最大で一・三メートルしかないが、発掘者によれば造営当時にはその高さは内側で二・五メートル、外側で二メートルだったろうという。土塁の上に柵があったとも推定されている。このような溝と土塁が四重になっていて、その上に柵があれば、騎馬隊の侵入はとりあえず防ぐことはできたであろう。

イヴォルガ遺跡集落址を囲む四重の土塁　発掘の際に断面が明らかにされた。著者撮影

集落址の南半分が発掘され、五四戸の住居址が確認された。そのほとんどは地面に〇・五五〜一・一メートル掘り込んで造られた、完全な地下式あるいは半地下式住居（日本風にいえば竪穴式住居）であった。住居址の東北隅にかまどがあり、そこから北と西の壁に沿って暖房用の煙道が走り、西南隅に煙突を設けて排煙していたらしい。

集落址のほぼ中央に位置する方形の基壇の上には、半地下式ではなく地上に直接建てられた土壁造りの住居址が発見された。この住居にも、壁沿いに暖房設備

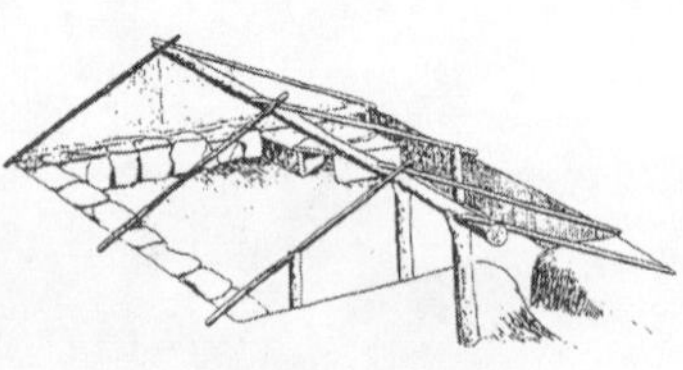

集落址の半地下式住居の推定復元図　A.V. Davydova. *The Ivolga Fortress.* St-Petersburg 1995より

があった。これは規模も大きいため、集落の首長の住居と考えられる。そのすぐ近くには、鉄の精錬を行った炉の遺構も発見された。

　出土品はきわめて多岐にわたるが、とくに注目すべきことは、ほとんどの土器が漢代中国の灰陶《かいとう》とそっくりであること、窯印の捺されたものもあること（これら二点はノヨン＝オールの土器とも共通する）、鋤《すき》・鎌などの鉄製農具も中国のものに類似していること、そして稚拙ではあるが漢字の刻まれた砥石が発見されていることである。ほかに骨製の銛《もり》、石製の耳杯や璧《へき》、戦国時代に多い連弧文鏡や禽獣《きんじゅう》文鏡の断片も出土している。戦国鏡が出土していることから、集落の始まる年代を匈奴時代の最初、すなわち前三世紀末まで引き上げ、前一世紀まで存続したとダヴィドヴァは考えている。

　出土した動物骨はほとんどが家畜のもので、犬（二七パーセント）、羊（二一・六パーセント）、牛（一七・五パーセント）、豚（一四・八パーセント）、馬（一三・五パーセント）の順で多かった。この中では、モンゴル高原では珍しい豚が比較的多いことが注目される。

　ここまで中国的・定住民的要素が濃い特徴ばかりを挙げてきたが、出土品の中には匈奴的・遊牧民的要素も少数ながら見られる。鏃《やじり》（多くは骨製で、若干鉄製と青銅製が混じる）、鉄製の小札《こざね》（鎧の部品）、鍑《ふく》の断片、青銅製帯飾り板などがそうである。

中ソ対立の影

全体としてみると、圧倒的に中国的・定住民的要素が濃いことは否めない。したがって、この集落址の住民は基本的に中国人であり、彼らが農耕・牧畜・手工業（土器生産と製鉄）に従事していたと言いたくなるところだが、旧ソ連の考古学界では、ここの住民を定住化した匈奴とみなす説が有力であった。ただダヴィドヴァだけは、当初の一九五六年の報告ではその住民をもっぱら中国人としていた。

これに対して、スターリン賞を受けたこともあるシベリア考古学の重鎮S・キセリョフは、漢の領域から遠く離れた匈奴領内で中国人が防御施設を備えた集落を自立的に営むことができたとは考えられないと批判した（一九五七年）。この批判に応じたためか、一九六八年の報告では、彼女はその住民を「定住化した匈奴、匈奴に征服された原住民（丁零など）、（中国からの）捕虜・逃亡者からなる外来の職人層」の三つの異なったグループから構成されていたと、意見を変えた。そして定住匈奴の出現は氏族制の崩壊と関連しており、貧富の差が拡大する過程で畜群を失って零落した一部の遊牧民が定住化したと説明し、中国人については手工業従事者としてしかその存在を認めなくなってしまった。

彼女は六八年の報告の中でなぜか五六年の報告を一度も引用しておらず、見解を変えた理由も述べていない。旧ソ連の学界には、遊牧民の定住化はその零落して貧困化した層から始まるとする通説があり、ダヴィドヴァはただこの通説をあてはめただけに過ぎない。

もう一つ、見解変更の背景として考えられることは、六〇年代に入ってからの中ソ関係（領土問題を含む）の悪化である。キセリョフの批判に見られるように、たとえ古代のことはいえ、ソ連の領内に防御施設を持つ中国人の集落があったということは、認められなかったのではないであろうか。九七年に私はブリャーチヤを訪れ、ブリャート人考古学者から直接、私のこの推定が間違っていなかったことを確かめることができた。さらに二〇〇三年にカザフスタンのアルマトゥで開かれた「中央アジアにおける都市化と遊牧社会」という国際会議で発表したときに、この推定について言及したところ、もとソ連の研究者で一九八五年に西側に移住したA・ハザノフ（古代から現代までの遊牧民研究で知られる）が私のところへ来て、耳元で「You are right」とささやいてくれた。

ソ連が崩壊した後の九五年に出版された報告書では、ダヴィドヴァは、匈奴社会における中国人の役割を重視し、農耕にも彼らが関与していたことを認めているが、それでもまだイヴォルガ城塞集落の住民が零落して定住化した匈奴と原住民、逃亡中国人の三つのグループからなっていたという考えは棄てていない。

隣の墓地の調査も気になる。一九九六年に出版された墓地の報告書によると、前に紹介したノヨン＝オールのような方形の墳丘を持つ墓地とは異なって、地上に何も標識を持たない単純な土坑墓ばかりであるが、木槨に入れられたかあるいは木棺に入れられたか（両方を持つものは二例のみ）という差や、また副葬品の質量には若干の差が認められ、それは社会的地位の差異を示すものであろうという。出土品は基本的に集落址の出土品と共通するものが多いが、土器は粗製のものが多い。これは、墓に入れることを目的として作られたからであろう。そのほかに骨製の弓矢の部品、青銅製帯飾り板、銅鍑、子安貝、五銖銭などが出土した。

弓矢、帯飾り板、鍑は匈奴と共通する要素である。そこでダヴィドヴァは、この墓地に葬られた人々が隣の集落の住民であったことを認めたうえで、これらの出土品から非匈奴系住民が急速に匈奴に同化されたことがわかると結論づけている。あくまでも「中国人」とは言わずに、「非匈奴系」と苦しい言い方で逃れようとしているようだ。

被葬者の頭の向きは、北向き一五二例に対し、東向きが四七例であった。この向きの違いを、ダヴィドヴァは「民族」の差と結びつけている。もしそれが正しいとすれば、生産人口（漢人）三に対して、兵士（匈奴）が一という割合だったのかもしれない。

イヴォルガ城塞集落の機能

以上の材料を整理すると、イヴォルガ城塞集落は、さまざまな役割を果たしていたことが窺《うかが》われる。漢人は北方の地で農耕と手工業生産に従事し、匈奴人兵士は漢人の護衛と監視、さらに丁零《ていれい》ににらみをきかせていたのだろう。つまり、この集落は自然発生的に生まれたものではなく、単于政権が明確な意図を持って造営したものだろう。とすれば、集落の長は、単于から任命されていたのではないだろうか。イヴォルガよりやや南方の同じく匈奴時代に

ドゥリョヌィ集落址出土の青銅製印章と印影（右）ヤギのような動物が刻まれている。*Arkheologicheskaya otkrytiya 1979 goda*. Nauka: Moskva 1980より

属するドゥリョヌィ集落址では、方形（二×一・九センチ）の青銅製印章が発見された。形状は中国風だが、印面には漢字ではなく、頭を後ろにひねったヤギのような動物が刻まれている。これは、単于から集落の長に与えられたものではないだろうか。

　このように集落が北方に偏っていることには、いくつかの理由が考えられる。漢人が南方に逃亡するのを防ぐことや、モンゴル高原では北部の方が降水量が多くて南部よりも農耕に適していることも考慮されたであろう。また、北方の丁零に対する軍事拠点としての役割も果たしていたであろう。興味深いことに、これから数百年後の六世紀初めに、モンゴル高原に本拠を持つ柔然《じゅうぜん》が北方の丁零を破ってその領土を回復すると、城郭を築いている。

　ところで、敵対勢力を抑える拠点に兵士を駐屯させ、農耕も行わせるという形態は、中国で言う屯田に似ている。屯田と言うと、一人の兵士が農民と守備兵の二役を兼ねると思われがちだが、中国の初期の屯田はそうではなかった。前漢の武帝・昭帝期に始められた中国の屯田には、「烽火台を守る戍卒《じゅそつ》」と「屯田を行う田卒」という役目の異なる二種の兵卒がいたことが知られている（尾形勇「漢代屯田制の一考察」『史学雑誌』七二-四、一九六三）。

これは、イヴォルガの匈奴人兵士と漢人農民という図式とまったく同じである。

実際に、前七〇~前六〇年代に匈奴が車師に「屯田」させたという史料もある（『漢書』匈奴伝、西域伝）。漢と匈奴の屯田制の間に発生上の関係があったかどうかは不明だが、匈奴では冒頓の時から漢人略取を行っており、彼らが農耕に使役されたとすれば、「屯田」は匈奴の方が古いということになる。このように定住民を集団で強制移住させることは中国では徙民《しみん》と呼ばれ、その後の鮮卑《せんぴ》、柔然、突厥《とっくつ》などの遊牧国家や、五胡十六国時代の北族系王朝や北魏《ほくぎ》、さらには遼《りょう》など、遊牧民出身の王朝によく見られる。匈奴の例は、それらのさきがけとみなすことができる。

中国文化と匈奴文化の広がり

南シベリアの中国風館址

一九四〇年の夏、南シベリアのアバカン市の郊外で道路建設が行われていた。作業員が小さい丘に切り通しを入れるためにスコップを地面に差し込んだところ、カツンとあたるものがあった。硬いが砕けやすいものであった。彼はそれをほうり棄てたが、現場監督がそれを拾い上げた。真ん丸い形の灰色の瓦であった。監督は州立博物館に電話をかけた。何か奇妙な瓦がひとやま発見されたが、もし興味があるなら見に来るように、と。研究者たちが駆けつけてみると、それは漢字が浮かび上がった軒丸瓦《のきまるがわら》であった。そして丘の下には、大きな建

軒丸瓦　漢字が逆さ文字で表されている。南シベリア、アバカン市出土。ミヌシンスク博物館蔵

物の廃墟が隠されているらしいことがわかった。

　調査は翌年始められたが、独ソ戦の勃発により中止を余儀なくされ、戦争が終わった四五年とその翌年に本格的な発掘調査が行われた。建築址は道路建設により四分の一が破壊されていたが、そのほかは比較的よく残っていた。壁は、最も高いところでは一・八メートルも残っていたのである。建物は長方形で（四五×三五メートル）、中央には面積一三二平方メートルの大広間があり、その周りに二〇室の小部屋があった。床下には暖房用の溝が発見された。ただしイヴォルガとは異なって、壁沿いではなく、床下を縦横にめぐっていた。

　瓦には平瓦と丸瓦があり、軒先を飾る軒丸瓦には漢字が逆さ文字で浮き上がって表現されていた。それには、「天子千秋萬歳常樂未央」、すなわち「天子が千年も万年も（長生きし）、永遠の楽しみがまだ央《つ》きない」という意味の、皇帝の不老長寿を願う吉祥の文句が記されていた。瓦の出土状況から、この建物は四方に傾斜した二層の屋根を持っていたと判断された。木の扉は残っていなかったが、扉につけられていた鋪首《ほしゅ》（環をつけた扉の取っ手）が発見された。

館の主は李陵か？

この明らかに中国風の館址は、発掘後間もなく中国や日本にも紹介され、大論争が巻き起こった。はたしてこの館の主は誰だったのかという問題についてである。旧ソ連ではいち早く「李陵の宮殿」とする説が提唱された。ソ連では、この遺跡をずっと新しい一二〜一三世紀のものとする反論も出されたが、これはすぐに否定された。「李陵の宮殿」とする見方に対して、中国では否定的な説が有力であったが、日本では肯定的な説が有力となりつつあった。

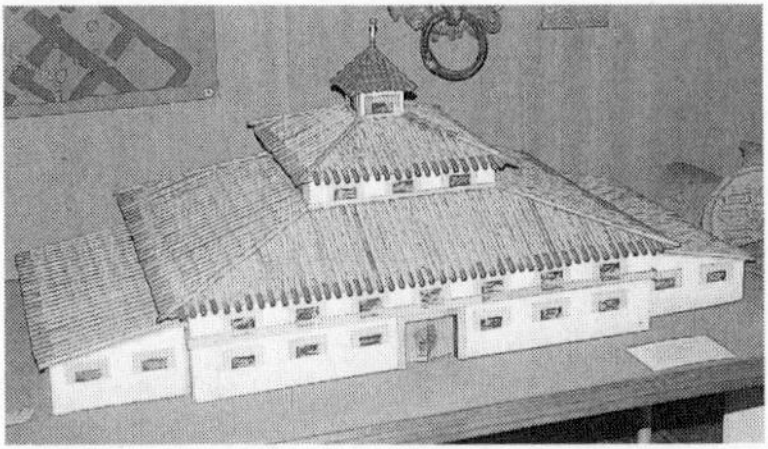

館址推定復元模型　ミヌシンスク博物館蔵。著者撮影

ソ連で「李陵の宮殿」説が出たことには、それなりの理由がある。『新唐書』巻二一七下回鶻《かいこつ》伝下、黠戛斯《かつかつし》の条に、かつて堅昆の国に李陵が王として任命されていたとする記述がある。一九世紀前半に『史記』と『漢書』の匈奴伝をロシア語に翻訳したロシア人史家が、ご丁寧にも李陵の登場する箇所に、この『新唐書』の記述に基づいた注をつけてしまった。それをロシア人考古学者たちは、『史記』や『漢書』の文章と思い込んでしまったのである。しかし、李陵が堅昆の地で王となったという話は、唐代の八世紀初めに作られた伝説であった（護雅夫『李陵』中央公論社、一九七四年）。

「李陵の宮殿」説を否定する決定的な証拠は、発見された瓦にあった。実は、この瓦の銘辞は漢代に典型的な文字瓦とは字が一文字違う。普通は「常樂」ではなく、「長樂」なのである。この一文字の違いが、重大な意味を持っていた。王莽は政権を奪取すると、官称号や地名をどんどん変えていった。その一環として、長楽宮を常楽室、都の長安を常安と改名した（『漢書』王莽伝中）。しかし漢が復興すると、これらの改名はすべてもとに戻された。従って、「常樂」という言葉が使われたのは、新が存在した後九年から二三年までのわずかな期間だけということになる。李陵が死んだのは前七四年のことなので、この建物に李陵が住んだ可能性はまったくないのである。

それでは王昭君の娘か？

もっと可能性の高い人物はいないだろうか。候補者として浮かび上がってくるのは、王昭君の娘云《うん》とその婿となった須《す》卜当《ぼくとう》の夫婦である。王昭君は、最初の夫であった呼《こ》韓邪《かんや》単于が死ぬと、匈奴の慣例に従ってその息子の復株絫若鞮《ふくしゆるいじやくてい》単于と再婚して二人の娘を産んだことは、前章で述べた。云はその長女で、結婚してからは夫の姓を名乗って須卜居次《きよじ》（匈奴の言葉で単于の娘をさす）ともいう。

当時両国関係は王莽の新政策によってやや怪しくなり始めていたが、『漢書』匈奴伝によれば、云はつねづね中国との和親を望んでいたという。夫の須卜当は右骨都侯の要職にあって、匈奴の政治を執り行う立場にあった。云と当は、新たに立った烏《う》累《るい》若鞮単于（在位一三〜一八年）に和親を勧め、王莽との間で懸命の外交交渉を展開した。王莽側の交渉相手となった王歙は、王昭君の兄の子であるため、云にとっては従兄ということになる。だが王莽は単于に金品を贈る一方、交渉では不誠実な態度を示して、むしろ単于の恨みを買ってしまった。

一八年に即位した呼都而尸若鞮《ことじし》単于は、云の息子と云の妹の息子に献上品を持たせて、長安に派遣した。すると王莽は二人を国境まで送らせ、そこで云と当に会わせると、彼らを武力で拉致して長安まで連行させた。云の妹の息子だけが辛うじて匈奴に逃げ帰り、事の次第を報告したため、匈奴の中国不信はここにきわまった。王莽は連行した当を「単于」とし、匈奴の内輪もめを誘おうとしたが、王莽にはもう時間は残されていなかった。当は病死し、云とその息子も、漢の復興を目指す軍隊によって、王莽とともに殺されてしまった。

さて、アバカン市郊外の中国風館址は、云と当夫妻の邸宅だったのだろうか。たしかに年代はぴったりと合っている。二人とも、王莽にはそれなりの敬意を払っていたかもしれない。旧ソ連の研究者S・ヴァインシュテインとM・クリュコフは、当が右骨都侯だったことに注目している。「右」ということは、匈奴の中では西方を意味するので、彼の領地がこのような匈奴の西北の辺境にあってもおかしくないというわけである（ヴァインシュテイン、クリュコフ「李陵の宮殿」『ユーラシア』新二号、一九八五年）。しかし第六章で指摘したように、骨都侯は単于の政治の補佐をすることが役目であるので、単于のいる中央にいたと考えるのが自然であろう。

結局、館の主を特定することはできなかった。ただ、中国文化が、遠く離れた南シベリアの一画にまで浸透していたこと、そして瓦などを作る職人がいたことだけは間違いがない。大量の瓦は重く、また運搬すると壊れやすいので、大規模建築の場合は現地で生産するのが常識である。

ユーラシアに広がりを持つ遊牧文化

以前のスキタイ時代にも、中国の絹織物や鏡がアルタイにまで伝わることはあったが、それから先に広まることはなかった。それが匈奴時代になると、中国文化は南シベリアだけでなく、中央ユーラシアの各地に幅広く浸透していった。その理由として誰もが考えつくことは、張騫《ちょうけん》が開いたシルクロードを通じての交易であろう。だがそのほかにもう一つ、匈奴などの騎馬遊牧民が果たした役割も見落とすことはできない。そのような例のいくつかを紹介しよう。

かつて一九八〇年代までは、社会主義国で西側の考古学調査団が発掘するなどということはまったく考えられなかった。それがソ連の崩壊、中国の改革開放政策の進展によって、可能となってきたのである。私が関わっているモンゴルでの調査もそのような潮流の中での発掘だが、中国でも数多くの日本人考古学者が現地の研究者と共同で調査を展開している。

早稲田大学はいち早く一九九一年から、新疆ウイグル自治区で調査を始めた。そして一九九六年、トゥルファン郊外の交河故城《こうがこじょう》と谷を挟んで西側の溝西墓地で、金製品を少数ではあるが伴う墓を発見した。墓は単純な土坑墓で、地表に墳丘はなかった。墓の構造は質素であるにもかかわらず、いくつかの墓からは金製品が出土したのである。注目すべきことは、それらの金製品がモンゴル高原北部の匈奴時代の遺跡や、遠く西方の北カフカス・黒海北岸のサルマタイ時代前・中期（前三～後一世紀）の遺跡からの出土品と共通するものだったことである。

発見当初「金冠」の名称で発表された金製品は、三重の管の上下に、ヤギの後半身にトラが嚙みつく場面が細長く表現されている。たしかにこれだけ見ると王女さまが頭につけるティアラのように見えるが、実はこれは完全な形ではない。後ろ側の部分が欠けているのである。比較の対象として、西北カフカスで出土したものを示そう。五重の管の上下端に細長く

トゥルファン郊外溝西墓地出土の金製の首輪　発見当初「金冠」の名称で発表された。直径14cm。新疆文物考古研究所蔵

西北カフカス、クラスノダル、エリートヌィ村古墳出土の金製の首輪　前3～前1世紀。直径14cm。クラスノダル博物館蔵

動物の頭部がつき、後ろ側は片方のピンを抜くと開くようになっている。これは、首輪（もちろん装飾用の）なのだ。このような首輪は、サルマタイ時代にカザフスタンから黒海北岸まで広く分布していた。第三章で紹介した「黄金人間」も、ライオンの頭部を両端につけた三重の首輪をはめていた。王侯貴族が権威の象徴として身に着けていた可能性もある。なおこの西北カフカスの墓からは、前漢代の星雲文鏡が出土している。

別の墓では、首の長い双頭のグリフィンが首を絡ませたデザインの金製品が発見された。被葬者の足のくるぶしの辺りから出土したため、靴の留め金の上に張り付けた装飾ではないかと考えられている。牡牛の頭部を模した金製品は被葬者の腹部から出土したため、帯のバックルに張り付けた装飾と思われる。なおこの墓からは、前漢代のものと思われる五銖銭が出土している。これらとよく似た青銅製品が、ブリャーチヤの匈奴時代の遺跡から出土している。

溝西墓地のこれら二基の墓からは、前漢代のものと思われる星雲文鏡の断片と五銖銭が出土している。つまりトゥルファン近郊のこれらの墓の出土品は、中国（漢）とブリャーチヤ（匈奴）、西北カフカス（サルマタイ）とつながりを持っているのである。

北アフガニスタンの黄金遺宝

一九七八年、アフガニスタン北部ティリャ＝テペ（黄金の丘の意味）遺跡で、青銅器時代の神殿址の発掘に着手した旧ソ連の考古学者V・サリアニヂは、狙っていたものとはまった

トルコ石象嵌金製鞘飾り　両側に半円形が突出した独特な形は、スキタイ時代のアルタイに起源がある。下は鞘飾りの中央部分。中国風の龍が表されている。北アフガニスタン、ティリャ＝テペ4号墳出土。長さ約27cm。1世紀。カーブル国立博物館蔵

珊瑚・ザクロ石・ガラス象嵌金製帯飾り板　2頭の龍とグリフィンが闘っている。黒海北岸、ハプリ3号墳出土。長さ14.7cm。1世紀。アゾフ博物館蔵

く異なる遺構を発見してしまった。それは青銅器時代よりもずっと新しい紀元前後と思われる墓で、次々と六基が発見された。どの墓も未盗掘で、きらめくばかりの金製品がおびただしい量発見された。ここも墓は単純な土坑墓で、地表に何の標識もなかったため、盗掘者の目を免れてきたのであった。被葬者は男性が一人で、あとはすべて女性であった。王とその后妃たちと考えられる。実は墓がもう一基発見されたのだが、もはや調査の期間が大幅に過ぎていたため、翌年発掘するつもりで、その墓は埋め戻してしまったという。しかしアフガニスタンの内戦勃発のため、その後は遺跡に近寄ることすらできなくなってしまったのであった。

さて、この遺跡の重要性について語るには、さらに一冊の本を書かなければならないほどだが、ここではその「国際性」についてごく簡潔に述べよう。まず中国との関係を示すものとしては、前

漢のものと思われる連弧文銘帯鏡が三面出土した。インド風の人物が刻まれた象牙製櫛も発見された。中央アジア風に土着化したギリシア・ローマの神々の図像も多い。赤メノウやトルコ石などの赤や青の細かい象嵌《ぞうがん》を多用する装飾法は、サルマタイ美術に典型的である。

トルコ石が象嵌され、両側に二つずつ半円形が突出した独特な形の鞘《さや》飾りは、スキタイ時代のアルタイに起源し、サルマタイの領域である黒海北岸やパルティア時代の西アジアに流布した（四つの半円の裏側に孔が開いており、そこに紐を通してズボンをはいた上から太ももに直接巻きつけて装着する）。この鞘の中央にはさまざまな動物が連続的に表現されているが、中ほどに配されているのは、明らかに中国風の龍だ。絹とか鏡という現物ではなく、龍という観念上のモチーフが中央アジアに伝わっているのである。

さらに龍はサルマタイにも伝わった。黒海北岸で出土した珊瑚、ザクロ石、ガラス象嵌帯飾り板は、複雑な文様構成と象嵌技法の点ではサルマタイ的であるが、絡み合った動物の片方は、うろこもちゃんと表現された龍である。北カフカス・黒海北岸では、前漢末から後漢時代にかけての鏡が数面発見されてもいる。中国文化は、遊牧民の手によって西方へ運ばれたのである。

第九章　フン族は匈奴の後裔か？

民族大移動と騎馬遊牧民

匈奴・フン同族説をめぐる論争

歴史上には、一つの時代を終わらせて新しい時代を切り開く大きな事件・出来事が、ときどき起こる。ヨーロッパの歴史上では、民族大移動を引き起こして古代ローマ帝国に引導をわたし、結果的に中世への幕を開くことになったフン族の侵入は、まさに画期的な出来事であった。そこで、フンとはいかなる人々で、いつ、どこからやって来たのかという問題が多くの歴史家の関心を集めたのも当然と言えよう。早くも一八世紀中頃にフランスの歴史家J・ドギーニュがフン族を匈奴とみなす説、いわゆる匈奴・フン同族説を発表して以来、賛否両論さまざまな議論が交わされてきた。

この論争は、日本の東洋史学界にも及んだ。ドイツの東洋史家F・ヒルトの同族説（一九〇〇年発表）に対して、白鳥庫吉《くらきち》が批判を加えた（一九二四年）。これに対し、内田吟風はヒルト説を全面的に擁護し（一九三六年）、江上波夫は考古学資料を使って同族説を補強した（一九四八年）。一方、榎一雄《えのきかずお》は、提示された考古学資料だけでは同族であることを十分に論証することはできないと批判した（一九五五年）。

そして、これら諸説を整理した護雅夫《もりまさお》は、一九七〇年の時点で、「今日では、これ（同族説）があたかも定説であるかのごとき観を呈している」が、「フンと匈奴との同族たることを決定するためには、さらに積極的な証拠が必要である」という榎の主張に共感を示し、「まだ完全な解答をえたとはいいかねるのが現状である」と総括した。また、匈奴（第五章の冒頭で触れたように、この漢字の古代音は「ヒョンヌオ」と考えられ、フンに近い）の名が征服者として中央ユーラシア各地に鳴り響いたために、その名にあやかって匈奴（フン）と自称したり、あるいは侵入を受けた側が過去の記憶で侵入者をその名で呼んだりした例もあったのではないかと推測した（護雅夫『東西文明の交流1　漢とローマ』平凡社、一九七〇年）。

たしかに唐代に突厥《とっくつ》を「匈奴」と呼んだり、中世ヨーロッパでも侵入してきたマジャール（ハンガリー）人をフンと呼んだりした例が知られている。ナポレオンは、クレムリンに火を放ったロシア人を「スキタイ」と呼び、チャーチルは、ローズヴェルト宛の書簡の中でドイツ人のことを「フン」と呼んでいる。

その後の欧米の学界を見ると、ロシアとハンガリー、ドイツでは同族説が有力だが、それ以外の国では懐疑的、あるいは護のように判断材料が足りないとする研究者が多いようだ。

はたして、この問題の解決に見通しをつけられるような証拠は、その後出てきただろうか。本書の最終章では、この問題に迫ってみたい。まずは北匈奴のその後とフンがヨーロッパに登場する最初の段階の歴史を文献史料から確認し、次に考古学資料からフンの分布・移動をあとづける作業に取り組むことにする。

北匈奴の行方

第七章の末尾で、後一二三年に北匈奴の呼衍王《こえんおう》が西域の北方、すなわち天山山脈北側の草原地帯、今日の新疆《しんきょう》ウイグル自治区北部からカザフスタンにかけての地域に本拠を置いていたという『後漢書』の記録を紹介した。その後、北匈奴と後漢との間では、車師《しゃし》とその周辺地域をめぐって一進一退の攻防が繰り広げられた。そして一五一年に、呼衍王が伊吾《いご》（今日のハミ）を攻めたので、後漢が軍を派遣すると、呼衍王は去っていったという記事を最後に、北匈奴は後漢の記録から姿を消す。

北匈奴という集団は消滅したのか、それとも中国に情報が届きにくい西方へ移動したのか。北魏《ほくぎ》のことを記した『魏書』の西域伝（散逸したため、七世紀中頃に成立した『北史』西域伝から再録）悦般《えつぱん》国の条には、九一年頃に北匈奴の単于《ぜんう》が後漢と南匈奴の連合軍に敗れたあと（第七章末尾参照）、康居《こうきょ》に逃走したとする記事がある。この年代を一五〇年代にまで下げて、後漢の記録から消えることと結びつける考え方もある。

この説を補強するのは、一五〇～一六〇年代に顕著となったモンゴル高原における新たな勢力の台頭である。東胡《とうこ》の末裔と言われる鮮卑《せんぴ》の若き指導者、檀石槐《だんせきかい》が、一五〇年代にモンゴル高原東部に勢力を確立し、一六〇年代には烏孫《うそん》にまでその支配を及ぼした。この鮮卑の西進に圧迫されて、北匈奴は西へ移らざるを得なくなったのであろうというわけである。康居の領域はシル＝ダリヤ下流域からアラル海の辺りと考えられているので、もしこの説が正しいとすれば、北匈奴はかなり西方へ移動したことになる。

論争を混乱させる問題の記事

『北史』西域伝には、もう一ヵ所、匈奴に関する記事がある。「粟特《ぞくとく》国は葱嶺《パミール》の西にあり、かつての奄蔡《えんさい》である。温那沙《おんなしゃ》とも言う。大沢（大きな湖）にのぞみ、康居の西北にある。（北魏の都）代《だい》から一万六千里の距離にある。以前、匈奴がその王を殺してその国を領有するようになった。忽倪《こつげい》という王まで三代を経ている。その国の商人は先に多く涼土《りょうど》（河西地方）にやって来て、交易をしている……」。

やや長く引用したが、この記事をどう解釈するかで、同族説の論者は賛否に大きく分かれてきた。粟特と奄蔡とが、同じ箇所に登場することが問題なのである。奄蔡は、『漢書』西域伝によれば、康居からさらに西北へ二〇〇〇里ばかりの、はてのないほど大きな北海のほとりにあり、康居と同じ風俗であるという。アラル海から西北で大海となれば、それはカスピ海ということになる。そこで、奄蔡はカスピ海北岸にあった遊牧国家であろうと考えられる。

その後、『三国志』の『魏書』裴松之《はいしょうし》「注」所収の『魏略』西戎《せいじゅう》伝には、奄蔡国は阿蘭《アラン》ともいうとあり、『後漢書』西域伝には、奄蔡国が阿蘭聊国と改名したとある。聊（柳）国はもともと奄蔡の隣にあった国なので、併合したのであろうか。一方、西方のギリシア・ローマ史料では、一世紀の末までにサルマタイの領域の東部でアラン（アラノイ、アラニ）という遊牧部族集団が覇権を握ったことが知られている。このアランがもともとサルマタイの一部だったのか、それとも東方から来た新参者だったのかについては議論が分かれるが、言語的には同じくイラン系であったらしい。いずれにしても、奄蔡国が阿蘭聊国と改名したという『後漢書』の記述は、まさにアランが覇権を握ったとする西方史料と合致する。カスピ海北岸の王国を匈奴が征服したということになれば、匈奴の西方移動が証明されたことになる。

ところが、粟特は中央アジア南部にあるオアシス農耕地帯のソグドのことであり、そのソグド人がシルクロードを通って中国まで来て、商才を発揮していたことはよく知られている（本シリーズの『シルクロードと唐帝国』参照）。カスピ海北岸の遊牧民と中央アジア南部の定住農耕民が同じということはありえない。そこで先のヒルトと内田は、粟特とは黒海北岸にあるクリミア半島のスグダクのことだとする苦しい言い訳を考え出したが、これは白鳥や榎によって徹底的に批判された。

この矛盾を解決するために、江上は粟特国の条の中に奄蔡の記事がまぎれこんでしまったのだと解釈した。すなわち「かつての奄蔡……三代を経ている」が奄蔡に関する記事で、それ以前と以後とが粟特の記事だというわけである。そうすれば、ソグドと関係なく、匈奴の奄蔡征服は正当化される。一方、榎は『魏書』西域伝の成立過程の検討から、粟特をかつての奄蔡と結びつけたのは北魏から西域に派遣された使節の誤った推測に過ぎず、粟特を支配した「匈奴」はモンゴル高原の匈奴とは関係なく、サーサーン朝ペルシアと戦ったことで知られる「ヒオン」族のことであると結論づけた。

各論者にはそれぞれもっと多くの言い分があるのだが、本書ではこれくらいにしておこう。くわしくは、護による要領を得た比較紹介を参照されたい。ともかく、二世紀の中頃に北匈奴は天山北方にいて、その後、西方の康居の地に移動した可能性があるということまでは、ある程度確実に言えるだろう。

フン族現る

北匈奴の動静が途絶えてから二〇〇年あまりのち、三七六年に、ローマ帝国に一つの報告がもたらされた。黒海西北岸にいた西ゴート族が、東方から現れた強力な騎馬軍団によって打ち破られ、ローマ帝国との国境をなすドナウ川の北岸まで逃げてきたのである。この未曾有の出来事に、ローマのウァレンス帝（在位三六四〜三七八年）はゴート族が渡河して帝国領内に入ることを許可した。そして、くわしい事情がだんだんとわかってきた。西ゴート族が攻撃を受ける前に、東ゴート族が襲われ、さらにその前にもっと東方にいたアランが服属させられていたのである。その恐ろしい相手は、フンという名前だという。

それ以前の年代はさかのぼって想像するしかないのだが、三五〇〜三六〇年頃にフン族はヴォルガ川を越えてアランに襲いかかったようだ。フンについて最もくわしい記述を残してくれた同時代の歴史家アンミアヌス＝マルケリヌス（四世紀後半に活動）によれば、フンは「ドン川の人」、すなわちアランを殺して略奪し、生き残ったものを同盟の条約で加えたという。アランの大集団を加えてふくれ上がったフンを盟主とする軍団は、さらに西へ向かった。

当時、黒海の北岸から西岸にかけては、言語的にはゲルマン系の東ゴート族と西ゴート族がそれぞれ王国を形成していた。フン軍（指導者はバランベルという名前であったとする史料もあるが、明確ではない）は、三七五年かあるいはその少し前に、エルマナリク王治下の東ゴート王国に侵入した。『ローマ帝国衰亡史』を著したE・ギボンは、ゴート人歴史家ヨルダネスの『ゴート史』（五五一年頃完成）の記述に基づいて、エルマナリクがそれまでに東欧各地に征服活動を展開してその領土をバルト海から黒海にまで広げたと考えた。しかしこれはかなり身内びいきの誇張であったらしい。O・メンヒェン＝ヘルフェンらが強く否定しているように、黒海沿岸とバルト海方面との琥珀交易ルートはあったであろうが、東ゴート「帝国」などというものは存在せず、その領域はせいぜいドニプロ（ドニェプル）川下流域に限られていたと思われる。

フンはトルコ系か？

東ゴートのエルマナリク王はかなり長く持ちこたえたが、ついに支えきれなくなって自害し、ウィティミルという者があとを継いだ。アンミアヌスによれば、ウィティミルは「別のフン」を傭兵として雇ったという。「別のフン」とは何者なのか。メンヒェン＝ヘルフェンは、ヨルダネスの記述（ただしその出典は五世紀の歴史家プリスコスにさかのぼる）の中にその解答を見出した。フンが一掃した部族集団の一つとして、プリスコスにはアミルスーロイ、ヨルダネスにはアルピズリという名が見える。彼はこの本来の形をアルピルズーロイと復元し、これをテュルク（トルコ）語でアルプ＝イル＝チュルと解釈した。

アルプとは「英雄」あるいは「勇猛な」を、イルは「国」ないし「民」を意味し、チュルは人名や称号の後にしばしばつく固有名詞の一部である。たしかに突厥やウイグルなどの例を考慮すると、アルプ＝イル＝チュルは人名としてはいかにもありそうな名称であるが、族名としてはどうであろうか。ともかくこの解釈が正しいとすれば、彼らはテュルク語を話していたことになる。ということは、フンがこの地にやって来る前にすでにテュルクがいたことになり、これを「別のフン」と表現したのではないかというのが、メンヒェン＝ヘルフェンの考えである。

彼は匈奴・フン同族説にはむしろ懐疑的であり、はっきりテュルク語とわかるフンの名称は少ないと考えているが、この族名は明らかにテュルク語と認められる数少ない例の一つとして保証している。私自身はこの解釈にはやや疑問を感じるが（人名や称号につくチュルを部族名につけるところ）、一つの可能性として留めておこう。

それよりも、何人かのフン人の名前の方が、より興味深い。たとえば四一二年頃フンの王であったハラトンとか、アッティラの息子のデンギズィフという人名には、テュルク語あるいはモンゴル語的な響きを感じる。

アドリアノープルの戦い

さて、ウィティミルは傭兵を雇って抵抗してはみたものの、衆寡敵せず、おそらく三七六年に戦陣の中に没した。こうして東ゴートを破ったフンは、またまたその多くを配下に組み込み、残りの東ゴートはドニステル（ドニェストル）川を南に越えていった。次にフンが対峙することになったのは、西ゴートである。アタナリクという者に率いられた西ゴートの一部はパンノニア地方（今日のハンガリー）に逃れたが、大多数はフリティゲルンの指揮のもとにドナウ川下流に現れ、先に触れたようにローマ帝国の許可を得て渡河し、帝国の庇護を求めた。

ところが現地のトラキア属州の将軍たちはゴートに給すべき食糧を横領するなど目にあまる所業を続けたため、西ゴートは飢餓に迫られ、ついに三七七年、反乱を起こした。これに東ゴートやさらにはフンとアランまでもが加わり、三七八年中頃にはバルカン半島のあちらこちらで略奪・戦闘が起こり始めた。

当時ローマ帝国は東西二人の皇帝によって共同統治されていたが、バルカン方面は東に属していた。その東の皇帝ウァレンスは、西の皇帝で自分の甥にあたるグラティアヌスの来援を待たずに、みずから軍を率いてバルカンに現れた。時は三七八年八月九日、バルカン半島東南部のトラキアのアドリアノープル（現トルコ領エディルネ）郊外で、ゴート軍とローマ軍との一大会戦が行われた。この戦いはゴート軍の一方的勝利に終わり、ローマ軍はその三分の二を失い、皇帝自身も陣没した。

アンミアヌスの記述によれば、このときのゴート軍にはアランは加わっていたが、フンの名は見られない。しかしその直後の記述では再び「フンとアランを加えたゴート」という表現が見られるので、フンは会戦直後に加わったのか、あるいは最初から参戦していたがアンミアヌスが書き漏らしたのかのどちらかであろう。

これに続く二年間、フンはゴート、アランとともにトラキア各地を荒らしまわっていたが、三八〇年以降しばらくの間、フンとアランの名はバルカンから消える。おそらく彼らは再びドナウを越えて北方の草原地帯へ帰っていったのであろう。三八四年の春にはフンの騎馬軍団がノリクムとラエティア（オーストリアと南ドイツ）を通ってガリア（北フランス）方面へ向かったという情報があり、そのころに早くもフンがパンノニアを占拠していたことも考えられる。

フンの西アジア遠征

三九五年の夏には、フンの大軍がドン川を河口付近で渡って南東に向かい、カフカス山脈を抜けてアルメニアとローマの属州、そしてペルシアに侵入した。一部の部隊はアナトリア（トルコ）東南部を荒らしまわったが、ユーフラテス川を渡るときにローマ軍に討伐された。別の部隊はティグリス・ユーフラテス川に沿って下り、サーサーン朝ペルシアの都の一つクテシフォンに迫ったが、ペルシア軍に敗れ、今日のアゼルバイジャン方面に逃げ、カスピの門（カフカス山脈がカスピ海に断崖となって落ち込む地点）を抜けて北方の草原に戻っていった。キリスト教会に残された年代記（誇張はつきものだが）によれば、このときフンは、一万八〇〇〇人の捕虜を含む戦利品のほとんどを放棄していったという。別の部隊は、アナトリア東部とシリアで略奪をはたらいた。

三九七年にも、フンの小部隊がアルメニアに侵入した。またしばらく後のことだが、四一五～四二〇年には、カスピ海の東側を回って（カフカス越えという説もある）ペルシアに侵入している。これらの西アジア遠征は、フンの本拠地がドナウ方面だけでなく、北カフカスにもあったことを物語っている。

三九五年の遠征の原因は、一般的には、フンの本拠地で飢饉が発生したからであると言われている。メンヒェン＝ヘルフェンはその証拠として、彼らが多数の家畜を連れ去っていったことをあげている。食糧として家畜を略奪したというわけである。また同時に彼は、フンが非常に多数の捕虜を連行していったことにも注目し、この侵入を大規模な奴隷狩りとみなしている。しかし飢饉のときに大量の奴隷を連れて行ってどうしようというのだろうか。それから農耕させるのでは、当座の役には立たない。

騎馬遊牧民が定住農耕地帯に侵入して多数の家畜と人間を連れ去ると言えば、もう我々にはおなじみのパターンである（第八章参照）。飢饉があったかどうかとは関係なく、フンも北方で定住民の労働力を活用したかったのであろう。またこれより二〇〇～三〇〇年後には、テュルク系のハザルがやはり北方からカフカスを越えてしばしばアルメニア、アゼルバイジャンに侵入しているが、このときも略奪の対象は家畜と人間であった。

フンの西アジア侵入には、もう一つ別の理由も考えられる。これより一〇〇〇年ほど前に起こったスキタイの西アジア遠征を想い起こしてみよう（第二章参照）。スキタイはカフカスを越えて西アジアに侵入し、略奪をはたらいただけでなく、対立する諸勢力の間で傭兵として活動した。フンもひょっとしたら、対立するローマとペルシア、その間で緩衝国家として微妙な立場にあるアルメニアなどの諸国の間に割って入って、うまい汁を吸おうと思っていたのかもしれない。

五世紀以降のフン族の歴史は、彼らの習俗と文化について述べたあとで続けることにしよう。

フンの習俗と文化

アジア系騎馬遊牧民

フン族の容貌、外見、生活について、アンミアヌスは次のように記している。ただしアンミアヌス自身はフンを見たことはなく、ゴート人から情報を得た。

子供の頰に生まれたときから刀で傷をつけているが、これはひげが生えないようにするためで、宦官《かんがん》のように美しくない。彼らは小柄でがっちりとした体格で、頑丈な手足を持ち、首は太い。怪物のように醜くて不恰好なので、二本足の獣と思い込むかもしれない。……彼らには身を守るべきいかなる建物もない。墓のようにそれを避けている。彼らの間にはわらぶき屋根の小屋すら見られない。山や森の中を自由に放浪し、ゆりかごにいたときから寒さ、飢え、渇きに耐えることに慣れている。彼らは麻の衣服か野鼠の皮を縫い合わせた服を着ている（今でもモンゴル人はモルモットのようなタルバガンという小動物の毛皮を何枚も縫い合わせた毛皮を着用することがある）。……頭には丸い帽子をかぶり、毛深い足はヤギの皮で保護する。彼らの靴は木型で作られていないので、自由に歩行することが妨げられる。そのため徒歩で戦うことには適していない（靴と歩行との関係がわかりにくいが、柔らかい素材の靴だったと思われる。また常に馬に乗っていたため極端なO脚になり、歩き方がぎごちなかったとも解釈される）。だが馬に乗ると膠《にかわ》でくっついたようになる。馬は頑丈だが醜い。彼らは時には女座り（横乗り）をして日常の仕事をこなす。昼も夜も馬上で売り買いし、飲食し、馬の細い首に寄りかかって深い眠りにつく。……彼らはすばやく予期せぬ動きをするために軽装なので、わざと突然散開し、あちらこちらで急襲して、恐ろしい殺戮《さつりく》を行う。……彼らは遠くからは普通の（金属の）鏃《やじり》の代わりに鋭い骨の鏃をたくみに矢柄に装着して弓矢で戦い、それから馬を馳せて距離を詰め、接近して刀で戦う。……彼らの国には畑を耕す人、あるいは鋤《すき》の柄に触れる人はいない。彼らには定まった住地、炉、法律、定住的生活様式はなく、避難民のようにあちらこちらと放浪している。彼らは、伴っている車の中で生活する。彼らの妻は車の中でひどく醜い衣服を縫い、車の中で夫と同棲し、子供を産み、養育する。

(*Res Gestae*. XXXI., 2, 1-10 The Loeb Classical Library)

頰に刀で傷をつけるという風習は、スキタイでは死者を追悼する際に見られ（第四章参照）、突厥でも知られている。情報提供者は、頰に傷があることをひげがないことと結びつけて誤解したのかもしれない。ひげが生えないとか小柄でがっちりとした体格という特徴は、モンゴロイドであることを示しているのであろう。しかし残念ながら、人種形質を特定できるようなフンの埋葬遺跡は、彼らが本拠を置いたと言われているハンガリーでは発見されていない。火葬にしてしまったせいではないか、もともと人口が少なかったからではないか、あるいはそもそも本拠地はもっと東の方にあったのではないかとも言われているが、よくわからない。

戦法や生活様式を見ると、馬上で弓射を得意とし、定住地と固定家屋を持たず、農耕を行わないという点は、スキタイ・匈奴と共通する。全体としてみると、アジア系の騎馬遊牧民らしいことはわかるが、フンを匈奴と断定するほどの証拠はない。

「先テュルク時代」の美術

ユーラシア草原地帯の考古学・美術史の分野では、一般的に、前八／前七〜前四世紀をスキタイ時代、前三〜後三世紀をサルマタイ時代（あるいは東の匈奴も含めて、匈奴・サルマタイ時代）と区分する。少し間を置いて、六世紀後半以降はテュルク時代と呼ばれることが多い。それでは、その間は何と呼んだらいいだろうか。

「フン時代」と呼ぶこともある。しかしフンの活動期間は四世紀末から約一世紀と短く、また明らかに彼らが残したと断定できる遺跡や遺物はほとんどない。そこで「フン」とは特定せずに、「民族大移動時代」と呼ぶこともある。この用語はドイツ語圏で使われ始め、ロシア語圏でも広く使われているが、もともと「ゲルマン」系諸族の移動を念頭において作られたものなので、ヨーロッパ以外の地域は影が薄くなる。

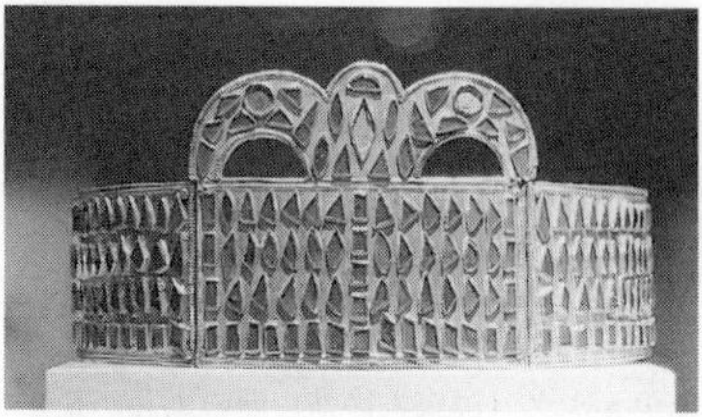

ザクロ石象嵌金製ディアデム　クリミア半島、ケルチ、ミトリダテス山出土。直径約19cm。4世紀末～5世紀前半。ローマ・ゲルマン美術館蔵

私自身は、フンがこの時期の代表であることは間違いないので、「フン時代」でもいいと思うが、正確さを期したければ「先テュルク時代」という言い方が妥当かと思う。

名称はともかく、この時代の草原地帯西部に特徴的な遺物としては、①貴金属工芸品、②鞍《くら》飾り、③鍑《ふく》があげられる。①の特徴は、金か銀の素材にやや大きめの赤い石（赤メノウやザクロ石、紅玉髄《こうぎょくずい》など）を象嵌《ぞうがん》し、その間を三角形にまとめた金粒細工で埋めてゆく装飾法である。サルマタイ時代にも象嵌は基本的な装飾法ではあったが、一つ一つの形が小さく、色は青が多く、それに赤が混じる。そこで「多色装飾様式」と呼ばれる。それと比べると、大きな

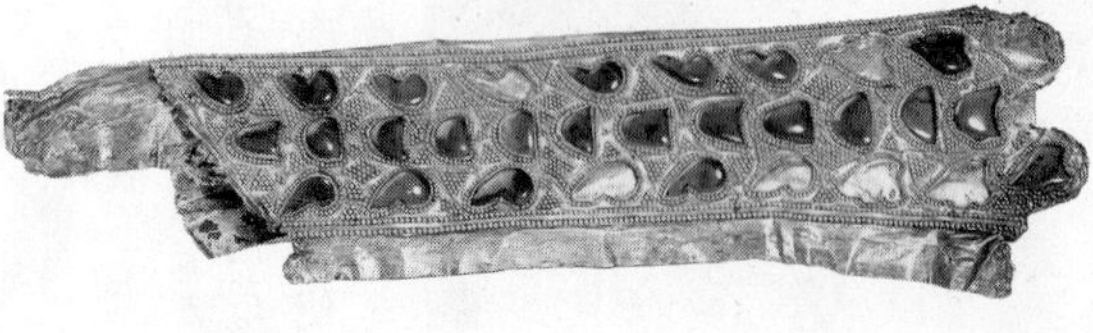

紅石象嵌鞘装飾　典型的な先テュルク（民族大移動）期の工芸。長さ21.7cm。新疆ウイグル自治区イリ地区波馬出土。イリ州博物館蔵

変化と言わなければならない。

この装飾法が施された工芸品には、剣鞘装具、馬装具、バックル、耳飾り、ディアデム（鉢巻形王冠）、こめかみ飾り（ディアデムの左右側面からこめかみのあたりに垂らす）などがある。これらはハンガリー平原からドナウ川下流、黒海北岸に集中しているが、さらに東方のウラル地方からカザフスタン、天山西部、アルタイ北麓にまで広まっているのである。

さらに近年、中国新疆ウイグル自治区のイリ川上流域でも、まったく同じ装飾技法が施された金製品がまとまって発見された。二〇〇二年に日本で開かれた「シルクロード、絹と黄金の道」展に出品されたので、ご覧になった方もおられるだろう。赤い石が象嵌された鞘装飾は、黄金の男のマスク、虎形の取っ手や植物文様のある壺、指輪（それらもすべて同じ技法で装飾されていた）などとともに発見されたのである。

この遺宝は、出土した当初、六〜七世紀の西突厥の王族のものではないかと中国側が発表した。しかし、その理由は単にイリ地区に西突厥の中心があったらしいということに過ぎず、むしろこの装飾技法は、西突厥よりも前の先テュルク時代に属するものな

のである。

またこの時代には、象嵌する部分を細い金線で細かく仕切り、そこに薄く切った赤い石あるいはガラスをはめ込む装飾法が現れた。七宝細工にも似たこの薄い仕切り象嵌は、カザフスタンや東アジア（三国時代の新羅《しらぎ》の古墳から出土している）でも知られているが、西方で特に流行し、五〜六世紀のゲルマンの王侯の墓からしばしば出土している。

硬式鞍と鐙の出現時期

それでは、赤色象嵌と金粒細工の装飾技法がどうして先テュルク時代と断定できるのか。実は、これらの貴金属工芸品の年代を六〜七世紀にまで下げる説もある。しかし私は、これらが突厥（テュルク）時代にまで下ることはないと確信している。これからその理由を述べるが、その前に簡単に鞍と鐙《あぶみ》の歴史を見ておかなければならない。

第三章で触れたように、スキタイ時代の鞍は座布団のような軟式鞍であった。それを採用した中国でも、始皇帝の兵馬俑《へいばよう》に見られるように軟式鞍であった。ところが中国では、三世紀頃に木製の骨組みを持つ硬式鞍が考案された。硬式鞍は、土台をなす二枚の居木《いぎ》と、それを固定するための湾曲した前輪《まえわ》と後輪《しずわ》から構成される。初期には、その前輪と後輪が垂直に立っているのが特徴である。乗馬に不慣れな人の体を前後からはさみつけて、安定させることがその役割であったと思われる。

しかし、垂直に板が立っていると乗りにくい。そこで、四世紀には鞍の土台をなす居木に

青銅鍍金製革帯装飾と居木先飾り　スロヴァキア、レヴィツェ出土。居木先飾りは長さ13.5cm。5世紀後半。ハンガリー国立博物館蔵

孔をあけ、そこに革紐を通して鐙を吊るすことが発明された。乗るための足がかりに過ぎないから、当初は左側だけに吊るされたが、すぐにその便利さが認められ、両側に吊るして騎乗中も足を入れたままにしておくようになった。日本の埴輪《はにわ》馬に見られるように、古墳時代に伝わってきた鞍と鐙も、このタイプである。

それでも後輪が立っているとやはり乗りにくいので、五世紀には後輪を傾斜させるようになった。草原地帯には、このタイプになって初めて硬式鞍が広まり始める。騎馬遊牧民はさまざまな道具や戦利品を鞍に吊り下げていたが、そのためには軟式鞍よりも硬式鞍のほうが丈夫だからであろう。しかし硬式鞍を導入しても、鐙は取り入れなかった。草原の馬は小型で、遊牧民は子供の頃から飛び乗りに慣れているので、当初は鐙の必要性を感じなかったのであろう。だが鐙は乗るときの足がかりとしてよりも、騎乗中にそこに足を入れて踏ん張るために便利だということがわかってきたようだ。踏ん張って腰を浮かせれば弓射のさいに的を定めやすい。馬上で刀や槍を使うときにも便利である。そして六世紀かあるいはその後半になると、草原地帯からヨーロッパにまで鐙が登場する。

ヨーロッパに鐙をもたらしたのは、六世紀後半に東方からやって来た、言語的にはテュル

ク系の騎馬遊牧民、アヴァルであったと思われる。そのアヴァルとの戦闘により、フランク人も鐙を使い始めるようになる。硬式鞍と鐙の発明および普及についてはほかにもいろいろな説があるが、ここに述べた説が、現在最も信頼することができると私は考えている。

さて、カザフスタンから東欧まで分布する赤色象嵌・金粒細工の貴金属工芸品としばしば一緒に出土するものに、不等辺三角形あるいは弓形の金・銀製薄板がある。この薄板には必ずうろこ形の文様がつけられているが、この文様も先テュルク時代の草原地帯全域に広く見られる。この薄板は、馬の墓での出土状況から、鞍の居木先を覆う飾り板であることがわかっている。木部は腐って消滅し、金属製の飾り板だけが残ったのである。

ところが、この居木先飾りのある墓に、鐙は出土しないのである。従って、これらの居木先飾りは六世紀前半よりも前、さらに居木先飾りとともに出土する赤色象嵌・金粒細工の貴金属工芸品も同じく六世紀前半よりも前、すなわち先テュルク時代ということになるのである。年代を下げて考えるロシアのA・アンブローズという考古学者は、七世紀の遊牧民は墓に鞍は納めても、鐙は入れなかったのだと説明しているが、これはかなり苦しい言い訳である。硬式鞍は存在した

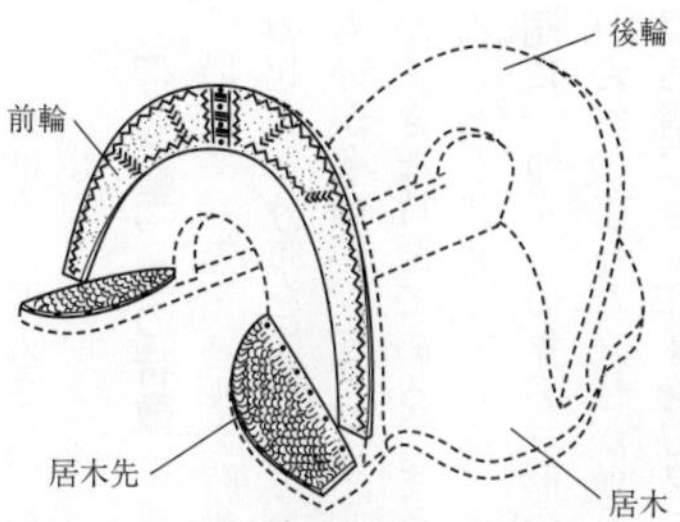

黒海北岸、メリトポリ出土の硬式鞍の推定復元図　5世紀。I. Bóna. *Das Hunnenreich*. Corvina : Buda-pest, 1991をもとに作成

が、鐙はまだ導入されていなかったと解釈する方が、すっきりしている。

「フン型」鍑の特徴

最後に、先テュルク時代の特徴的なもう一つの遺物、鍑（遊牧民が使用した儀式用の釜）の起源と分布を検討してみよう。スキタイ時代とサルマタイ時代の鍑は胴部が膨らんでいるものが多いが、「フン型」鍑と言われているものは胴部にふくらみのない寸胴形であることが大きな特徴である。また取っ手が四角形で、胴部全体が縦の隆起線で四つに区画されていることも共通している。さらに装飾的な要素として、取っ手の上に三つか四つ、取っ手の両側に一つずつのキノコ形の突起がつき、胴上部の水平の隆起線から先端が丸くなった「玉のれん」のような文様が並んでいるものも多い。とりわけキノコ形の突起は大きくて目立ち、見る者に強い印象を与えるため、この装飾のついた鍑がフンの象徴的な器物とみなされ、フンについて触れた多くの書物の図版を飾っている。

このキノコ形突起は、フンの王族の頭を飾っていたと思われる王冠の装飾にも見られることがあるため、王権を象徴化したものとする説もある。この説に立てば、キノコ形突起のついた鍑は王族の所有物で、ついていない鍑はそれ以下の階層のものということになる。「フン型」鍑の出土点数は、それほど多くはない。ほぼ完全な形に近いものが一〇点あまり、それに破片だけのものを含めても二〇点ほどしかない。二〇〇七年時点でスキタイ時代から先テュルク時代まで草原地帯全域で四五〇点ほどの鍑が確認されているので、全体に占める「フン型」鍑の比率はかなり低い。

少ないながらも、比較的まとまって出土している地域もある。ドナウ川中流域のハンガリーからは、破片も含めると五点出土している。そのうちでペシュト県テルテル出土の鍑は最も大きく、四つに分けた鋳型から鋳造されている（普通は二つ）。取っ手の真ん中に支えがあるのはこの鍑だけである。

ドナウを下って、北岸のルーマニア領からは九点発見されている。クライオヴァ地区のデサ村近くでは、無傷の鍑が発見された。漁師によって水中から引き上げられたと言われているが、くわしい発見の状況は不明である。発見地点の対岸、ドナウの南岸にはローマ帝国の要衝ラティアリアがあるが、この都市は四四二年頃アッティラによって攻め滅ぼされた。そこでアッティラが攻める前に北岸で必勝の儀式を執り行ったときに使われた鍑ではないのかと見る説もある。

ハンガリー、テルテル出土の銅鍑　「フン型」鍑の代表例。高さ89cm。5世紀。ハンガリー国立博物館蔵。I. Bóna. *Das Hunnenreich.* より

ルーマニアより東方では、鍑は散発的にしか発見されていない。ヴォルガ川中流域のソカ（あるいはオソカ）川の岸辺の砂の中で発見されたと言われている鍑は、キノコ形の突起はないが、胴上部の玉のれん状の装飾は、ドナウのテルテルの鍑と同

N
0
1000km
イェニセイ川
レナ川
オビ川
ロシア
イルティシュ川
アンガラ川
トムスク
ビュシュク
ミヌシンスク
アバカン
バイカル湖
ウラン=ウデ
チョールナヤ=クリヤ
トゥゴズヴォノヴォ
クズル
トゥバ
ノヨン=オール（ノイン=ウラ）
ウランバートル
アムール川
大興安嶺山脈
ハンガイ山脈
アルタイ山脈
モンゴル
イリ川
波馬（ボマ）
ウルムチ南山
アルマトゥ
天山山脈
ハミ
陰山山脈
フフホト
北京
クルグズ
タリム川
新疆ウイグル自治区
タジキスタン
祁連山脈
黄河
アルティン山脈
中華人民共和国
インダス川
崑崙山脈
西安
長江

フン型鍑の出土地分布図

じである。取っ手の下の胴部には下向きの矢のような文様があるが、これと同じ文様は後述するウルムチ南山鍑にも見られる。同じように方形の取っ手を持つ土製の鍑が、シル＝ダリヤ下流のジェティ＝アサルで出土している。これは胴部が膨らんでいるので、やや古いタイプかもしれない。

「フン型」鍑の起源

従来は、ヴォルガより東方ではもはやキノコ形突起のついた鍑は発見されないと考えられてきたが、その常識が近年二つの発見によって打ち破られた。一つは南ウラルのクズル＝アドゥル鍑である。この鍑の特徴は、キノコの笠が小さく、取っ手の両側のキノコが取っ手から完全には分離していないということ、そして胴部が寸胴ではなく丸みを帯びていることである。これらの特徴は、この鍑が古いタイプであることを物語っている。

さらに衝撃的な発見が、はるか東方、中国新疆ウイグル自治区ウルムチ市南方の南山地区でなされた。この鍑は、取っ手の上に三つ、その両側に分離した一つずつの突起がつくが、キノコの笠はドナウに比べると小さい。胴部にはヴォルガのソカ鍑と同じような下向きの矢の文様が見られる。胴部の形は寸胴というよりも徐々にすぼまるクズル＝アドゥル鍑に近い。また、玉のれん風の装飾はない。この鍑については、ヨーロッパから逆戻りした遊牧民集団がもたらしたものとする見方もある。しかし形状がやや古風でヴォルガの鍑との共通点もあるため、簡単にドナウ産と決めつけるわけにはいかない。この鍑からヴォルガやドナウの鍑が生まれたと考えるほうが自然である。

ウルムチから北東にあたるアルタイでは、もっと古風な鍑が出土している。チョールナヤ＝クリヤ鍑では、取っ手の上に三つの突起があるがキノコの笠の部分はかなり小さく、両側にはただの突起があるだけでその先端はキノコにはなっていない。ビュシュク鍑では、取っ手の上の三つの突起がキノコになっていない。アルタイの東隣、トゥバのコケリ墓地で出土した土製鍑では、取っ手の上の三つの突起と取っ手の両側の分離していない突起の上がキノ

新疆、ウルムチ、南山地区出土の銅鍑　フン型の鍑。4～5世紀。高さ59cm（復元された台部を除く）。新疆ウイグル自治区博物館蔵。著者撮影

ヴォルガ中流域、ソカ出土の銅鍑　取っ手の下の胴部には下向きの矢のような文様がある。5世紀。高さ53.2cm。モスクワ国立歴史博物館蔵。著者撮影

ノヨン＝オール6号墳出土の銅鍑断片　前1～後1世紀。取っ手部分。エルミタージュ美術館蔵。著者撮影

南シベリア、アルタイ、ビュシュク出土の銅鍑　1～3世紀。高さ27cm。モスクワ国立歴史博物館蔵。著者撮影

コになっておらず、胴部の形がかなり丸くなっているので、古風な印象を受ける。

ここで、ノヨン＝オールで出土した鍑の断片を見ていただきたい。四角い取っ手の上は、両端と真ん中がわずかに尖っており、その両側にはごく小さなでっぱりがついているだけである。胴部には曲線文様が見られる。おそらくこのタイプの鍑が原型で、取っ手の上の三つの突起と両側のでっぱりが徐々に発達し、ついには大きなキノコ形の笠にまで成長したのであろう。また胴部の丸い曲線は、直角に曲がる曲線に変化して胴部を四分割するようになったのであろう。

このように鍑の発展過程を見てゆくと、モンゴル高原からアルタイ、天山、ウラル、ヴォルガ、北カフカス、黒海北岸からドナウ方面へというルートが見えてきそうである。しかしノヨン＝オールと天山以西の鍑とでは、年代にかなり開きがある。また赤色象嵌貴金属工芸品や居木先飾り板は、今のところモンゴル高原からは発見されていない。以上をまとめると、天山、カザフスタンあたりに本拠を置く遊牧民集団が、かなり短期間のうちにカスピ海から黒海北岸にまで進出したということは推測されるが、それ以前にモンゴル高原と関係があったかどうかについて言及するには、まだ証拠が不十分と言わざるを得ない。

フン「帝国」の最期

五世紀初頭のフン族

先に触れたバランベルのあと、フンの首長の名前は伝えられていない。ようやく四〇〇年頃、ウルディンというフンの首長がいたことが知られている。ウルディンは、四〇五年頃トラキアに侵入したが、そこを占領する意図は持っていなかったようだ。四〇六年にフンが西ローマを支援して、フィレンツェの近くでゴート軍を破ったという記録があるが、これがウルディン配下の兵であったかどうかはわからない。四〇八年にウルディンは再びトラキアを攻めたが、成功しなかったようだ。その後、アッティラと同時期に西ローマの最高司令官となるアエティウスは、四〇五年から四〇八年頃にかけてフンの人質となっていたことが知られている。

四一二年から翌年にかけて、東ローマからオリュンピオドルスという人物が使者としてフンのもとに派遣された。彼はその体験談を書き記したが、残念ながらそれはきわめて断片的にしか残っていない。辛うじて残された断片に、ドナトゥスというフンの王らしき人物が登場する。しかしハンガリー生まれの内陸アジア史家、D・シノールは、この人物をキリスト教の異端とされていたドナティスト派の僧侶で、フンに亡命していたのだろうと推測している。同じ断片に見られるハラトンは確実にフンの王と認められている。

四二二年にはルガあるいはルアというフンの王がトラキアに侵入し、コンスタンティノープルにまで脅威を与えたので、東ローマの宮廷は毎年三五〇ポンドの金をフンに支払う条件で和平条約を結んだ。ルガの領域はドナウ下流の北方で、それより西のハンガリーにかけての領域はルガの弟のオクタルが支配していたとする説もある。オクタルは四三〇年、ブルグンド族との戦いの中で死亡し、ルガは四三四年に死んだ。

ルガのあとを継いだのは、その二人の甥、ブレダ（兄）とアッティラ（弟）であった。ブレダが東部を支配し、アッティラはオクタルの残した西部を引き継いだらしい。四三五年に東ローマの宮廷はこの二人に使節を派遣した。二人はドナウ南岸のマルグス市近くで使節団と会見したが、その間二人とも馬から下りなかったという。交渉の結果、毎年の支払いは二倍の七〇〇ポンドに引き上げられた。

アッティラの支配とその終焉

ところが、二人の共同統治はうまくいかなかったらしい。四四四年かその翌年、アッティラは兄のブレダを殺して、単独の支配者となったのである。その後もアッティラは東ローマに脅威を与え続け、おそらく四四七年には、毎年の支払いを一挙に二一〇〇ポンドにまで値上げする条約を結ぶことに成功した。

四五〇年以降、アッティラの関心は西方に向かう。西ローマの皇帝ウァレンティニアヌス三世の姉のホノリアが、アッティラに援助を求めたのである。皇帝がホノリアの愛人を処刑してしまったことを恨みに思い、ホノリアはひそかに自分の指輪をアッティラに贈って、アッティラとの結婚を示唆したのである。アッティラはホノリアとの結婚によって西ローマ領の半分を手に入れようとしたとする説もあるが、ともかくアッティラは西ローマの勢力範囲であるガリア（北フランス）に軍を進めた。なぜ直接イタリアに向かわなかったのかは、よくわからない。

当時ガリアには、テオドリックが率いる西ゴート軍がいた。西ゴートと西ローマの関係はきわめて不安定であったが、結局両者はアッティラの侵寇を前にして手を結ぶことに決めた。四五一年の六月、カタラウヌムの平原で両軍は激突した、と言われている。しかしこの戦場が正確にどこであったのかはまだわかっていない。

この会戦は、血で血を洗う激戦であったらしい。アッティラ自身も危機に陥り、敵に首を取られるくらいなら自ら火の中に飛び込もうと、鞍を山のように積み上げ、いつでも火をつけられるように準備していたという。この話が本当ならば、やはりフン軍の使っていた鞍は木製の硬式鞍であったことになる。汗のしみこんだ革製の軟式鞍では、火をつけても煙がくすぶる程度であろう。この会戦にどちらが勝利をおさめたのかについては論争があり、はっきりとはわからない。西ゴート側ではテオドリックが戦死したが、フン側も大損害を出したようだ。

アッティラはいったん本拠地（現ハンガリー）に戻ったが、翌年の春か初夏には再び軍を動かした。今度の行く先はイタリアであった。まずアドリア海に面したアクィレイアの町を苦戦しながらも陥落させ、ポー川の平原にまで進んだが、なぜか西

トルコ共和国の切手に描かれたアッティラ

ローマ皇帝のいるラヴェンナには向かわなかった。またその先のローマを目指そうともせず、本拠地に戻っていった。四一〇年にローマを攻略して略奪を行い、その直後に死んだ西ゴートの王アラリックの二の舞になることを恐れたとも言われているが、はっきりしたことはわからない。

四五三年の初め、アッティラは何人目かはわからないが、絶世の美女と結婚した。ところがあくる朝になってもアッティラは起きてこなかった。不審に思った家来たちが寝所に踏み込むと、アッティラは大量の血の海の中で息絶え、その傍らで花嫁が泣いているのを見つけた。その死が自然死なのか、それとも花嫁の手にかかっての死なのか。彼の死はさまざまな憶測を呼び、後世の英雄叙事詩や文学の中に潤色されている。

アッティラの死後、フンの支配は急速に崩壊した。アッティラの行軍が意図不明で場当たり的であるため、彼が領土的野心を持って大帝国を築き上げようと思っていたとは考えにくい。また彼の支配下にあった領域が「国家」と呼べるような組織になっていたかどうかについても、現存の史料だけでは判断ができない。しかし本章の冒頭でも述べたように、フンの侵入が引き金となってゴート族などがローマ帝国内部に大量に入り込み、西ローマ帝国を倒壊させて新たな時代を切り開いたことだけは、紛れもない事実である。

おわりに

考古学の言い訳

本巻は、考古学資料に基づく記述が全体のほぼ半分を占めている。とりわけ前半のスキタイを扱った諸章では、それが八割くらいに達してしまった。スキタイに関する文献史料は、そのほとんどをヘロドトスが提供してくれているが、それ以外に今後増える見込みはありそうもない。それに対して、考古学資料の方は毎年のように新たな発見・発掘が続き、どんどん蓄積されている。本巻にはそのような最新情報も盛り込みたいと考えたので、どうしても考古学に関する記述が多くなってしまった。執筆時期が一年前だったら、これほど多くはならなかったであろう。逆にもし今から一年後に執筆するのであれば、さらに新しい資料を使えるかもしれない。考古学とは、そういう学問なのである。

匈奴を対象とした後半では、文献史料が豊富にあるため考古学資料の比率はそれほど高くはならなかったが、それでも第八章はまるまる考古学に充てることができた。ここにも近年の調査が反映されている。また、外からは客観的と思われているような考古学の発掘資料でも、その解釈には現代の国際政治が大きく影を落としている事実も指摘した。考古学とは、そういう学問でもある。

一般の読者を対象とした本であるにもかかわらず、本文中にしばしば専門研究者の名前を挙げ、対立する学説を紹介し、時には批判もした。資料・史料が少ない研究分野では、足りない部分を推測で補わなければならないことが多く、どうしても複数の解釈が出てきてしまう。また新たな遺跡の発見・遺物の出土によって、それまで定説と考えられてきたものが、一夜にして覆ってしまうこともある。考古学とは、そういう厳しい学問でもある。

王権の誕生と王墓

本巻のテーマの一つは、騎馬遊牧民がいつごろ誕生し、強大な力を持つようになったかを明らかにすることであった。彼らの登場は、従来考えられていたほど古くはなく、前九世紀頃であろうという説を提出した。前九世紀には、最初の「世界帝国」と言われるアッシリアが西アジアに登場し、東アジアでは西周が領土を拡大しつつあった。このような東西の拡張主義的国家の登場と関係があったかどうかは不明である。

騎馬遊牧民の間に強大な権力を持つ「王」が登場したのは、ユーラシア草原地帯の東部の方が早かったらしい。「王」は大きな「王墓」（最大で高さ二〇メートル、直径一〇〇メートル以上）を造り、権力の大きさを誇示した。初期には地上に墓室を造り、その上を墳丘で覆ったが、その後墓室は地下に設けるようになった。

彼らは独特な動物文様、馬具、武器に代表される文化を創り出した。その文化はすぐに西方にも広まった。その文化を持った遊牧民集団スキタイがアッシリアと接触を持つようになったのは、前七世紀前半のことである（残念ながら、いまだに高校の世界史の教科書は、スキタイの出現を前六世紀としている）。

前八／前七世紀から前四世紀にかけてのスキタイ時代は、草原の古墳時代であった。古墳の大小は、社会的な地位の差を現しているのであろう。現在でも人口が希薄な草原地帯で、膨大な労力を必要とする大型古墳を造営するには、相当広大な地域と多数の一般遊牧民を支配下におさめておくことが必要だったろう。そして、初めて草原に登場した王権を広く知らしめるために、遠くからでもはっきりと見える大型古墳を王権の象徴として造営したのである。

しかし具体的な支配の構造や国家組織はわからない。

前三世紀末に成立した匈奴の場合は、司馬遷のおかげである程度くわしくわかる。彼らの社会には十進法からなるピラミッド型の支配構造があり、それは軍事組織をも兼ねていた。労役・租税を課す方法も確立されていた。

しかし匈奴の王侯は、もはや目立ちやすい古墳は造らなかった。墓所として平原ではなく森林を選び、地上の部分はそれほど大きくないが、地下の墓室は最大で深さ二〇メートルにも達する。この大きな変化の理由は、盗掘を恐れたことと、もう一つは王権が一般に浸透したのでもはや古墳という形で広く知らせる必要がなくなったことに求められるであろう。

遊牧国家の多様性

本巻のもう一つのテーマは、遊牧国家が多様性・国際性を持っていたことを明らかにすることであった。遊牧国家といっても、住んでいたのは遊牧民だけではない。農民も、職人も、商人もいた。ただし彼らの多くは、定住農耕地帯から自らの意思で、あるいは強制されてやって来たのである。「餅は餅屋」ということわざがあるが、遊牧以外の分野はその道の専門家に任せた方がよいという発想であった。

このテーマに関連して、時代はずっと下るが、二つのエピソードを紹介したい。

七〜一〇世紀にカスピ海の西北岸にハザルという、言語的にはテュルク系の遊牧国家があった。遊牧以外にたいした産業はなく、交易で財政基盤を支えていた。世界史の教科書にも出てこないような国だが、強大な軍事力を背景に、当時の大国ビザンツとアラブ＝カリフ国からは対等の国として一目置かれていた。支配層は途中でユダヤ教に改宗したが、その理由も両大国から均等の距離に身を置くためだったと思われる。この時代になると遊牧国家は交易の重要性をより大きく認識して、都市を建設するようになった。しかしその支配者が都にいるのは冬の間だけで、それ以外の季節には周辺の草原で遊牧生活を送っていた。都市にいたのは、主として他国から来た商人であった。その首都には七人の裁判官がいた。その構成は、ユダヤ教、キリスト教、イスラームの裁判官が各二人、さらにそれ以外の異教（ということは遊牧民固有のシャマニズムのようなものか）の宗教の裁判官が一人であった。

この事実に、近代ヨーロッパの歴史家は驚きを隠せなかった。いつも対立しあっている三宗教が、平等に扱われている。それらはもともと根は同じ一神教であるからまだしも、怪しげな邪教の裁判官も一人ではあるがいる（都市には遊牧民は少なかったのであろう）。同じ頃、ヨーロッパはキリスト教一色に塗り固められ、それ以外の宗教は迫害に耐えていた。それに比べると、何と信仰の自由が認められる国であったことか、という感想を彼らは持ったのである。しかしこれは、近代的な意味での宗教の自由という考えから出てきたものではない。交易で成り立っている遊牧国家としては、どんな宗教の商人でも大歓迎、ちゃんと関税を払ってくれれば、安全は保障します、という看板を掲げていたのである。

意思の疎通はどうしたのであろうか。匈奴以降の多くの遊牧国家では、テュルク語が広く使われた可能性が高いと思う。テュルク語は比較的覚えやすい言葉である。テュルク語は、現在東はシベリアのヤクート（サハ）から西はトルコ共和国まで、ユーラシアの各地で広く使われている。言語面でのテュルク化という現象が起こったからである。テュルク語は、歴史的に見て変化の少ない言葉でもある。現存する最も古いテュルク語資料は八世紀初めのものであるが、現在のトルコ共和国のトルコ語文法を知っていれば、かなり学びやすい。

またテュルク語は、地域差の少ない言語でもある。中国新疆《しんきょう》のウイグル人は、トルコ共和国のトルコ語を半分以上理解できる。一九九一年に、カザフスタンとの国境に近い中国側のタルバガタイ市（モンゴル語で「タルバガンがいる」を意味し、漢語では「塔城」と表記）を訪れたとき、ある大家族の家に招かれた。その当主はウズベク人の老人であったが、家族の中には同じテュルク系のカザフ人、クルグズ人、ウイグル人、タタル人、さらにはトゥングース系のシボ人までいた。いったい、家族の中では何語で話しているのかと尋ねたところ、答えは「オルタク」であった。オルタクとは「真ん中に（ある）」という意味である。

つまり各自の言語が重なり合う中間的なヴォキャブラリーを使って話せば、通じるというのである（ただしシボ人はカザフ語を使っていたようだが）。日本では、こうはいかない。奈良時代の日本語は、よほど専門的な学習を積まないと理解は不可能である。また江戸時代に津軽の人と薩摩の人との間で、会話が成立しただろうか。

騎馬遊牧民が世界史に与えた影響

騎馬遊牧民が世界史に与えた影響・衝撃についても述べておこう。フン族の侵入が引き金となってヨーロッパに一大変革が起こったことは誰もが知っているが、同じようなことがヨーロッパより少し早く東アジアでも起こっていたことは、あまり一般には知られていないようだ。四世紀の初め、西晋《せいしん》王室では未曾有の内紛が起こり、晋の将軍であった劉淵（南匈奴の単于の直系子孫）が自立して大単于となった。このことをきっかけにして匈奴以外にも鮮《せん》卑《び》や羌《きょう》などの諸族が自立して、華北に政権を樹立した。おおむね短命であったが、その中から鮮卑系の北魏《ほくぎ》が台頭し、最終的にはこの系統が隋・唐へとつながってゆく（本シリーズ『シルクロードと唐帝国』参照）。

　ヨーロッパでは、フンは引き金を引いただけで存在そのものを残すことはなかった。その後も東方からはアヴァル、ブルガル（ブルガリアを興したブルガル族はフンの末裔《まつえい》とする説もある）、マジャールなどが侵入したが、中心部分にまで入り込むことはなかった。その意味で東アジアの方が、騎馬遊牧民から受けた影響は大きかったと言うことができよう。

騎馬遊牧民が与えた影響は、文化の面にも及んでいる。彼らが発明した軟式鞍は、中国に伝わった。硬式鞍と鐙《あぶみ》を発明したのは中国だが、それを西方（ヨーロッパ）に伝えたのは騎馬遊牧民だった。また東西の美術様式や文様を、自分たちの好みに従って変容させつつ、再び東西に伝えていったのも、彼らであった。彼らが住んでいた中央ユーラシアの草原地帯は、ユーラシア大陸の東西を結ぶいわゆるシルクロードが通っていたところでもある。彼らは自分たちの文化を広めただけでなく、東の文化を西へ、西の文化を東へ運ぶ役割をも果たしたのである。

遊牧国家に文明はあったか？

ここまで述べてきた騎馬遊牧民、遊牧国家の特徴から、中央ユーラシアの草原遊牧社会に文明は存在したと言えるだろうか。文明という言葉の定義は難しいが、メソポタミアやエジプトなどの古代文明に共通する要素として一般に指摘されるのは、都市の発生、王権の誕生、その象徴としての巨大構造物の建設、統治手段としての官僚制度の創設、裁判制度の確立、文字の発明などであろう。文明という言葉が、英語のcivilization（原義は市民化）の訳語であることからもわかるとおり、文明とは本来、都市型定住社会の出現を踏まえたうえで考え出された用語であった。従って、「都市」のない遊牧社会は、「文明」とは無縁の存在、むしろ文明とは対極の位置にある「野蛮」の地と思われても仕方がない。

都市型定住社会を前提とした諸条件から、遊牧国家に文明が存在したかどうかを検証することはもともと無理があるが、それは承知の上で、スキタイや匈奴に「文明」の諸条件が当てはまるかどうか、検討してみよう。

たしかに、スキタイや匈奴が住む「都市」はなかった。しかし匈奴では、定住地帯出身者を住まわせて農耕や手工業に従事させる「集落」は存在した。また西域のオアシス都市国家を間接的支配下に置いて、その富を得ていた。スキタイでも、本書では述べることができなかったが、その領域内に定住農耕民が営む集落は存在した（その住民とスキタイとの支配関係の実態はよくわからない）。また黒海北岸のギリシア人植民都市とは、比較的良好な関係を保っていたようだ。つまり自分たちは住まないが、集落や都市の果実は利用していたのである。八世紀後半になると、モンゴル高原ではウイグルが都市を建設し、西方のハザルやブルガルも都市を建設するようになる。ただしその時代になっても、都市はあくまでも外来の定住地帯出身者が住むところであり、遊牧民は王族が冬にだけ住む程度であって、一般遊牧民が定住することはなかった。

王権の誕生と巨大構造物の建設については、本書でくわしく述べた。官僚制度や裁判制度は、匈奴にきわめて簡素なものがあったことは確認できた。ただし、特に官僚制度の運営には、定住地帯出身者が大きく関与していたことは注目しておきたい。匈奴では漢字が一部で使われてはいたが、独自の文字はなかった。しかし数世紀後の突厥《とっくつ》時代になると、独自の文字が考案され、西部の草原地帯でもあまり明瞭ではないものの同じような動きがあった。

このように見てくると、スキタイ・匈奴時代にはそれほど「文明」的要素は多くないが、八世紀以降になると文明の諸条件がそろってくると言うことができる。これらに加えて、ウイグルではマニ教、ハザルではユダヤ教、ブルガルではイスラームやキリスト教のように、体系化された経典を持つ宗教が受け入れられるようになる。これらの進展に加えてさらに支配体制の中央集権化にも注目して、山田信夫は八〜九世紀のウイグル時代に「草原遊牧都市文明」が開花したとする説を提唱した（山田信夫『北アジア遊牧民族史研究』東京大学出版会、一九八八年）。

従来の都市型文明の定義にかんがみても、遊牧国家は文明の階段を少しずつ昇っていったことがわかるが、私はそのほかに遊牧国家だからこそ達成できた「文明」的要素もあったと考えている。それは本書で再三にわたって指摘してきた多様性と柔軟性、それに伴う国際性である。それらは、遊牧民であることの自由さ、移動性の高さに由来するものであろう。ただしこの長所は、また同時に欠点をもはらんでいる。政権に求心力がなくなると、簡単に分裂・崩壊しやすいという点である。欠点は持ちつつも、遊牧国家はこの特長によって、東西の「文明」の交流に大きな役割を果たしたのである。

遊牧民の将来

少し前まで、遊牧民は完全に消滅するだろうと言われていた。都市型近代文明の恩恵に浴するためには、定住するほかなかったからである。また社会主義政権も、さまざまな理由から定住化を推し進めていた。しかし近年、再び遊牧が見直されつつある。遊牧民は家畜に配合飼料などは与えない。自然に生える草を食べさせるだけである。だから肉も乳製品も純粋の自然食品である。また家畜の糞は草の繊維だけなので、乾燥させればよい燃料となる（特に牛の糞が大きくてよい）。一ヵ所に留まることがないので、草が完全に食べ尽くされることはない。化学肥料を与える必要もない。彼らが立ち去ったあとには、テントのあとが円く残り、かまどの置かれていたあたりの土が焦げている程度である。遊牧は、最も環境にやさしい生活様式なのである。

それでもテレビは見たい、インターネットもしたい。そういう場合には、太陽発電と風力発電という手段がある。遊牧民一家族の電力をまかなうのに、大げさな装置は必要ない。風見鶏に毛の生えた程度のプロペラと、一畳敷きほどの太陽電池パネルがあればよい。パラボラアンテナで衛星放送は見放題。携帯電話でカシミヤの毛の相場を聞き、高ければすぐに売りに出す。そういう遊牧民が増えつつある。

中央ユーラシアの草原や高原では、これからも遊牧民がしぶとく生き残っていくだろう。

学術文庫版のあとがき

本書の原本は、「興亡の世界史」シリーズの第02巻として二〇〇七年六月に刊行された。このたびの文庫化にあたっては、原本執筆当時の知見をほぼそのまま残すこととし、本文の訂正は、明らかな誤記や誤植など最低限に留めたが、「おわりに」で記したように、考古学の常として、その後も重要な発見・知見は相次いでいる。ここでは、原本刊行後の研究動向について紹介し、「あとがき」としたい。

まず第一章冒頭の我々の発掘に関して述べよう。我々は一九九九年にヘレクスルと鹿石の周辺から出土した馬の頭骨を二体ずつ年代測定のために日本に持ち帰った。すぐに某大学に分析を依頼したが、しばらくのちに分析不可能ということで返されてしまった。あらためて東京大学の総合研究博物館放射性炭素年代測定室に依頼したところ、ようやく二〇〇九年にその結果が出た。

原本では鹿石にカラスク時代（前一三／一二〜前八世紀）の短剣が表現されたものと、初期スキタイ時代（前八〜前六世紀中ごろ）の動物文様が見られるもの、さらに両要素が混在したものもあることから、短剣が見られる鹿石が立てられたヘレクスルをカラスク時代の後期からそれに続く時代の「前九〜前七世紀ころ」とし（三七頁）、騎馬遊牧民社会の権力者の登場を「前九世紀ころ」とした（四二頁）。これに対し、放射性炭素分析による年代測定では、四点の馬骨はややばらつきはあるものの、全体としては前一三世紀から前九世紀に収まることが判明した。この年代はまさにカラスク時代に相当する。一方、アメリカ隊が調査した大型ヘレクスルの馬骨は、前一〇〜前八世紀と年代測定された。この年代は私の推定とほぼ一致する（林俊雄「中央アジアの王墓」アジア考古学四学会編『アジアの王墓』高志書院、二〇一四）。またアメリカ隊は石堆群の最も外側と最も内側の骨を年代測定し、両者の上限も下限も一〇年の差しかなかったことから、一七〇〇頭もの馬がほぼ同時に屠《ほふ》られたと考えている（林俊雄「モンゴル中北部の鹿石」『考古学研究』六四―二、二〇一七）。

　家畜化の年代についても、新しい年代測定によれば年代が古くなっている。羊・ヤギが前八六〇〇〜前八〇〇〇年ころで、牛と豚の家畜化もほぼ同時に進行したらしい（鞍田崇編『ユーラシア農耕史3　砂漠・牧場の農耕と風土』臨川書店、二〇〇九）。馬の家畜化については古く見る「アンソニー側の旗色が悪いようだ」（五四頁）と書いたが、アンソニーはその後も頑張り続け、新たに参戦したS・オルセンの援護も受けて、自説を定説化しようと目指している。しかし私は今でもレヴァインの説のほうが正しいと考えている。

　車の起源に関しては（五六頁）、メソポタミアとほぼ同じく前三五〇〇年ころに、ヨーロッパ中部でも出現したとする説が有力となりつつある。その原型は、車輪なしで牛に牽かせるA字形の地ソリで、日本の修羅のようなものだったようだ。つまり両地域で独立して発生したということになる。

草原地帯と「西周時代の中国との交流」（六二頁）は、ヴォルガ中流域のセイマ・トゥルビノ青銅器文化（前一五〇〇年ころ）に特徴的な矛先の根元にとげが付いた青銅製矛が、中国（青海・河南）の前二千年紀前半の遺跡で発見されており、中国の学会で注目を浴びている（松本圭太「北方ユーラシア（ロシア東部・モンゴル）」『季刊考古学』一三五号、雄山閣、二〇一六年）。

第三章ではアルタイ出土のミイラの返還要求が出されていることを指摘したが（一三七頁）、二〇一二年九月、ついにミイラはロシア領アルタイ共和国に返還された。首都ゴルノ・アルタイスクの国立博物館の設備がお粗末であることが返還にあたっての最大のネックであったが、湿度・温度管理の行き届いた展示施設の増設を含め、国立博物館の大改装が完成したことが大きかった。この改装に資金を出したのは、ロシアの企業ガスプロムであった。ガスプロムはロシアの半国営企業で、天然ガス供給量では世界最大規模を誇る。それを買ってくれる最大のお得意さまは、中国である。西シベリアで産出したガスをどのようにして中国まで運ぶか。ロシアは極東地域で中国と長く国境を接している。しかし西シベリアから極東回りでは距離が長すぎる。そこでガスプロムが目を付けたのが、アルタイ共和国である。アルタイ共和国はわずかに五〇キロメートルと距離は短いが、中国の新疆ウイグル自治区と国境を接している（西はカザフスタン、東はモンゴル）。新疆まで持ってくれれば既存のパイプラインがある。実はミイラが出土したところはまさに中国との国境ぎりぎりのところであった。ここでパイプライン敷設反対運動が起こってはたまらない。資金援助はそれを未然に防ぐ対策だったのである。そして博物館大改装は完成し、二〇一四年一一月にはガスプロムの会長と中国最大の石油・天然ガス企業であるＣＮＰＣ（中国石油天然気集団）の会長が、プーチン大統領と習近平主席立ち会いの下に天然ガス供給の案件につき契約を結んだのである（The New Research of Tuva, 10 January 2012. Gazprom news, 9 November 2014）。

第四章では、ベスシャトゥル古墳群の木材の年代測定の結果が出たことが注目される。それによれば三号墳の木材は前八世紀に属するという。私の想定よりもやや古いが、ありうることだと思う（前記「中央アジアの王墓」参照）。章末で言及したフィリッポフカ古墳群では再調査が進み、戦士の図が金象嵌された鉄剣や金柄銅鏡、多数の金製品、青銅製鍑《ふく》などが発見された。

第五章冒頭で触れた匈奴の言語については、五胡十六国時代の羯《けつ》（匈奴の一派）の言語がテュルク語ではなく今やほとんど絶滅しかけているエニセイ語に属するというＡ・ヴォヴィンの仮説が注目されている。

中国の中央アジア方面への進出は経済面のみにとどまらない。二〇一四年にカザフスタンとキルギス両共和国も巻き込んで、洛陽・長安から天山回廊と呼ばれるルートを経て中央アジアに至るシルクロードを世界遺産としてユネスコに申請し登録されたことは記憶に新しい。二〇一三年一二月には中国の西北大学（西安にある）がウズベキスタンの考古学研究所と協定を結んで天山西端の古代遊牧文化の調査に着手し、スルハン＝ダリア河畔で前一世紀の大月氏の古城址を発見したという。

第八章ではブリャーチヤのイリモヴァヤ＝パヂの墳丘内部が列石で小さな区画に仕切られていることを「ユニーク」と表現したが（二九八頁）、その後発掘された匈奴の大型墓はすべてこれと同じ構造であることが判明した。これが普通なのである。

発掘途中だったツァラーム七号墳（二九八頁）は完全に発掘され、轅《ながえ》が二本ある二輪馬車、二～四歳と推定される幼児の頭骨を利用した人形四体（編んだ髪の房が膠《にかわ》のようなもので着けられていた）、白樺樹皮製の化粧顔料入れ数点、銀製動物形飾り板、漢鏡、玉製品、トルコ石が象嵌された金製品などが発見された。漆塗り木製容器に刻まれた製作工房の名称などから、この容器は王莽の新代ではなくその直前の前八年から後四年の間に作られたと推定された。一方で主体部の出土品を放射性炭素分析による年代測定をしたところ、陪葬墓の年代よりもやや新しくなり、この主体部は後三〇～一二〇年がもっともありそうな年代だという。両者を勘案すれば後一世紀前半というところが妥当であろう（Minyaev, S. S. *et al.* *The Silk Roads* 4(1), 5(1), 2006-07. インターネットで閲覧可能）。

ゴル＝モド2墓地（三〇〇頁）では、匈奴の墓としては最大の一号墳が発掘された。方形のテラス一辺が四六メートルで高さが三メートル、先細りの張り出しの長さは三七メートルである。すぐ東側にやや大きめの陪葬墓とその外側に二七基の陪葬墓が弧状に並び、さらに北には馬の墓が一基と西側に小さな陪葬墓が一基ある。陪葬墓の被葬者はだいたい成人男子だが、七歳以下の幼児も三名いる。幼児の墓からは羊の距骨（足首の骨）が二六七個発見されたが、そのうち三六個には様々な印（氏族を示す印か）が刻まれていた。これは今でも草原地帯で遊具として使われている。

匈奴の古墳の構造について、「中国からの影響と言い切れるほどの証拠はない」（三〇二頁）と書いたが、その後の発掘報告を見ると前漢からの影響はあったと言うべきだろう。

匈奴時代の集落址の発掘も盛んに行われるようになってきた。その結果、イヴォルガ遺跡（三〇八頁）と同じような集落址がモンゴル国内でも見つかってきている。それらの発掘を行っているのは主として欧米の調査団だが、とりわけアメリカの調査団の報告を見ると、それらの集落址の住人を半農半牧の匈奴人とみなす説が提唱されている。これは住民の移動や文化の伝播を極力排除するニューアーケオロジー学派の影響だろう（林俊雄「遊牧国家における集落と都市―匈奴から柔然まで―」佐川英治編『大青山一帯の北魏城址の研究』二〇一三）。

トゥルファン郊外出土の首輪とそれに関連する出土品については（三二一頁）、比較考察を発表した（林俊雄「ヤールホト（交河故城）溝西墓地発見の匈奴・サルマタイ様式装飾品」髙濱秀先生退職記念論文集編集委員会編『ユーラシアの考古学』六一書房、二〇一四）。

テイリヤ＝テペ遺跡の出土品を含む大規模な展覧会「黄金のアフガニスタン」が、二〇一六年に福岡と東京で開かれ、豪華なカタログが発行された。

フン型鍑は新たにほぼ完形のものがハンガリーから出土した。それを含めて、私も参加する研究会が先スキタイからフン時代に至るまでの鍑の集成本を刊行した（草原考古研究会編

『鍑の研究―ユーラシア草原の祭器・什器―』雄山閣、二〇一一）。この本の刊行後も、クリミア半島で鍑の取っ手の断片が発見された。

先テュルク期に特徴的な赤色象嵌貴金属工芸品が、新羅は別として「モンゴル高原からは発見されていない」と書いたが（三四一頁、三五〇頁）、二〇〇九年に私が参加したアルタイ共和国東端の遺跡で、大きめの赤いメノウが象嵌された金製品が出土した。この遺跡はモンゴルとの国境までわずかに三〇キロメートルほどであり、東に孤立していた新羅との距離が少し縮まったことになる（Hayashi, T. The Importance of the Steppe Silk Road: Archaeological Findings of the Altai. *The Eastern Silk Roads Story: 2015 Conference Proceedings*. UNESCO: Paris & Bangkok, 2016. インターネットで閲覧可能）。

以上、調査研究の進展の主なところだけを列挙した。今後もこの調子で変更すべき点は増え続けるだろう。

二〇一六年十一月二十日

林　俊雄

ない。

• O. Maenchen-Helfen. *The World of the Huns.* Berkeley and Los Angeles, University of California Press, 1973.

・沢田勲『匈奴』 東方書店 1996年 ▶匈奴史の読みやすい概説書。匈奴の略奪の原因について独自の理論を展開。
・冨谷至『ゴビに生きた男たち 李陵と蘇武』 白帝社 1994年 ▶中国史研究者による文学的作品。
・Ts.ドルジスレン／志賀和子訳「北匈奴１～５」『古代学研究』117～121 1988～1990年 ▶モンゴル人考古学者によるノヨン＝オール遺跡の発掘報告を含む。
・堀敏一『東アジア世界の形成』 汲古書院 2006年 ▶「匈奴と前漢との国家関係に関する考察」を含むやや専門的論文集。
・『松田壽男著作集２ 遊牧民の歴史』 六興出版 1986年 ▶絹馬交易や匈奴と西域との関係、匈奴における農耕を論じた論文を含む。
・籾山明『漢帝国と辺境社会』 中公新書1473 1999年 ▶烽火台で出土した木簡を読み解いて匈奴と対峙する前線の様相を明らかにする。
・護雅夫『李陵』 中公文庫 1992年 ▶李陵に代表されるような、遊牧国家の中で暮らした漢人たちの役割を考究する。
・護雅夫『古代トルコ民族史研究Ⅲ』 山川出版社 1997年 ▶匈奴の略奪の原因や匈奴の統治機構に関する論文などを含む。
・山田信夫『北アジア遊牧民族史研究』 東京大学出版会 1989年 ▶匈奴の支配体制の研究から、匈奴の国家組織は未成熟で、首長国に近いと主張。
・A. Davydova. *The Ivolga Archaeological Complex*, Part 1 & 2. St. Petersburg, Centre for Oriental Studies, 1995-96.
・N. Di Cosmo. *Ancient China and Its Enemies.* Cambridge University Press, 2002.

フン時代、先テュルク時代

・L・アンビス／安斎和雄訳『アッチラとフン族』 文庫クセジュ 白水社 1973年 ▶フン族の起源を葷粥（訳文にはローマ字表記のみ）と結びつける説を提唱。
・『榎一雄著作集３ 中央アジア史Ⅲ』 汲古書院 1993年 ▶匈奴・フン同族問題に関する論考を含む。
・東京国立博物館／ＮＨＫ／ＮＨＫプロモーション編『シルクロード 絹と黄金の道』ＮＨＫ・ＮＨＫプロモーション 2002年 ▶先テュルク時代の新疆の波馬遺跡出土品を含む展覧会のカタログ。
・Ｅ・Ａ・トンプソン／木村伸義訳『フン族』 法政大学出版局 1999年 ▶文献史料からフン族の歴史を考察。匈奴との関係については深入りし

Metropolitan Museum of Art, 2000.
- K. Jettmar. *Art of the Steppes*. London, Methuen, 1967.
- R. Rolle. *The World of the Scythians*. London, B.T.Batsford, 1989.
- S. I. Rudenko. *Frozen Tombs of Siberia*. London, J.M.Dent & Sons, 1970.
- B. B. Piotrovskii. *Scythian Art*. Leningrad, Aurora Art Publishers, 1986.

スキタイ神話
- G・デュメジル／松村一男訳『神々の構造』 国文社 1987年 ▶スキタイを含め、印欧語族の宇宙観を三機能に分類して解釈。
- 吉田敦彦『アマテラスの原像』 青土社 1980年 ▶スキタイ神話と日本神話を比較。
- D. Raevskiy. *Scythian Mythology*. Sofia, Secor Publishers, 1993.

匈奴時代、サルマタイ時代
- S・I・ヴァインシュテイン、M・V・クリュコフ／林俊雄訳「『李陵の宮殿』、あるいは一つの伝説の終り」『ユーラシア』新2号 1985年 ▶アバカン市近郊の中国風邸宅址が李陵より100年後の建物であることを論証。
- 内田吟風『北アジア史研究 匈奴篇』 同朋舎 1975年 ▶『後漢書』南匈奴伝の訳注、匈奴・フン同族論などを含む専門的論文集。
- 梅原末治『蒙古ノイン・ウラ発見の遺物』 東洋文庫 1960年 ▶ノヨン＝オール出土品の報告書。写真図版が鮮明。
- 『江上波夫文化史論集3 匈奴の社会と文化』 山川出版社 1999年 ▶匈奴の祭祀、匈奴・フン同族論などを含む専門的論文集。
- 江上波夫・加藤九祚監修『南ロシア騎馬民族の遺宝展』 朝日新聞社 1991年 ▶サルマタイ時代の出土品がまとまって展示された展覧会のカタログ。
- 小谷仲男『大月氏』 東方書店 1999年 ▶月氏もクシャンもともにアム＝ダリヤ流域を本拠とした同一遊牧民集団とする。
- 加藤謙一『匈奴「帝国」』 第一書房 1998年 ▶匈奴史をマルクス・エンゲルスの理論で解釈したところがユニーク。
- 『季刊文化遺産』4号 1997年 ▶特集「トルファン」。早稲田隊の発掘した黄金製品の記述を含む。
- V・I・サリアニディ／加藤九祚訳『シルクロードの黄金遺宝』 岩波書店 1988年 ▶北アフガニスタンのティリャ＝テペ発掘記。大月氏の王墓か？

書店　2003年　▶高濱秀「ユーラシア草原地帯東部における王権の成立」、雪嶋宏一「騎馬遊牧民スキタイの王権の成立と発展」、林俊雄「中央ユーラシア遊牧民の古墳から見た王権の成立と発展」を含む。
・『シルクロードの遺宝』 日本経済新聞社　1985年　▶シベリア・コレクションやイッシクの「黄金人間」を含む展覧会のカタログ。
・『大草原の騎馬民族』 東京国立博物館　1997年　▶ユーラシア草原地帯東部の青銅器を世界各地から集めた展覧会のカタログ。高濱秀による編年が重要。
・高濱秀・岡村秀典編『世界美術大全集　東洋編1　先史・殷・周』 小学館　2000年　▶高濱秀が草原地帯東部のスキタイ時代から匈奴時代までの美術史を概説。
・田辺勝美・前田耕作編『世界美術大全集　東洋編15　中央アジア』小学館　1999年　▶林俊雄が草原地帯中部と西部のスキタイ時代からフン時代までの美術史を概説。
・『ナショナル ジオグラフィック』(日本版) 2003年6月号　日経ナショナル ジオグラフィック社　▶アルジャン2号墳発掘の特集記事を含む。
・畠山禎「北アジアの鹿石」『古文化談叢』27:207-225　1992年　▶日本で初めて鹿石を主題に取り上げた専論。
・林俊雄『ユーラシアの石人』 雄山閣　2005年　▶鹿石とスキタイの石人にも触れる。
・林俊雄『グリフィンの飛翔』 雄山閣　2006年　▶西アジアにグリフィンの図像が誕生し、ユーラシア各地に伝播する様を描く。
・B・ピオトロフスキーほか／加藤九祚訳『スキタイ黄金美術』 講談社　1981年　▶スキタイ黄金製品の高価な豪華写真集。
・I・B・ブラシンスキー／穴沢和光訳『スキタイ王の黄金遺宝』 六興出版　1982年　▶黒海北岸・北カフカスのスキタイ王墓の発掘物語。
・山本忠尚「スキタイの興亡」『古代文明の謎と発見9』 毎日新聞社　1978年　▶スキタイの起源を草原地帯西部に求め、東に広がったとする旧来の説。
・雪嶋宏一「キンメリオイおよびスキタイの西アジア侵攻」『西アジア考古学』4号　2003年　▶アッシリア史料と考古資料からキンメリオイとスキタイの西アジア侵攻を検討。
・S・I・ルデンコ／江上波夫・加藤九祚訳『スキタイの芸術』 新時代社　1971年　▶パジリク遺跡の出土品を研究し、ペルシア文化と比較する。
・J. Aruz *et al.*, ed. *The Golden Deer of Eurasia*. New York, The

谷泰が牧畜の起源に関する今西説を批判的に解説している。
- 川又正智『ウマ駆ける古代アジア』 講談社選書メチエ 1994年 ▶馬の家畜化、車の起源に関する諸説を検討。
- 川又正智『漢代以前のシルクロード』 雄山閣 2006年 ▶上掲書以後の発見、新説をまとめて検討。
- J・クラットン＝ブロック／清水雄次郎訳『図説馬と人の文化史』 東洋書林 1997年 ▶著者は動物学者。革製鐙の存在を認めるのは問題。
- 末崎真澄編『馬と人間の歴史』 馬事文化財団 1996年 ▶D・アンソニーの「馬の家畜化と乗馬の起源」（本郷一美訳）を含む。
- 小長谷有紀編『北アジアにおける人と動物のあいだ』 東方書店 2002年 ▶林俊雄がモンゴルの遺跡調査と馬の家畜化論争の行方に言及。
- 藤井純夫『ムギとヒツジの考古学』 同成社 2001年 ▶西アジアにおける農耕と牧畜・遊牧の起源に関するやや専門的な概説書。
- R. Drews. *Early Riders.* New York and London, Routledge, 2004.
- M. Gimbutas. *Bronze Age Cultures in Central and Eastern Europe.* The Hague, Mouton & Co., 1965.
- M. Levine *et al.*, ed. *Prehistoric Steppe Adaptation and the Horse.* University of Cambridge, 2003.
- D. Telegin. *Dereivka (BAR International Series 287).* Oxford, B.A.R., 1980.

先スキタイ時代、スキタイ時代

- 『アルタイの至宝展』 西日本新聞社 2005年 ▶1993年にアルタイで発掘された凍結墓の出土品を含む展覧会のカタログ。
- 五木寛之編『ＮＨＫエルミタージュ美術館４』 日本放送出版協会 1989年 ▶エルミタージュ所蔵のスキタイ黄金製品やパジリク出土品を紹介。
- 加藤九祚「スキト・シベリア文化の原郷について」『江上波夫教授古稀記念論集 考古・美術篇』 山川出版社 1976年 ▶アルジャン１号墳の発掘報告の紹介。
- 香山陽坪『沈黙の世界史６ 騎馬民族の遺産』 新潮社 1970年 ▶スキタイとサカの遺跡の発掘を紹介。
- 香山陽坪「イッシク・クルガン」『足利惇氏博士喜寿記念オリエント学インド学論集』国書刊行会 1978年 ▶「黄金人間」が出土したイッシク古墳の紹介。
- 『古代王権の誕生III 中央ユーラシア・西アジア・北アフリカ編』 角川

参考文献

史料

・ヘロドトス／松平千秋訳『歴史』 上・中・下　岩波文庫　1971～1972年　▶青木巌訳（新潮社　1960年）もあるが、訳注と索引の充実度の点で松平訳が勝る。
・司馬遷／小竹文夫・小竹武夫訳『史記』 1～8　ちくま学芸文庫　1995年　▶野口定男訳（平凡社　1972年）も重要。ほかに列伝などの抄訳が数種ある。
・班固／小竹武夫訳『漢書』 1～8　ちくま学芸文庫　1997～1998年
・内田吟風他訳注『騎馬民族史1　正史北狄伝』 平凡社　東洋文庫197　1971年　▶『史記』や『漢書』の匈奴伝など、正史の中の北狄伝だけの訳注。北アジア史の研究者が訳しているため、注は専門的。
・J. C. Rolfe, ed., tr. *Ammianus Marcellinus* III (Loeb Classical Library). Cambridge, Mass., Harvard University Press, 1972.

本書全体に関係するもの

・石黒寛編訳『もう一つのシルクロード』 東海大学出版会　1981年　▶ユーラシア草原地帯における馬の家畜化から中世までの諸問題を一般向けに叙述。
・『季刊文化遺産』12号　2001年　▶特集「騎馬遊牧民の黄金文化」。スキタイ、サカ、サルマタイ、フン、テュルク。
・藤川繁彦編『中央ユーラシアの考古学』 同成社　1999年　▶馬の家畜化からモンゴル帝国時代まで、ユーラシア草原地帯の考古学をまとめたやや専門的な概説書。
・護雅夫編『東西文明の交流１　漢とローマ』 平凡社　1970年　▶青銅器時代の文化交流とスキタイ・サルマタイに関する増田精一の２～４章と、パジリク・ノヨン＝オール・フン族に関する護雅夫の５、７章を含む。スキタイと鐙の起源についての増田の説は、私の説とは異なる。５章で護は月氏の領域に関する榎一雄の説をくわしく紹介。
・A. M. Khazanov. *Nomads and the Outside World.* Cambridge University Press, 1984.

遊牧・騎乗の起源

・今西錦司『遊牧論そのほか』 平凡社ライブラリー　1995年　▶巻末で

	知と改名	
	王莽、烏桓の匈奴への貢納を禁止	8年、王莽、新を建国
9	王莽、単于に格下の「新匈奴単于章」印を与えたため、単于が反発	
10	匈奴、西域からの亡命者を受け入れ始める。王莽は匈奴の分裂を策して15人の単于を任命。西域戊己校尉配下の一部が戊己校尉を殺害、衆を率いて匈奴に亡命	
19	呼都而尸単于が派遣した使節の云（王昭君の娘）と夫を、王莽が拉致	
25〜42頃	呼都而尸単于、漢の政治に介入。盧芳とともに、しばしば漢に侵入	23年、王莽没。云も殺される
46	呼都而尸若鞮没。長男が即位したがすぐに死亡、次男の蒲奴が単于となる。匈奴、連年旱魃と蝗害のため飢餓と疫病が広がる。烏珠留単于の長男である比が漢に帰順する証として地図を差し出す	30年頃、イエス、処刑される
48	比、呼韓邪単于を名乗る（＝南匈奴）	
49	呼韓邪単于、北匈奴（蒲奴）を攻め、北匈奴は北に退く	
50	呼韓邪単于、漢に臣礼をとる。以後毎年入朝	1世紀中頃、クシャン朝建国
59〜60	北匈奴、西域に進出	57年、奴国王、後漢に朝貢
89〜90	南匈奴軍と漢軍、北匈奴に大勝	
123	北匈奴の呼衍王、天山東部に本拠を置く	
151	北匈奴の呼衍王、伊吾を攻める	
150年代	鮮卑の檀石槐、モンゴル高原東部に勢力確立	
166頃	檀石槐、東は遼東から西は烏孫までを支配	166年、大秦王安敦の使者、日南に渡来

前58	匈奴の左地で、稽侯狦が推されて呼韓邪単于となる。握衍朐鞮単于、自殺。呼韓邪単于、兄の呼屠吾斯を左谷蠡王とする	カエサルのガリア遠征開始
56	呼屠吾斯、郅支単于となって自立	
54	郅支単于が呼韓邪に勝利	
53	呼韓邪単于、南下。呼韓邪、郅支単于ともに、子を漢の朝廷に入れる	
51	呼韓邪単于、漢の宣帝に拝謁、「藩臣」と称す。郅支単于も使者を遣わし貢物を献上	
50	両単于、漢に貢物を献上。漢は呼韓邪に、より多くを下賜	
49	呼韓邪単于、漢に入朝	
48	呼韓邪単于、漢の元帝に民衆の困窮を訴え、雲中と五原の穀物２万石を得る	前47年、クレオパトラ、女王となる
49～48頃	郅支単于、烏孫を破り、烏揭、堅昆、丁零を併合し、堅昆の地に本営を置く（＝西匈奴）	
44	郅支単于、漢の使者谷吉らを殺害	
44／43	郅支単于、康居の求めに応じて康居へ移動中、寒気に遭って勢力は3000人に減少	
43	漢の使者韓昌と張猛、呼韓邪単于と匈奴風に盟約を交わす	
43～36	呼韓邪単于、北へ帰る	
36	漢の陳湯、甘延寿等、タラス河畔で郅支単于を破る。西匈奴滅ぶ	
33	呼韓邪単于、漢に入朝。呼韓邪、王昭君を閼氏とする	27年、ローマ帝政開始 紀元前後、中国に仏教伝来
5	烏孫王の庶子が匈奴の西辺に侵入するが、烏珠留若鞮単于反撃	
後2	車師後国と婼羌国の王２人が、妻子と人民を率いて匈奴に亡命するが、王莽は認めず。漢人や漢の間接支配下にある西域諸国人の亡命受け入れを禁止 嚢知牙斯（烏珠留単于）、王莽の示唆により、	

	衛律、匈奴に亡命	酒泉郡設置。のち、張掖郡と敦煌郡を分置
前99	弐師将軍李広利が酒泉を出発し、天山で右賢王を攻撃するが、帰途に敗北。李陵は捕虜となる	
	漢、介和王と楼蘭の兵を派遣し車師を攻撃。匈奴の車師救援により、漢軍退却	
98	匈奴、雁門に入寇	
97	且鞮侯単于、余吾水の南で李広利の軍を迎え撃ち、痛み分け	
91	匈奴、上谷と五原に入寇	
90	匈奴、五原と酒泉に入寇、両郡の都尉（軍司令官）を殺害	
	匈奴、李広利軍を迎え撃つ。李広利、匈奴に投降	
89	漢、介和王に西域の６ヵ国の兵を率いて車師を撃たせる。車師降伏。狐鹿姑単于、漢に和親条約締結を打診するが決裂	前87年、武帝没
78頃	烏桓が単于の墓を発いたことを匈奴がうらみ、烏桓を攻める	81年、蘇武、漢に帰還
78	匈奴、五原に入寇。漢、楼蘭王を謀殺	
74頃	匈奴、烏孫を攻撃、車延と悪師を得る。匈奴、車師に4000騎を屯田、車師は匈奴と結ぶ	
72	漢と烏孫の連合軍、匈奴に総攻撃	
71	壺衍鞮単于、烏孫に報復攻撃をしかけるが大雪、飢饉に遭遇。丁零、烏桓、烏孫の攻撃を受ける	
74～49頃	漢の宣帝、車師に屯田していた匈奴兵を駆逐、車師は再び漢と結ぶ。烏貴が王位に即くと、匈奴と婚姻を結び、再び匈奴側につく	
68／67	西域諸国が漢と共同して車師を攻撃、車師は降伏	
60	日逐王先賢撣、数万騎を率いて西域で漢に投降。漢、烏塁に西域都護府を置く	

前166	老上単于自ら兵を率いて長城を越え、漢の長安近くまでいたる。以後毎年侵寇	
160年代後半	老上単于、月氏攻撃を続行。王を殺してその頭蓋骨を酒杯にする	
162	再び、匈奴と漢の和親条約が確認される	
158	匈奴、上郡と雲中に入寇	
154	呉楚七国の乱、匈奴と連携をはかるも失敗	
152	景帝、匈奴に公主を遣わし、関市を通じさせる	前146年、ローマ軍、カルタゴを占領
139／138	張騫、武帝の使者として月氏と同盟を結ぶため出発	130年代、大月氏、大夏を征服
135	匈奴、漢に和親を求め、漢は和親を許す	
133	武帝、馬邑で軍臣単于謀殺をはかるが発覚。以後、匈奴は漢との和親を絶つ	
129	匈奴、上谷に侵入。漢の将軍衛青らが反撃。以後、抗争激化	
129／128	張騫、匈奴から脱出、大宛にいたる	
126	伊稚斜単于、即位。於単、漢に亡命。張騫、漢に帰る	
126／125	匈奴、代に侵寇	
124	漢、匈奴に大攻勢。匈奴、代に侵寇	123年頃、パルティア最盛期のミトラダテス２世、即位
121	漢の霍去病、匈奴を攻撃、「金人」を得る。匈奴西方の渾邪王が、休屠王を殺害して漢に降伏	
119	匈奴、漢軍の総攻撃を受ける	漢で塩鉄の専売開始
115	張騫、武帝に烏孫との同盟を提案	漢で均輸法開始
105	烏孫、漢から公主を娶る	111年、南越滅亡
104	漢の使者、単于を弔問し匈奴内部の攪乱をはかるが失敗	武帝、李広利軍を大宛に派遣
102	匈奴、雲中から張掖まで各地に侵入。酒泉、張掖は漢軍が奪還	
101	且鞮侯単于、拘留していた漢使を返還	
100	漢も、蘇武を使節団長として匈奴に送り出す	100年頃、漢で武威郡、

	帝国・西ゴート連合軍激突 アッティラ、いったん本拠地へ退く	
452	アッティラ、アクィレイアの町を陥落させポー川の平原まで進軍するが、本拠地へ戻る	
453初	アッティラ没	
西暦	ユーラシア草原西部	その他の世界
匈奴・中国		
前338～311頃	秦、義渠の戎の25城を奪い取る	前327年、アレクサンドロス大王、西北インドに侵入
4世紀末	趙の武霊王、胡服騎射を導入し、林胡と楼煩を破って長城を築く	
3世紀初	燕、東胡を北方に駆逐し、長城を築く	272年、ローマがイタリア半島を統一
3世紀前半	秦、義渠を滅ぼし、長城を築く	
3世紀中頃	趙の将軍李牧が匈奴の侵入を防ぐ	
215	秦の始皇帝、蒙恬に匈奴を攻撃させる。匈奴は黄河の北方まで後退	221年、秦の始皇帝が天下を統一
210	秦の始皇帝没。蒙恬自殺。匈奴、再び黄河を南に渡る	
209	冒頓、単于となるや、東胡を征服し、月氏を西走させ、黄河の南を併合	
201	匈奴、馬邑の韓王信を包囲。韓王信は匈奴に降伏し太原を攻撃	202年、劉邦が漢を建国
200	匈奴、漢の劉邦を包囲（白登山の戦い）	
198／197	冒頓、漢から閼氏を得、和親の約を結ぶ	195年、劉邦没
192	冒頓、漢の呂太后に求婚の書簡を送るが拒絶される	
180	漢の文帝即位。匈奴と漢の和親条約が確認される	184年頃、バクトリア軍が北インドに侵入
177	匈奴の右賢王、黄河の南に侵入	
176／174	匈奴、月氏を西走させ、楼蘭、烏孫、呼掲、西域諸国を支配下に置く	
174	冒頓没。老上単于即位	171年、パルティア建国
169	匈奴、狄道に侵入	

	フンの一隊、ペルシア軍に敗れ北方の草原に逃れる	
397	フン、アルメニアへ侵入	
406	フン、西ローマ帝国を支援して、フィレンツェの近くでゴート軍を破る	5世紀初、柔然が強盛
405~408	西ローマの最高司令官アエティウス、フンの人質となる	
408	フンの首長ウルディン、トラキアに侵入	
412~413	東ローマ帝国のオリュンピオドルス、使者としてフンに派遣される	
415~420	フン、カスピ海の東側を回って（カフカス越えという説もある）ペルシアに侵入	420年、南朝の宋建国
422	フン王ルガ（ルア)、トラキアに侵入しコンスタンティノープルにまで脅威を与える。東ローマ帝国、毎年350ポンドをフンに支払う条件で和平条約を結ぶ	
430	ルガの弟のオクタル、ブルグンド族との戦いで死亡	
434	ルガ没。甥のブレダとアッティラ、ルガを継ぐ	
435	ブレダとアッティラ、ドナウ南岸のマルグス近くでローマ帝国の使節団と会見。東ローマは毎年700ポンドをフンに支払うことになる	439年、北魏が華北を統一
442	アッティラ、ドナウの南岸ラティアリアを滅ぼす	
444／445	アッティラ、兄のブレダを殺害、単独の支配者となる	
447頃	ローマ帝国のフンへの支払額が2100ポンドとなる	
450	西ローマ皇帝ウァレンティニアヌス３世の姉のホノリア、アッティラに援助を求める アッティラ、ガリアへ進軍	5世紀中頃、エフタルが強盛
451	6月カタラウヌムの会戦。フン軍と西ローマ	

前339	アタイアス、マケドニアのフィリッポス２世との戦闘中に死亡	前336年、アレクサンドロス即位
313頃	アレクサンドロス大王の死後トラキアを支配したリュシマコスに敵対する勢力にスキタイが参加	330年、アカイメネス朝滅亡
4世紀末	スキタイ王アガロスがボスポロス王国の内紛に介入	
3世紀後半	スキタイは東からサルマタイに圧迫されてドニプロ川下流域とクリミアの一部に後退	
西暦	ユーラシア草原西部	その他の世界
フン		
後350～360頃	フン族、ヴォルガ川を越えてアランを攻撃、服従させる	後361年、ユリアヌス帝即位
375頃	フン、エルマナリク王治下の東ゴート王国に侵入	
376	フン、東ゴートを打ち破る（エルマナリクを継いだウィティミル戦死）。西ゴート族、フンに追われローマ帝国に庇護を求める	
378中頃	バルカン半島各地で、フン、東西ゴート、アラン等による略奪・戦闘頻発	
378	ゴート軍、アドリアノープル郊外で、ローマ軍に大勝。東ローマ皇帝ウァレンス戦死	
378～380頃	トラキア各地で、フン、東西ゴート、アラン等による略奪・戦闘頻発	
380頃	フンとアラン、ドナウを越えて北方の草原地帯へ帰る	380年、キリスト教がローマの国教に
384	フン、ノリクムとラエティアを通ってガリア方面へ向かう	386年、北魏建国
395	フン、ドン川を渡りカフカス山脈を抜けてアルメニア、ローマの属州、ペルシアに侵入。フンの一隊、アナトリア東南部を襲うが、ユーフラテス川付近でローマ軍に討伐される。	ローマ帝国東西分裂

	テスに敗れる	
前7世紀末？	本国で反乱を起こしたスキタイ遊牧民の一隊がメディアに移動。キャクサレス、スキタイを保護	
6世紀初？	スキタイ、キャクサレスに侮辱を受けリュディアのアリュアッテスに庇護を求める	
590〜585	アリュアッテスがスキタイの引き渡しに応じなかったため、メディアとリュディアの間に戦争開始	前597年、第1回バビロン捕囚
6世紀後半？	スキタイ出身の賢者アナカルシスがスキティアに戻って殺される	
6世紀中頃？	詩人アリステアスがスキティアから東方へ旅行？	551年頃、孔子誕生
530	アカイメネス朝のキュロス2世が女王トミュリスの率いるマッサゲタイに攻め込むが敗死	539年、アカイメネス朝が新バビロニアを滅ぼす
515〜512頃	ダレイオス1世のスキタイ遠征	490年、マラトンの戦い
480	アカイメネス朝のクセルクセス1世のギリシア遠征に「尖り帽子のサカイ」参加	485年頃、ヘロドトス誕生
480〜470	スキタイ王アリアペイテスがトラキアの一部族の王から娘を娶る	
475〜450	アリアペイテスがアガテュルソス族の王に殺され、スキュレスが王位に就く。ドニステル下流にあったニコニアでスキュレスの貨幣を発行	463年頃、ブッダ誕生（諸説あり）
460〜440	スキタイ王スキュレスが弟のオクタマサデスに殺される	424年頃、ヘロドトス没
400〜375	黒海北岸のボスポロス王国がスキタイと同盟	403年、戦国時代開始
364〜346	スキタイ王アタイアスが黒海南岸のヘラクレアで貨幣を発行	
345〜339	アタイアスが黒海西岸のカッラティスで貨幣を発行	

年　表

西暦	ユーラシア草原西部	その他の世界
キンメリオイ・スキタイ		
前714頃	ギミッラーヤ（キンメリオイ）がウラルトゥの王を破る	前770年、春秋時代開始
705頃	アッシリアのサルゴン２世、キンメリオイ（？）との戦闘中に死亡	
695／675	キンメリオイが、フリュギア王国のミダス王を自殺に追い込む	
679～676頃	エサルハドンの軍勢、キリキア地方でキンメリオイの首長テウシュパを破る	
679～676頃	エサルハドン、マンナイ軍とその援軍「アシュグザ国（スキタイ）の王イシュパカー」の軍を破る	
673頃	イシュパカー、アッシリアに殺害される	
672頃	エサルハドンの娘、イシュクザーヤ（スキタイ）の王バルタトゥアと結婚	
670～660年代初め	キンメリオイ、リュディア王国の都サルディスを一時占拠	
650～645頃	リュディア王「ググ」、ギミッラーヤに攻められて殺され、墓は略奪された	
650～640頃	キンメリオイの王ドゥグダッメ（リュグダミス）、アッシリアのアッシュルバニパルと同盟を結ぶ（？）	
640頃	キンメリオイ軍、アッシリア軍に敗れる。ドゥグダッメ没	
7世紀後半？	スキタイの「アジア支配」	
620年代？	メディア王キャクサレスがアッシリアの都ニネヴェを包囲したとき、プロトテュエスの息子マデュエスの率いるスキタイの大軍が現れ、メディア軍を破る	
625～？	キャクサレス、スキタイを酒宴に招いて殺害。生き残ったスキタイは故国に戻る	612年、アッシリア滅亡
7世紀末	キンメリオイ軍、リュディアの王アリュアッ	

100年より少し前のことだったと思われる。漢の軍事や宮廷の事情もよく知っており、しかももともとは匈奴だったということで、単于のそば近くに仕える顧問のような役割を果たすことになり、丁零《ていれい》王となった。丁零はモンゴル高原の北方にいた騎馬遊牧民で匈奴に従属していたが、衛律は単于の側近としていつも中央にいたので、丁零の地に常駐していたとは思えない。丁零から年貢を受ける立場にあったのか、あるいは名目上の称号だったのかもしれない。『漢書《かんじょ》』は、衛律が李広利を讒言《ざんげん》したり、蘇武《そぶ》を投降させるために恫喝《どうかつ》したりと悪者に描いているが、蘇武らを美化するための誇張とも思われる。

呼韓邪単于　こかんやぜんう（在位紀元前58〜前31）　東西に分裂した東匈奴の最初の単于。前60年代、連年の漢の攻勢と、烏桓《うがん》、丁零、烏孫《うそん》の離反、西域からの撤退、さらに追い討ちをかけるように飢饉《ききん》が発生し、匈奴内部は和親派と強硬派に分裂した。前57〜前56年には、５人もの自称「単于」が並立する事態に陥ってしまった。その中でライヴァルを倒し、最後に残ったのが郅支《しつし》単于と呼韓邪単于の兄弟であった。兄弟対決は、前54年、兄の郅支の勝利に終わり、弟の呼韓邪は南下して漢に臣属する道を選んだ。前51年正月に、呼韓邪は甘泉宮《かんせんきゅう》に行幸中の漢の宣帝に拝謁し、臣属の意思を表明した。その結果、漢からは毎年のように多額の金品と食糧が下賜され、呼韓邪の東匈奴は一息つくことができた。郅支単于が滅ぼされたあとの前33年には、漢の帝室の娘婿になりたいと願い出て、元帝から王昭君《おうしょうくん》を貰い受けた。後48年に匈奴が南北に分裂したあと、後漢に臣属することを決めた南匈奴の単于（呼韓邪の孫）も、呼韓邪を名乗った。

郅支単于　しっしぜんう（在位紀元前56〜前36）　分裂して西方に移動した匈奴の単于。呼韓邪は単于になったときに、身辺を肉親で固めるために、民間にいた兄を呼び出して左谷蠡王《さろくりおう》とした。ところが呼韓邪の最後のライヴァルとして登場したのはその兄、郅支単于であった。郅支は弟の軍勢を破ると、単于が本来いるべき本拠地に本営を置いた。郅支は、南下した呼韓邪がすぐに戻ることはあるまいと考え、西方と北方の経略に力を注いだ。そして丁零、堅昆《けんこん》、烏孫を破り、堅昆の地に本営を移した。しかし呼韓邪が勢力を回復し、漢と共同作戦を採る可能性が出てきたため、康居《こうきょ》の招きに応じて西方に移動したが、その途中寒波に見舞われ、勢力は激減した。康居との同盟はうまく行かず、結局四面楚歌の中、中央アジアのタラス川のほとりに建てた城の中で壮絶な戦死を遂げた。

で、建国直後の漢を脅かす動きに出た。これに対し、劉邦も大軍を率いて親征し、両雄が直接対峙することになった。匈奴軍は劉邦の本隊を包囲して優勢なうちに戦いを進めたが、結局、匈奴側に有利な条件で和親条約を結んだ。冒頓がはたして中国の征服をもくろんでいたかどうかは判断が難しいが、劉邦死後の前192年、政治を牛耳っていた呂太后《りょたいこう》に結婚を申し込んだり、前177年には漢の済北王の反乱に合わせて息子の右賢王の大軍を侵入させたり（この侵入は自分の本意ではなかったと弁明しているが）した経緯を見ると、侵寇の姿勢を崩していなかったと思われる。しかし右賢王の侵入後、冒頓は文帝に馬を10頭贈り、返礼として文帝は豪華な衣装一式と絹織物160匹を贈った。つまり結果的に馬と絹とを交換したことになる。これはその後のいわゆる絹馬交易の原型とも言える。侵入、中国北部と西域からの人間の獲得、絹馬交易、公主との結婚など、その後の遊牧国家が採る政策の多くを始めている。

中行説　ちゅうこうえつ（紀元前2世紀前半）　漢から匈奴に派遣され、そのまま単于に仕えた宦官《かんがん》。前174年に冒頓が死に、老上《ろうじょう》単于が即位すると、文帝は劉氏一族の女性を公主に仕立てて新単于の閼氏《えんし》とすることにした。そのさい公主の付き添いとして同行させられたのが中行説である。彼は匈奴に赴くと、単于に忠誠を誓い、単于のそばで重く用いられることになった。彼は内政・外交、さまざまな分野で、匈奴が遊牧国家として安定した発展をしてゆくための方策を提言し、実行した。それらの提言を見ると、彼が実によく匈奴の生活様式、社会制度を理解していたことが、窺い知れる。それは、彼が匈奴と接する燕《えん》地方（現在の北京付近）の出身だったことと無関係ではあるまい。また彼はディベートの達人でもあった。漢から来た使者たちが吹っかけてきた論争では、ことごとく彼らを論破した。漢の使者が言い負かされるさまを司馬遷が痛快なほどに記述しているということは、司馬遷自身も匈奴の価値観を認めていたということを示している。

衛律　えいりつ（紀元前2世紀後半〜前1世紀前半）　単于の側近。父は匈奴の人間だったが漢に投降し、長安の近くで漢の軍務についていた。そのとき生まれたのが衛律である。彼は漢人の中で育ち、武帝の寵愛を受けていた李《り》夫人の兄の李延年《えんねん》（李広利《こうり》の兄でもある）と親しくなった。その李延年の推薦で、衛律は匈奴に使者として赴いた。そして漢に帰ると、李延年がある事件で処刑されたという報せを受けた。累が及ぶことを恐れた衛律はただちに道を引き返し、そのまま匈奴に亡命してしまった。それは前

アタイアス　Ataias（紀元前429頃～前339）　後期スキタイ時代で最盛期の王。アテアスとも。前364年頃から２回、自らの肖像と名前（ギリシア文字）を打ち出した貨幣を発行した。前350年頃ドナウ河口付近に進出し、ギリシア人植民都市イストリアを占領するために、マケドニアのフィリッポス２世（在位紀元前359～前336）と同盟を結んだ。しかしイストリアの王が死んで、援軍の必要がなくなると、アタイアスはマケドニア軍を追い返した。またフィリッポスがビザンティオン市（後のコンスタンティノープル）を包囲したときには、アタイアスはフィリッポスの援助の要請を断った。これらの齟齬の積み重ねの結果、ついに前339年に両軍はドナウ河口の南方で衝突した。この戦いでアタイアスは戦死し、スキタイ軍は壊滅したが、フィリッポスも戦傷を負うという激しい戦いであった。黒海北岸のいくつかの古墳がアタイアスの墳墓の候補として挙げられているが、チョルトムリクが規模の大きさから見て有力と思われる。

司馬遷　しばせん（紀元前145／135～前93／87）　前漢の武帝《ぶてい》（在位紀元前141～前87）に仕えた史官。父、司馬談《たん》のあとを継いで『史記』を完成させ、中国の「歴史の父」と呼ばれる。ヘロドトスほどではないが、司馬遷もかなり広く旅行している。しかし南方、東方が中心で、西域《さいいき》や匈奴《きょうど》の地に直接足を運ぶことはなかった。『史記』は秩序だって構成されており、伝説上の五帝から武帝にいたるまでの重要な出来事を年代記風に叙述した「本紀」と、人物の伝記や異国の事情を記した「列伝」、その他からなる。司馬遷は権威におもねることなく、客観的な視線を保ちつつ、同時に人情の機微を描くことも巧みで、『史記』は文学作品としても高く評価される。前99年、善戦むなしく匈奴の捕虜となった李陵《りりょう》に対して、宮廷内では李陵を責める声が大きかったが、司馬遷は一人、李陵を弁護した。それが武帝の逆鱗に触れ、宮刑（去勢にする刑罰）に処された。

冒頓　ぼくとつ（在位紀元前209～前174）　匈奴の単于《ぜんう》。一代にして、ユーラシア草原東部で最初に強大な遊牧国家を作り上げた。冷酷非情とも思える策略と迅速な戦法を駆使して台頭した点では、織田信長と共通するところがある。即位直後に、それ以前は匈奴よりも強盛であったと思われる東方の東胡《とうこ》と西方の月氏《げっし》を打ち破り、東は大興安嶺《だいこうあんれい》から西はタリム盆地にまで勢力を伸ばした。その時期はまさに中国で劉邦《りゅうほう》が項羽《こうう》と死闘を繰り広げ、ようやく統一を成し遂げて漢を創立したときと重なっていた。くしくも中国とその北方に、同時に二つの強大な統一王権が誕生したのである。冒頓は前201年に中国北部に侵入し、劉邦に反発するグループと結ん

主要人物略伝

ヘロドトス　Hērodotos（紀元前485頃～前424頃）　古代ギリシアの歴史家。通称「歴史の父」。小アジア西南部のハリカルナッソス（現トルコ西南部ボドルム）の上流家庭に生まれ、おじに叙事詩人がいる。生地での政争に巻き込まれて亡命を余儀なくされ、以後各地を遍歴。当時の超大国アカイメネス朝ペルシアとギリシア人がなぜ戦うことになったのかというテーマの「調査研究（ヒストリエー）」を叙述したものが、著作『ヒストリエー』である。その言葉はその後「歴史」の意味で使われるようになった。「調査」のために彼はエジプト、メソポタミア、スキタイのいる黒海沿岸を旅行したが、その費用がどこから出ていたかはわからない。前445年頃にはアテネで著作を講読して、多額の講師料を得ていたと伝えられる。彼の叙述スタイルは、秩序だった年代記風のものではなく、関心の赴くところにしたがって次から次へと進み、また後戻りすることもあり、全体としてまとまった印象は得にくい。しかし非ギリシア人に対して偏見を抱くことがなく、特定の事柄について複数の説を提示するなど、客観的な姿勢もみとめられる。書中にちりばめられている個々のエピソードや習俗にはあまりにも珍奇なものや「できすぎている」部分が目立つため、「ほらふき」という評価を下されることもあるが、たとえばスキタイ王の埋葬儀礼に関する記述は考古学的に確認することができる。このようにヘロドトスは、考古学や文化人類学の資料をも提供してくれる。

トミュリス　Tomyris（紀元前6世紀）　中央アジアの騎馬遊牧民マッサゲタイの女王。夫に先立たれたあと、女王となる。アカイメネス朝ペルシアのキュロス大王（在位紀元前559～前530）はリュディアや新バビロニアを滅ぼしたあと、中央アジアのマッサゲタイの支配をもくろんだ。彼はまず使者を派遣してトミュリスを妻に迎えたいと申し出たが、意図を見抜いたトミュリスに拒否された。そこで大軍を率いて侵寇し、トミュリスの息子を酒食によっておびき寄せて捕虜にした。そのことを恥じた息子は自害した。それを知ったトミュリスは全軍を率いてペルシア軍と戦い、激戦の中にキュロスを殺した。トミュリスはキュロスの首を切って、人血を満たした革袋に投げ込んだという。キュロスの死については異説もある。マッサゲタイは服装も生活様式もスキタイによく似ている。太陽を崇拝し、馬を犠牲に捧げる。

〈マ行〉

〈ヤ行〉

〈ラ行〉

〈ナ行〉

〈ハ行〉

〈サ行〉

〈カ行〉

索引

本巻全体にわたって頻出する用語及び国名、地域名は省略した。
＊を付した語は巻末の「主要人物略伝」に項目がある。

〈ア行〉

KODANSHA

本書の原本は、二〇〇七年六月、「興亡の世界史」第02巻として
小社より刊行されました。

林　俊雄（はやし　としお）

1949年東京都生まれ。東京教育大学卒業、東京大学大学院人文科学研究科博士課程東洋史学科単位取得退学。古代オリエント博物館研究員、創価大学文学部教授を経て、現在、創価大学名誉教授、東洋文庫研究員。専門は中央ユーラシアの歴史と考古学。著書に『ユーラシアの石人』『グリフィンの飛翔』『遊牧国家の誕生』、共著に『中央ユーラシアの考古学』『中央ユーラシア史』ほか。

講談社学術文庫

定価はカバーに表示してあります。

興亡の世界史

スキタイと匈奴《きょうど》 遊牧《ゆうぼく》の文明《ぶんめい》

林《はやし》　俊雄《としお》

2017年１月10日　第１刷発行
2024年６月10日　第９刷発行

発行者　森田浩章
発行所　株式会社講談社
東京都文京区音羽2-12-21　〒112-8001
電話　編集（03）5395-3512
販売（03）5395-5817
業務（03）5395-3615

装　幀　蟹江征治
印　刷　大日本印刷株式会社
製　本　株式会社国宝社

ISBN978-4-06-292390-3

「講談社学術文庫」の刊行に当たって

これは、学術をポケットに入れることをモットーとして生まれた文庫である。学術は少年の心を養い、成年の心を満たす。その学術がポケットにはいる形で、万人のものになることは、生涯教育をうたう現代の理想である。

こうした考え方は、学術を巨大な城のように見る世間の常識に反するかもしれない。また、一部の人たちからは、学術の権威をおとすものと非難されるかもしれない。しかし、それはいずれも学術の新しい在り方を解しないものといわざるをえない。

学術は、まず魔術への挑戦から始まった。やがて、いわゆる常識をつぎつぎに改めていった。学術の権威は、幾百年、幾千年にわたる、苦しい戦いの成果である。こうしてきずきあげられた城が、一見して近づきがたいものにうつるのは、そのためである。しかし、学術の権威を、その形の上だけで判断してはならない。その生成のあとをかえりみれば、その根は常に人々の生活の中にあった。学術が大きな力たりうるのはそのためであって、生活をはなれた学術は、どこにもない。

開かれた社会といわれる現代にとって、これはまったく自明である。生活と学術との間に、もし距離があるとすれば、何をおいてもこれを埋めねばならない。もしこの距離が形の上の迷信からきているとすれば、その迷信をうち破らねばならぬ。

学術文庫は、内外の迷信を打破し、学術のために新しい天地をひらく意図をもって生まれた。文庫という小さい形と、学術という壮大な城とが、完全に両立するためには、なおいくらかの時を必要とするであろう。しかし、学術をポケットにした社会が、人間の生活にとってより豊かな社会であることは、たしかである。そうした社会の実現のために、文庫の世界に新しいジャンルを加えることができれば幸いである。

一九七六年六月　　野間省一

中世ヨーロッパの都市の生活
J・ギース、F・ギース著／青島淑子訳

一二五〇年、トロワ。年に二度、シャンパーニュ大市が開催され、活況を呈する町を舞台に、ヨーロッパの人々の暮らしを逸話を交え、立体的に再現する。活気に満ち繁栄した中世都市の実像を生き生きと描く。

1776

十二世紀ルネサンス
伊東俊太郎著（解説・三浦伸夫）

中世の真っ只中、閉ざされた一文化圏であったヨーロッパが突如として「離陸」を開始する十二世紀。多くの書がラテン訳され充実する知的基盤。先進的アラビアに接し文明形態を一新していく歴史の動態を探る。

1780

紫禁城の栄光 明・清全史
岡田英弘・神田信夫・松村　潤著

十四～十九世紀、東アジアに君臨した二つの帝国。遊牧帝国と農耕帝国の合体が生んだ巨大な多民族国家・中国。政治改革、広範な交易網、度重なる戦争……。シナが中国へと発展する四百五十年の歴史を活写する。

1784

文明の十字路＝中央アジアの歴史
岩村　忍著

ヨーロッパ、インド、中国、中東の文明圏の間に生きた中央アジアの民。東から絹を西から黄金を運んだシルクロード。世界の屋根に分断されたトルキスタン。草原の民とオアシスの民がくり広げた壮大な歴史とは？

1803

生き残った帝国ビザンティン
井上浩一著

興亡を繰り返すヨーロッパとアジアの境界、「文明の十字路」にあって、なぜ一千年以上も存続しえたか。皇帝・貴族・知識人は変化にどう対応したか。ローマ皇帝の改宗から帝都陥落まで「奇跡の一千年」を活写。

1866

英語の冒険
M・ブラッグ著／三川基好訳

英語はどこから来てどのように世界一五億人の言語となったのか。一五〇〇年前、一五万人の話者しかいなかった英語の祖先は絶滅の危機を越えイングランドの言葉から「共通語」へと大発展。その波瀾万丈の歴史。

1869

外国の歴史・地理

ウィリアム・H・マクニール著／清水廣一郎訳
ヴェネツィア 東西ヨーロッパのかなめ 1081〜1797

ベストセラー『世界史』の著者のもうひとつの代表作。十字軍の時代からナポレオンによる崩壊まで、軍事・造船・行政の技術や商業資本の蓄積に着目し、地中海最強の都市国家の盛衰と、文化の相互作用を描き出す。

2192

パット・バー著／小野崎晶裕訳
イザベラ・バード 旅に生きた英国婦人

日本、チベット、ペルシア、モロッコ……。外国人が足を運ばなかった未開の奥地まで旅した十九世紀後半の最も著名なイギリス人女性旅行家。その幼少期から異国での苦闘、晩婚後の報われぬ日々まで激動の生涯。

2200

南川高志著
ローマ五賢帝「輝ける世紀」の虚像と実像

賢帝ハドリアヌスは、同時代の人々には恐るべき「暴君」だった！「人類が最も幸福だった」とされるローマ帝国最盛期は、激しい権力抗争の時代でもあった。平和と安定の陰に隠された暗闘を史料から解き明かす。

2215

川北　稔著
イギリス　繁栄のあとさき

今日英国から学ぶべきは、衰退の中身である——。産業革命を支えたカリブ海の砂糖プランテーション。資本主義を担ったジェントルマンの非合理性……。世界システム論を日本に紹介した碩学が解く大英帝国史。

2224

本村凌二著
愛欲のローマ史 変貌する社会の底流

カエサルは妻に愛をささやいたか？　古代ローマ人の愛と性のかたちを描き、その内なる心性と歴史の深層をとらえる社会史の試み。性愛と家族をめぐる意識の変化は、やがてキリスト教大発展の土壌を築いていく。

2235

笈川博一著
古代エジプト 失われた世界の解読

二七〇〇年余り、三十一王朝の歴史を繙く。ヒエログリフ（神聖文字）などの古代文字を読み解き、『死者の書』から行政文書まで、資料を駆使して、宗教、死生観、言語と文字、文化を概観する。概説書の決定版！

2255

《講談社学術文庫　既刊より》